渌口年鉴

LU KOU NIAN JIAN

2019

渌口区人民政府 主办
渌口年鉴编辑委员会 主编
方志出版社
Publishing House of Local Records

图书在版编目（CIP）数据

渌口年鉴. 2019／渌口年鉴编辑委员会编. -北京：方志出版社，2020. 3
ISBN 978-7-5144-4136-9

Ⅰ. ①渌… Ⅱ. ①渌… Ⅲ. ①区(城市)-株洲-2019-年鉴 Ⅳ. ①Z526. 44

中国版本图书馆CIP数据核字(2020)第039464号

渌口年鉴(2019)

编　　者：渌口年鉴编辑委员会
责任编辑：刘方圆

出 版 者：方志出版社
地址　北京市朝阳区潘家园东里9号(国家方志馆4层)
邮编　100021
网址　http://www.fzph.org
发　　行：方志出版社图书经销中心
电话(010)67110500
经　　销：各地新华书店
印　　刷：株洲美彩印务中心

开　　本：889×1194　1/16
印　　张：17.5
字　　数：355千字
版　　次：2020年3月第1版　　2020年3月第1次印刷
印　　数：0001—1000册

ISBN 978-7-5144-4136-9　　定价：300.00元

编 辑 说 明

一、《渌口年鉴（2019）》以马克思列宁主义、毛泽东思想、邓小平理论、“三个代表”重要思想、科学发展观、习近平新时代中国特色社会主义思想为指导，坚持辩证唯物主义和历史唯物主义的立场、观点和方法，主要记载渌口区2018年度的政治、经济、文化、社会等方面的基本情况和重大事件。

二、本年鉴采用条目式记事体，分类编排，框架结构为类目、分目、条目3个层次。全书共设10个部类，主要设有特载、专辑、区情综述、大事记、政治、经济、社会事业、区辖镇（场）、光荣榜、渌口区各级各部门主要负责人名册。

三、本年鉴稿件由各单位专人撰写，并经供稿单位领导审阅，确保了资料和数据翔实可靠，具有权威性。

四、本年鉴所列各级各部门负责人名录（镇负责人见各单位概况前），均以2018年12月31日任职为准。

五、本年鉴在编辑过程中，得到全区各级领导、各部门、单位的大力支持与协助，谨致以诚挚的谢意。由于编辑水平有限，难免有疏漏错误，恳请读者和各界人士批评指正。

《渌口年鉴》编辑委员会

顾　问　罗绍昀　罗禧瑰　王亚男

主　任　刘克胤

副主任　朱　江　刘　辉　晏永辉

　　　　郭兴龙　漆帅花　齐满珍

委　员　（以姓氏笔画为序）

　　　　王宇平　王　娴　刘力军　刘中山　朱永胜

　　　　陈　军　李光泉　李　昕　张恺鹏　陈继红

　　　　张高峰　易国林　咏　洲　周铁刚　周　蕾

　　　　钟诚华　郭立新　梁　静　谢运长　谭天飞

　　　　蔡凤美　谭伟军　颜志雄

《渌口年鉴》编辑办公室

主　编　刘　辉

副主编　晏永辉　漆帅花　谭伟军　谢运长　张恺鹏

责任编辑　张恺鹏

编　辑　齐一匡　文　蕙

校　对　杨　琦

目　　录

特　载

专　辑

区情综述

大事记

政 治

经　济

社会事业

区辖镇(场)

光荣榜

渌口区各级各部门主要负责人名册

2018年5月25日，国家林业和草原局三北局局长张炜到县开展“全国造林绿化督查”

2018年10月31日，农业农村部办公厅副处长海占广到县农业局指导政务公开改革试点工作

2018年3月30日，农业部科教司推广处副处长付长亮到县考评2017年基层农技推广体系改革与建设补助项目

2018年6月6日，粮食安全省长责任制国家考核工作组办公室务员、财政部经济建设司处长李成到县核查粮食安全省长责任落实情况

2018年4月25日，国家粮食和物资储备局巡视员刘会振调研县粮储安全工作

2018年9月15日，生态环境部督查组到县就饮用水水源地境问题整治情况开展第二轮专项督查

2018年10月30日，国家军地联合检查组王恬到县检查国家军粮军地质量及财务工作

2018年8月23日，省委副书记乌兰到县视察重金属污染耕地修复治理及种植结构调整试验示范工作

2018年7月19日，省委常委、统战部部长、渌江省级河
黄兰香巡查渌江县段

2018年7月20日，副省长隋忠诚调研县种植结构调整工作

2018年9月11日，省政协副主席贺安杰到县开展“三进三
聚力行动

2018年8月16日，省军区调研组到县调研征兵工作

2018年8月23日，省民政厅党组书记、厅长唐白玉到县调研民政工作

2018年4月17日，省地税局党组书记、局长周巧艺到县调研地税工作

2018年8月29日，省交通水利建设集团有限公司党委书记、董事长方联民到县调研工作

2018年4月11日，省供销合作总社党组书记、理事会主任曾震亚到县调研深化供销合作社综合改革工作

2018年7月17日，民革湖南省委副主委、株洲市人大常委副主任、民革株洲市委主委刘春生到县调研渌水综合治理情

2018年3月28日，省社区矫正局副局长刘浩到南洲镇司法所检查社区矫正工作

2018年1月10日，省水利厅副厅长罗毅君到县调研水利工作

2018年3月22日，省食品药品监督管理局副局长梁毅恒、省药审中心主任张贵赋等领导带领全省各市州食品药品监督管理局以及省局有关机关处室负责人到县参观，学习基层药品不良反应监测网络规范化建设工作

2018年8月31日，省国土资源厅副巡视员李国清到县督查地质灾害治理工作

2018年8月30日，省农业委员会副巡视员严德荣到县调研农业种植结构调整工作

2018年3月15日，省国土资源厅调研组到县调研城乡建设用地增减挂钩工作

2018年12月13日，省委政法委委员、省纪委省监委驻省委政法委纪检监察组组长姚赤平到县政务中心调研工作

2018年5月24日，省发改委党组成员、省纪委驻省发改委纪检组长罗懿到县督查易地扶贫搬迁工作

2018年2月5日，省地方海事局局长李建斌到县督导水上春运安全工作

2018年4月19日，省评估组到县开展农村生活垃圾治理中期评估工作

2018年11月14日，湖南省污普办核查组到县开展第二次全国污染源普查质量核查工作

2018年12月8日，省专家组到县核查南洲镇横江村退耕还林湿试点项目

2018年8月29日，省残联调研督导组到县开展残疾人基本服务和需求信息数据动态更新工作

2018年12月18日，株洲市渌口区正式挂牌成立，市委书记、市人大常委会主任毛腾飞出席成立大会

2018年6月5日，市委副书记、市长阳卫国到县督查药企超标污水偷排湘江事件处置工作

2018年9月29日，市委副书记王洪斌到县调研供销合作社综合改革工作

2018年7月4日，市委常委、纪委书记、监委主任赖馨正到县调研镇村工作

2018年2月7日，市委常委、市委秘书长毛朝晖，副市长杨胜跃到县慰问困难群众和孤寡老人

2018年4月3日，市委常委、宣传部部长聂方红到县调研宣传思想文化工作

2018年7月25日，市委常委、统战部部长覃万成到县调研经开区工作

2018年3月28日，市委常委、组织部部长羊贵平到县调研基层党建工作

2018年6月29日，驻株洲县第十五届市人大代表调研“智慧渌口”、村（社区）部建设。市人大常委会党组书记、常务副主任刘光跃参加调研

2018年11月1日，市人大常委会党组副书记、副主任、市总工会主席王建之到朱亭镇金福村调研脱贫攻坚工作

2018年5月3日，市人大常委会副主任刘柏生到朱亭镇龙凤村调研脱贫攻坚工作

2018年11月26日，市人大常委会副主任李智到龙潭镇紫云村调研扶贫工作

2018年5月29日，市人大常委会副主任冯建湘到县调研株洲电厂搬迁选址工作

2018年9月15日，市人大常委会副主任刘春生到县调研养老工作

2018年12月26日，市人大常委会副主任钟燕到朱亭镇浦湾村调研人居环境、乡村文明、产业发展等工作

2018年8月3日，市人大常委会原副主任、株洲社会扶贫联盟会长王建敏到县督查社会扶贫工作

2018年4月1日，副市长顾峰到县开展渌江巡河工作

2018年4月4日，副市长何朝晖到县检查项目建设和安全生产工作

2018年5月，副市长杨胜跃到县就防范化解政府性债务风险工作进行联点督导

2018年7月2日，副市长黄芳到县督查防汛抗旱工作

2018年12月25日，副市长李晓葵到区调研公安工作

2018年3月13日，市政协副主席朱庸靖调研淦田镇特色小镇建设时在“非物质文化遗产”示范基地参观

2018年5月31日，市政协副主席余群明到县调研重金属污染地区农业结构调整工作

2018年7月31日，市政协医卫活动组政协委员到县“智慧渌口”信息中心调研

2018年12月10日，株洲军分区领导调研县人武部正规化建设工作

2018年9月11日，县委书记罗绍昀督查重点项目渌枫大道和东城大道县段建设情况

2018年4月29日，县委书记罗绍昀督查抢修工作

2018年8月30日，县委书记罗绍昀到古岳峰镇调研工作

2018年6月8日，县委书记罗绍昀暗访督查环保工作

2018年3月6日，县委副书记、县长刘克胤调研中央环保督察整改情况

2018年6月，县委副书记、县长刘克胤率招商小分队对接珠三角企业

2018年2月9日，县委副书记、县长刘克胤督查春节期间安全生产工作

2018年3月6日，县委副书记、县长刘克胤到朱亭镇督查农业种植结构调整、异地搬迁问题整改等工作

2018年3月25日至27日, 县委副书记朱江率考察团赴浙江招商引资

2018年5月24日，县人大常委会视察园区项目建设。县人大常委会主任罗禧瑰带队参加活动

2018年10月10日，县政协主席王亚男考察公路建设、养护及治超工作

2018年2月8日，县委常委、宣传部部长刘美和到淦田、朱亭和古岳峰镇慰问困难群众

2018年4月4日，县委常委、纪委书记、监委主任谭伟生到县经开区调研

2018年1月13日至15日，县委常委、统战部部长刘奇伟率招商小分队到上海拜访和对接相关项目

2018年4月3日，县委常委、政法委书记张德云到龙船镇王十万中学调研工作

2018年2月11日，县委常委、人武部部长易运华到淦田镇走访慰问现役军人家属

2018年2月1日，县委常委、常务副县长武挪强检查春节粮油市场供应及消防安全工作

2018年11月28日，县委常委、县委办主任刘辉到渌口镇调研指导党建工作

2018年8月30日，县委常委、组织部部长谭成华到渌口镇调研基层党建工作

2018年4月12日，县人大常委会副主任郭兴龙到龙门镇桐梓村调研党建帮扶工作

2018年9月20日，县人大常委会副主任何沙调研养老服务工作

2018年5月9日，县人大常委会副主任李桂香调研园区基础设施和产业项目推进情况

2018年8月14日，县人大常委会副主任张国雄督查环保工作

2018年4月3日，县人大常委会副主任唐定文到朱亭镇龙凤村走访贫困户

2018年6月20日，副县长晏永辉到华新水泥矿区检查安全生产及矿权扩界工作

2018年11月5日，副县长于大平到渌口、朱亭镇督查非洲猪瘟防控工作

2018年2月13日，副县长、公安局局长黄团结检查春节前安全工作

2018年7月24日，副县长郭海滨主持召开株洲县打击和处置非法集资暨省级金融安全县创建工作调度会

2018年2月7日，副县长吴宏亮到淦田镇走访慰问抗美援朝老兵和贫困户

2018年9月30日上午，副县长漆帅花检查节前安全生产工作

2018年8月3日，省环保督察组到县核查环保工作。副县长刘行国参加活动

2018年7月10日，广东省连平县政协主席蓝志高一行到县考察现代农业特色产业园建设。县政协副主席李文亮参加活动

2018年11月21日县第一人民医院召开医德医风教育部署动员会。县政协副主席、一医院院长瞿梅出席并讲话

2018年2月6日，县政协副主席、商务和粮食局局长陈代陆检查成品油市场安全工作

2018年7月13日，县交通局党委开展领导班子专题民主生活会。县政协副主席邓霞云参加会议

2018年7月24日，县政协副主席齐满珍到淦田镇山峡村调研党建扶贫工作

2018年1月8日，株洲县召开县委十届五次全体（扩大）会议暨县委经济工作会议

2018年1月9日，株洲县十二届人民政府召开第三次全体（扩大）会议

2018年1月11日，政协株洲县第九届委员会召开第三次全体会议开幕

2018年1月13日，株洲县十二届人大三次会议举行第二次全体会议

2018年1月29日，株洲县召开安全生产工作暨打非治违“百日行动”动员会

2018年2月12日，中共株洲县第十届纪律检查委员会召开第三次全体会议

2018年3月3日，株洲县召开三级干部大会暨产业项目年工作动员会

2018年3月5日，株洲县贫困地区儿童营养改善项目启动会召

2018年3月8日，十届县委第四轮常规巡察及纠正“四风”问题专项巡察工作动员大会召开

2018年3月16日，株洲县召开党务工作会暨“网格走亲、党群同心”大走访动员会

2018年3月19日，株洲县宣传思想工作会议召开

2018年3月22日，渌口镇召开“网格走亲、党群同心”大走访动员会

2018年4月18日，中国共产党株洲县第十届委员会召开第六次全体（扩大）会议

2018年4月23日，株洲珠江农村农商银行召开银企对接座谈会

2018年6月21日，株洲县干部作风建设大会召开

2018年8月1日，县委十届六次全体（扩大）会议召开

2018年9月10日，株洲县庆祝第34个教师节暨“三名工
表彰大会举行

2018年9月12日，株洲县脱贫攻坚“集中推进”动员会召开

2018年10月15日，株洲县经济形势分析暨“产业项目建设年”活动推进会召开

2018年10月30日，株洲县配合中央环保督察“回头看”协调联络工作部署会召开

2018年11月13日，株洲县民营企业家座谈会召开

2018年11月13日，县委书记罗绍昀主持召开县委常委会（扩大）会议

2018年12月12日，株洲县县派科技特派员工作座谈会召开

2018年12月7日，株洲县2018年惠企政策推送服务大会召开

2018年12月28日，渌口区第一届人大常委会召开第一次会议

2018年1月24日，株洲县人民政府与华新水泥（株洲）有限公司签订合作协议

2018年7月24日，株洲·中国动力谷产业对接暨市情推介会在沪举行，株洲县签约3个项目，引资19亿元

2018年3月8日，株洲渌湘投资发展集团有限公司与长沙市美的房地产开发有限公司举行土地合作开发签约仪式

2018年12月14日，平安创展湖南分公司总部经济项目落户株洲县

2018年5月15日，华升雪松项目正式落户株洲县

2018年12月18日，渌口区6个招商项目集中签约，总投资70亿元

2018年12月28日，渌口区举行投资开发现代畜牧业合作框架协议签约仪式，计划投资6.7亿元的五丰生态养殖产业园项目正式落地

2018年11月5日，株洲县研究债务防范风险工作会议召开

2018年12月12日，株洲市债管办到县召开专项调研防范化解政府隐性债务工作座谈会

2018年12月19日，渌口区政府召开隐性债务化解工作调度会

2018年7月4日，县委书记罗绍昀到龙潭、龙门镇调研脱贫攻坚工作

2018年，扶贫扶志“星级创建”做法获推介。县委书记罗绍昀就扶贫扶志创新举措“脱贫立志、星级创建”工作作典型发言

2018年4月3日，县委副书记、县长刘克胤到龙潭镇检查易地扶贫搬迁整改情况

2018年8月15日，株洲县举行“同心圆梦·扶贫助学”活动

2018年9月17日至18日，株洲县开展为期2天的“创业服务三湘行——就业扶贫暨创新创业人才集训营”活动

2018年3月22日，贫困劳动力在“百益嘉”公司苗圃基地，开展枫香等珍贵树种的播种工作

2018年11月，市政协主席副主席朱庸靖、副县长于大平为湖南利人健农产品开发有限公司揭牌

2018年，湖南利人健农产品开发有限公司建成淀粉和粉皮自动流水生产线，辐射带动农民增加收入240多万元。图为公司产品

2018年1月11日，株洲县产业扶贫技术培训班在渌口镇松西子社区田园山庄开班

2018年6月，龙门镇清塘村贫困户肖冬林新造的0.8公顷油茶经县林业局验收

2018年11月22日，县委副书记朱江到龙门镇督查脱贫攻坚工作

2018年12月18日，株洲市渌口区正式挂牌

副省长隋忠诚出席大会并讲话

市委书记、市人大常委会主任毛腾飞授牌

所授区牌

市委副书记、市长阳卫国授牌

2018年8月2日，省第二环境保护督察组第三现场核查组成员正式进驻株洲县

2018年10月26日，县住建局、公路局、城管局联合开展扬尘污染防治督查

2018年6月5日，株洲县“6·5”世界环境保护日宣传活动正式启动

2018年7月9日，湘火炬火花塞汽车零部件产业项目在南洲工业园举行开工仪式

2018年2月11日，株洲航电枢纽二线船闸跨闸桥正式通车

2018年8月下旬，渌水二桥建设进入冲刺阶段

2018年11月9日，株洲节能环保产业装备制造园项目在南洲工业园举行开工仪式。市政协主席蔡溪，市委常委、纪委书记、监委主任赖馨正，市政协副主席余群明，县委书记罗绍昀出席开工仪式

长势喜人的大豆

“大豆+油菜”生产基地及千亩油菜观光基地

古岳峰镇腰塘村主干道安装太阳能路灯、栽种绿化树木

2018年4月19日，株洲县举行“民营企业招聘周”暨就业扶贫专场招聘会

2018年2月28日，株洲县“春风行动”暨就业扶贫大型招聘会举行

2018年5月22日，株洲县“企业帮扶年”暨“助残帮扶”专场招聘会举行

副县长漆帅花，县政协副主席、县一医院院长瞿梅为医共体揭牌

2018年10月18日，县第一人民医院医共体淦田院区正式成立并举行揭牌仪式

2018年7月13日，株洲县非主要农作物种子跟踪评价暨种植结构调整新品种展示示范（春夏季作物）验收观摩现场会在松西子田园山庄举行

2018年2月28日，南洲镇农技站荣获全国五星级农技站，图为授牌仪式

2018年1月22日，广东省湖南株洲县商会成立大会现场

2018年3月15日，株洲县举行以“品质消费、美好生活”为主题的消费维权宣传活动

2018年6月13日，开国上将杨得志将军之子杨建华将军第三次向杨得志纪念馆移交杨得志将军珍贵文物及相关资料600余件套

2018年6月28日，株洲县“乡村振兴专题培训班”开班

2018年4月10日，株洲市“知路、爱路、护路”宣传教育月启动仪式在渌口镇湖塘小学举行

2018年4月9日，株洲县启动“三社联动”主题宣传活动

2018年5月21日至22日，株洲县举办“产业项目建设年”活动专题培训班

018年8月7日，株洲县举办“两优566”再生稻现场观摩会

2018年8月15日，株洲县开展电动自行车火灾防范知识宣传活动

2018年8月19日，县第一人民医院举行庆祝首届中国“医师节”及表彰大会

2018年9月24日，株洲县“质量月”暨电梯安全宣传周活动正式拉开帷幕

2018年12月19日，广东省湖南株洲县商会举行年会

2018年11月29日，县第一人民医院荣获株洲市“十佳”平安医院称号

2018年11月30日，株洲市营造林工作调度会在株洲县“百益嘉”基地召开

2018年3月30日，县第三届小学生足球基本功比赛举行

2018年5月4日，株洲县 “徒步毅行·扶贫助学” 活动举行

2018年1月24日，株洲县书法家协会到淦田镇开展书法进校园活动

2018年5月9日，县文化馆和8个乡镇文化站同步开展“市民大课堂”远程直播教学活动

文艺培训下基层，内容群众来“点单”活动中的广场舞是市民“点”的内容

2018年7月27日，首届“健康湖南”全民运动会株洲县赛区启动式暨武术太极拳海选赛活动在湘骏文武学校开幕

2018年6月26日，朱亭镇龙凤村首届荷花节开幕

2018年4月24日，县图书馆在渌口镇向阳广场开展第二十二个“世界读书日”宣传活动

2018年6月26日，株洲县“文化和自然遗产日”主题活动在朱亭镇龙凤村举行

2018年3月7日，株洲县“巾帼心向党，建功新时代”的主题演讲比赛举行颁奖典礼

2018年9月23日，小学生到杨得志故居接受红色革命教育

2018年6月11日，送电影下乡活动走进挽洲岛

2018年5月30日，株洲县“好声音讲坛·新思想进基层”百姓微宣讲比赛举行

2018年8月15日，株洲县举办“欢乐潇湘·幸福渌湘”群众美术、书法、摄影优秀作品展

2018年10月15日至16日，株洲县承办首届“健康湖南”全民运动会钓鱼总决赛

2018年5月4日，株洲美术馆文化扶贫书画作品巡回展株洲县展在县文化馆展览厅举行

2018年3月29日，渌口区“缅怀革命先烈、祭扫将军故居”主题活动在杨得志故居举行

杨得志将军之子杨建华少将带领大家回顾革命历史

在将军铜像前深情默哀。县委书记罗绍昀等参加活动

活动现场

渌口区木材战略储备示范基地

780岁树龄的银杏树

无公害农产品生产基地

朱亭林海

风力发电

特载

一起奔跑 一起追梦
在全面融城全面发展新征程中展现更大作为

——2019 年 2 月 12 日在全区三级干部大会上的讲话

区委书记 罗绍昀

同志们：

人勤春来早，奋斗正当时。今天是正月初八，在大家还在欢度春节、走亲访友之时，我们载着 35 万渌口人民的期盼和梦想，开启了新一年的崭新征程。催促我们出发的，不是假期的结束，而是责任和梦想。

习近平总书记在新年贺词中指出，“我国发展取得的成就，是全国各族人民撸起袖子干出来的，是新时代奋斗者挥洒汗水拼出来的；我们都在努力奔跑，我们都是追梦人”。

一代人有一代人的奋斗，一个时代有一个时代的担当。阔别株洲县，迎来渌口区，我们奔跑的脚步不会停歇，逐梦的激情不会减退。前不久召开的区委一届一次全会暨区委经济工作会议，提出了“全面融城、全面发展，加快县域经济向城市经济转型”的发展目标，这是时代赋予的新使命、发展给出的新考题。2019 年，我们必须一起奔跑，一起追梦，在全面融城、全面发展，加快县域经济向城市经济转型的新征程中展现更大作为，方能不辱使命、不负重托。下面，我讲三点意见。

一、不懈奔跑，梦想才能开花结果

2018 年，是极不平凡的一年，也是成果丰硕的一年。这一年，我们和全国人民一样，都在努力奔跑，我们都是追梦人。一年来，面对错综复杂的经济形势和诸多挑战，区委团结带领全区上下开拓进取、奋勇拼搏，推动改革发展稳定各项事业跑出了加速度、跑出了新成绩。全年实现 GDP 增长 7.9%；一般公共预算收入 13.2 亿元，其中税收 11 亿元，税比 83.3%；规模工业增加值增长 7%；固定资产投资增长 8.1%；社会消费品零售总额增长 10.1%；城镇居民人均可支配收入增长 7.9%；农村居民人均可支配收入增长 8.4%。GDP、固定资产投资、财政总收入、税收、城镇居民人均可支配收入等多项主要经济指标增幅列五县市第一。

1.梦想成于坚持。绳锯木断，水滴石

穿。只要坚持不懈,梦想就能成真。2018 年 12 月 18 日,渌口区挂牌成立,35 万人民期盼多年的融城梦想终于实现,渌口区的发展从此开启了新纪元、踏上了新征程。融城梦想的实现,得益于省委省政府、市委市政府的坚强领导和鼎力作为,得益于历届领导班子打下的坚实基础和长期努力,得益于全区上下的接续奋斗和不懈坚持。正是因为我们抱着坚定的信念,不气馁、不松劲,坚持不懈、久久为功,才把这件难以办成的事情变成现实。

2.梦想成于实干。空谈误国,实干兴邦。只要我们脚踏实地,真抓实干,平地可以起高楼。一年来,我们坚持高质量发展要求,以“五大行动”为抓手,深入推进“产业项目建设年”活动,取得了喜人成果。新签约华新新材料科技园、PI 膜、株冶锌基等重大项目 14 个,一大批项目实现开竣工。要素保障不断加强,全年批回土地 206.67 公顷,两轮“百日攻坚”行动和“清零扫尾”行动取得显著成效,36 个项目用地实现征拆清零。

3.梦想成于拼搏。山高人为峰,路远脚更长。发展道路上总会有这样那样的困难,但办法总比困难多。一年来,我们把打好“三大攻坚战”作为重要政治责任,啃下了很多硬骨头。超额完成年度化债目标,债务风险等级由二类债务警示区降为三类债务提示区;圆满完成年度脱贫任务,贫困发生率降至 0.59%,“脱贫立志、星级创建”活动得到了省委副书记乌兰等领导的充分肯定,在全省作为典型推介;中央环保督察交办问题全部整改销号,建成南洲水质净化中心,空气优良天数达 307 天,比 2017 年增加 22 天。

4.梦想成于民心。不忘初心,方得始终。只有把群众当家人,群众才会把我们当亲人;只有把群众放在心上,群众才会把我们捧在台上。一年来,我们坚持以人民为中心的发展思想,民生支出占财政支出的 71.4%,各项基本民生得到切实保障,教育、医疗、文化等社会事业取得长足发展,计划生育工作再获省先进,公共文化服务体系示范创建顺利通过文化部验收。持续深化“放管服”改革,80%以上事项实现“最多跑一次”。基层政务公开标准化规范化试点顺利通过国检验收,医疗卫生标准规范有望成为国标进行推广。“智慧渌口”项目一期正式上线运行,区镇村三级服务网点全部联通,实现“信息多跑路,群众少跑腿”。深入开展扫黑除恶专项斗争,切实加强信访维稳、安全生产、食品药品安全等工作,社会治安综合治理连续三年获评省先进,公众安全感测评排名连续三年位居全市第一。

5.梦想成于团结。上下同欲者胜,风雨同舟者兴。有团结共事的良好氛围,干部才会心齐气顺,事业才会欣欣向荣。一年来,我们以党的政治建设为统领,全面推进党的政治建设、思想建设、组织建设、作风建设、纪律建设,并将制度建设贯穿其中,不断推动全面从严治党向纵深发展。严格落实意识形态工作责任制,深入学习宣传贯彻习近平新时代中国特色社会主义思想和党的十九大精神,妥善处置涉区舆情,巩固发展了全区人民共同奋斗的思想基础；切实加强基层党建，全面完成村级综合服务平台建设，村均运转经费由21.2万元提升至23.24万元/年，社区运转经费由25万元提升至40万元/年，基层党组织战斗堡垒作用充分发挥；开展了“网格走亲、党群同心”大走访活动，密切了干群关系，走出了鱼水情深；以零容忍态度推进反腐败斗争，严肃查处了一批违纪违法案件，政治生态不断优化，党风政风作风民风持续好转。坚持以共同的事业凝聚团结，以民主的方式增进团结，以包容的姿态维护团结，区委既全面加强对区人大、区政府、区政协和法检两院的领导，又全力支持他们履行职能、开展工作；在作出重大决策前，充分听取民主党派、工商联、人民团体、无党派人士的建议意见，精诚团结、携手共进的氛围日益浓厚。等等这些，都为我们推动发展广泛凝聚了思想共识，汇聚了磅礴力量。

回顾2018年的工作，我们深刻感受到，只要始终保持奔跑的姿态，敢于有梦、勇于追梦、勤于圆梦，就能让不可能成为可能，就能让美好愿景成为现实。

二、继续奔跑，把梦想付诸实践

习近平总书记指出，“伟大梦想不是等得来、喊得来的，而是拼出来、干出来的”。梦想，付诸实践就是梦想，不抓落实就是空想。完成既定目标任务，需要全区上下继续保持奔跑姿态，发扬拼搏精神，砥砺奋进、勇往直前。区委一届一次全会暨区委经济工作会议确定了今年的工作思路是：以习近平新时代中国特色社会主义思想为指导，认真贯彻落实省委、市委对渌口区工作指示精神，坚持稳中求进、进中争先工作总基调，坚持新发展理念，坚持推动高质量发展，坚持以供给侧结构性改革为主线，坚持创新引领开放崛起，继续打好三大攻坚战，继续开展产业项目建设年活动，着力开展温暖企业行动，全面融城，全面发展，加快推进县域经济向城市经济转型，在建设“一谷三区”进程中展现新作为，以优异的发展成绩迎接中华人民共和国成立70周年。

今年，我们把改区后的主要发展思路调整为“全面融城、全面发展，加快推进县域经济向城市经济转型”，这是立足区情变化的战略深化。“全面融城”，就是要以更大的融城力度和决心，全盘发力、全面融入，在改革发展稳定各项事业、人民群众生产生活的方方面面与中心城区深度融合。“全面发展”，就是要以系统思维来谋划推动发展，既突出高质量，又力求快速度，既突出重点，又抓好统筹，更加注重巩固优势、彰显特色，更加注重补齐短板、加强弱项，更加注重城乡一体、产城融合，实现全方位的高质量发展。“加快县域经济向城市经济转型”，就是要在最短的时间内，推动以“县城为中心、乡镇为纽带、农村为腹地”的县域经济加快转型，努力建设“以城市为载体，二三产业繁荣发展，经济结构更加优化，各类生产要素高度集聚”的城市经济形态。城市经济是经济密集度更高、开发强度更大、发展更加成熟的区域经济形态，是我们改区后发展的本质要求。

实现这些目标，需要全区上下合力同

心,狠抓落实。关于2019年的具体工作,区委全会暨经济工作会议已经作出了具体安排,今天,我再着重强调四个方面的重点工作。

1.深入开展“产业项目建设年”活动。经济发展的根基在产业、后劲在产业。要把产业建设作为全面融城、全面发展的主抓手、主引擎,持续掀起“产业项目建设年”活动的热潮。

第一,要找准定位科学抓。以“提高质量、壮大集群、彰显特色”为主要任务,着力打造新兴产业集聚区。提高质量,就是要着眼高质量发展要求,依托现有产业基础,大力发展新材料、电子信息、装备制造、环保等新兴产业,建设一批科技含量高、贡献度大、经济效益好的大项目。要坚持宁缺毋滥、优中选优,不能“捡到篮子都是菜”,坚决不引进有污染、高能耗、低产能的项目。壮大集群,就是要加快产业链建设,大力开展强链、延链、补链招商,重点引进处于产业链关键位置、吸附带动能力强的项目,力争在五年时间内,打造1—2个百亿产业集群。彰显特色,就是要与其他四区错位发展,依托渌口区特有优势,集中精力打造具有渌口特色的产业名片,赢得发展主动权,抢占行业制高点。同时,要以建设长株潭乡村旅游主要目的地为目标,着力打造生态休闲体验区。依托湘渌两江生态资源优势,做好“旅游+”文章,发展田园综合体、旅游地产、特色小镇等新业态,打造一批集观光体验、休闲度假的旅游项目,推动旅游服务业升温升级。

第二,要全盘发力系统抓。产业项目建设是一项系统工程,必须扭住关键环节,全盘发力、各个击破。要狠抓项目招引,引来源头活水。强化“人人都是招商主体”的意识,无论是区级领导,还是镇村干部,或是企业老板,都要争当招商引资的坚定支持者、有力推动者、积极参与者。坚持一二三产招商齐抓并举,在突出园区招商的同时,将更多的农产品加工销售、观光休闲旅游项目布局到镇村,将更多的生产生活性服务业布局到城区,使全区1053平方千米的地域都成为招商引资的载体。坚持全过程服务,对于看准的项目,像蚂蟥一样盯紧不放、扭住不松,从洽谈考察到落地建设,做好“一条龙”服务,不断提升招商成功率、履约率。要狠抓环境优化,打造宜人气候。注重“筑巢引凤”,对照国家级园区建设标准,推进南洲新区提质升级,完善水、电、路、气等基础设施。坚持产城融合,加快完善南洲新区生活配套设施,将更多的城市功能向新区延伸,让企业和人才愿意来、留得住、发展好。加快园区管理体制改革,推进园区市场化运作,着力解决园区土地倒挂、建设资金捉襟见肘等问题,充分释放园区发展活力。注重“放水养鱼”,大力开展温暖企业行动,全面落实各项惠企政策,帮助企业解决融资、用地、用工等方面的突出问题,降低企业成本,减轻企业负担。要狠抓要素保障,打破瓶颈制约。项目用地方面,要通过“争取一批、盘活一批、调剂一批、交易一批”,确保重点项目建设用地指标应保尽保。要有计划地动态储备一批用地、建设一批标准厂房,避免项目因用地问题而被“拖黄”。继续以攻坚态势推进征地拆迁，科学安排征拆时序，集中精力打好“快速战”“歼灭战”，不打“持久战”“消耗战”，最大限度缩短征拆周期。要坚持以拆违促拆迁、促项目，加大存量清零力度，坚决遏制违建乱象。项目资金方面，要坚持“多条腿”走路，创新方法拓展融资渠道，撬动更多社会资本投入。

第三，要精细管理用心抓。项目的推进速度，取决于管理的精细程度。要以细而又细、实而又实的举措抓项目推进，力争跑出加速度，抓出大成效。要严格落实制度。落实项目指挥长授权负责制，授予指挥长在联点项目推进过程中的协调权、决定权。各联点领导要强化担当、敢于负责，既挂帅、又出征，职权范围内的事情要大胆决策、大胆拍板，决不能一有困难就绕道，一有矛盾就上交。要全面落实“一单四制”，发现问题要及时介入、迅速处置，提升解决问题的时效性。要提升专业能力。广大干部特别是领导干部要认真研究项目建设规律，研判政策动向，洞察市场变化，不断提升抓项目的能力和水平。特别是项目的前期包装和策划，更要学深学透、学出成效。要发扬务实作风。抓项目不是纸上谈兵，要多到一线查实情，少在办公室听汇报，多到现场解决问题，少在会议室遥控调度，决不允许出现问题久拖不决、项目停滞不前的现象。各职能部门要强化大局意识、服务意识，一切围绕项目转，想方设法解难题、破瓶颈，决不允许为了部门小利耽误工作、影响进度。

2.持之以恒打好“三大攻坚战”。去年三大攻坚战初战告捷，但“入之愈深，其进愈难”，彻底解决薄弱环节和突出问题绝非一日之功，要拿出背水一战的决心，一项一项抓落实，一步一步往前推，持之以恒打出新成效。

一是科学有序打好化解重大风险攻坚战。要处理好政府化债与筹资搞建设的关系，想方设法拓宽融资渠道，积极引导社会资本参与公共服务、基础设施、产业发展等领域的建设运营，减轻政府投资压力。加快政府平台公司转型发展，采取科学合理的公司化、市场化经营模式，优化投资结构，拓展市场业务，增强公司实力。树立过“紧日子”的思想，最大限度压缩一般性支出，优化财政支出结构，提高资金使用效率，全面完成全年化债任务。坚持抓早抓小、标本兼治，严厉打击非法集资、金融诈骗、恶意逃废银行债务等违法违规金融活动，切实防范金融风险。

二是纵深发力打好精准脱贫攻坚战。坚持把脱贫攻坚作为头等大事，以“七个一批”和“六大工程”为抓手，以提高脱贫质量为导向，进一步创新工作方法，强化工作举措，确保完成年度脱贫任务。要提高脱贫质量。夯实脱贫基础工作，深入开展脱贫攻坚政策保障再落实行动，对照脱贫指标，逐户“把脉问诊”，及时查漏补缺，不留“死角”和“盲区”，确保基本医疗、义务教育、安全住房、兜底保障等各项政策措施落到实处。加大产业扶贫、就业扶贫力度，精准开展职业技术教育、岗位技能培训、实用技术培训，帮助贫困群众增强“自我造血”功能。要巩固脱贫成效。积极探索稳定脱贫路径,继续开展“脱贫立志,星级创建”活动,持续激发脱贫内生动力。建立稳定脱贫长效机制,深入开展“回头看”“回头帮”,做到脱贫不脱责任、脱贫不脱政策、脱贫不脱帮扶、脱贫不脱监管。要压实脱贫责任。坚持“三级书记抓扶贫”,发挥好驻村工作队、第一书记、帮扶干部等作用,合力推动各项既定脱贫措施落到实处。持续深化扶贫领域作风建设,强化扶贫资金监督管理,确保扶贫领域风清气正。

三是标本兼治打好污染防治攻坚战。牢固树立绿水青山就是金山银山的理念,紧盯“大气、水、土壤”三大重点领域,坚持预防与治理相结合,全面改善生态环境。积极回应群众关切,对群众反映强烈的突出环保问题和上级环保督察交办件,要及时回应、认真整改,已销号的要巩固提升,未销号的要强力推进,确保整改成效。打好“蓝天保卫战”,强化工地道路扬尘、工业废气、餐饮油烟等重点污染源治理,加大洒水降尘、道路保洁力度,严查企业违规排放,降低工业污染,还老百姓蓝天白云、繁星闪烁。打好“碧水保卫战”,严格落实“河长制”,开展湘江、渌江沿岸综合整治行动,加强饮用水源地保护,防治水污染,修复水生态,加快完成乡镇污水处理厂建设,消除黑臭水体,还老百姓清水绿岸、鱼翔浅底。打好“净土保卫战”,加强土壤污染监测,有序推进耕地治理与修复,推行垃圾分类处置,规范危险废物、医疗废物无害化处理,让老百姓吃得放心、住得安心。要加强环境执法力度,严厉打击各类环境违法行为,建立健全乡镇、部门之间环境风险联动协调机制,妥善处置各类环境污染隐患。

3.大刀阔斧推进城市建设。渌口区作为株洲市第五区,城市发展和管理水平与中心城区还存在较大差距,要把城市建设作为当前发展的重中之重,加快推进县域经济向城市经济转型,依靠城市的快速发展推动综合实力的快速提升。

第一,加快全面融城步伐。撤县设区后,渌口区成为市区的一部分,告别的是“独角戏”,迎来的是“大合唱”。要切实转变思想观念,尽快适应从县到区的转变,任何时候、任何工作都要以城区定位、城区格局、城区标准来要求、来谋划、来推动。要以规划、产业、基础设施、公共服务、环境治理“五个一体化”为重点,在经济社会发展的各个方面与中心城区全面接轨、深度融合。要以超前理念、长远眼光、更大手笔制定城市发展规划,对照中心城区标准、对接市区整体规划进行设计布局,让我们的城市更加大方大气,更具品质品位,更有特色特点。

第二,推进城市扩容提质。要坚持“开荒拓土”与“精耕细作”齐头并进,把框架拉大、让品位升级,使城区不断焕发新的气质。要依托渌口较为突出的水生态优势,做足水文章,依水兴业、伴水兴城,大力推进湘江东岸风光带、梅子湖、南洲生态新城等片区开发,布局一批高档住宅小区、城市综合体和公共服务配套设施,努力建设“水韵渌口·活力新城”。要加快城市路网建设,尽快建成渌枫大道、东城大道、渌水二桥，力争醴娄高速早日开工建设，启动湘江风光带东岸综合治理项目，让市民出行更方便、交通更便捷。加快城市基础配套设施建设，重点布局建设一批停车场，着力解决群众停车难题。在推进城市建设过程中，要充分挖掘“市两个统筹”蕴含的政策机遇，多对接、多协调，努力让更多的基础设施项目进入市重点项目的笼子。

第三，提升城市生活品质。始终把以人为本理念贯穿于整个城市规划、建设、管理的全过程，努力为人民群众提供精细的城市管理和公共服务。要扎实开展文明城市创建，加强交通治理、道路养护、环卫保洁、控违拆违等工作，铁腕整治道路扬尘、超载超限等群众反映强烈的问题，让大街小巷更加干净、整洁，让生活环境更加通透、舒畅。大力完善城区教育、医疗、文化、就业、养老等社会事业，优化资源布局，促进公共服务均等化，让广大市民更有幸福感、获得感。要立足高标准、高品位，大力发展餐饮、住宿、娱乐、购物等生活性服务业，打造一批特色街、品牌店，不断提升产品和服务供给质量，不断满足市民的多样化、个性化消费需求，让城市生活更加多姿多彩。

4.全面实施乡村振兴战略。习近平总书记指出，“重农固本是安民之基、治国之要。”撤县设区后，渌口区农业大区的地位没有改变，最广阔的地区仍然是农村，最广大的居民仍然是农民。要把“三农”工作作为当前和未来一个时期的重中之重，持续掀起实施乡村振兴战略的热潮，在全市建设城乡统筹幸福区中干在实处、走在前列，使广袤农村在新时代焕发新的生机和活力。

第一，各项事业要齐头并进。紧紧围绕产业兴旺、生态宜居、乡风文明、治理有效、生活富裕的总要求，坚持统筹推进，多措并举，推动农业农村各项事业全面发展。一是做强产业，拓宽农民增收渠道。要打牢基础，加大高标准农田、渠系配套、机耕道路等项目建设力度，改善生产条件，提升土地产能。要打响品牌，加大种植结构调整力度，改变“一粮独大”的农产品格局，大力发展市场前景好、综合效益高的优势产业、特色产业，壮大一批龙头企业、农民合作社、家庭农场等新型经营主体，形成规模效应、品牌效应。要打开市场，推进产加销一体化建设，引进冷链物流等农业新业态，充分发挥智慧渌口信息平台和村级服务中心作用，大力发展农村电商，确保农产品“种得出、卖得了、有效益、可持续”。二是扮靓农村，推进人居环境整治。扎实开展“农村人居环境整治三年行动”，强力推进农村垃圾、污水、厕所、村容村貌“四治”工作。特别是村容村貌整治方面，要坚持规划引领，按照“发展中心村、保护特色村、整治空心村”的思路，严格执行村庄规划和村庄建设规划，规范建房审批和管理，全面整治危旧土坯房，使农村布局更加合理、建筑错落有序、风格自然协调。要以镇为依托、村为基础，扎实推进农村人居环境整治“12+4”示范村创建，以点带面，全面提升。要从上到下建立健全资金投入、村民参与、督查考核、常态化约谈、奖励表彰五大推进机制,充分激发镇村和群众推进人居环境整治的积极性。要参照市有关做法,对各镇、各村工作情况按季度进行考核排名,严格兑现奖惩。三是培树新风,提升乡村文明程度。坚持正确价值取向和舆论导向,引导广大农民群众崇尚科学文明,传播健康生活方式。大力开展移风易俗行动,抵制恶俗陋习,狠刹歪风邪气,弘扬传统美德,开展文明村镇、星级文明户、最美家庭创建活动。积极顺应人民群众美好生活需要,深入挖掘和弘扬农村传统文化,实施文化惠民工程,大力开展文化科技卫生“三下乡”“文化志愿服务”等活动。四是创新治理,夯实和谐稳定根基。不断加强基层党组织建设,落实村级运转经费逐年增长机制,加强村级组织人财物保障。加强农村党员干部队伍建设和管理,推进“党建+”示范建设,充分发挥党建引领作用。深化基层自治实践,积极挖掘乡村治理主体资源,调动能人大户、新乡贤、新型职业农民等农村精英参与公共事务治理的积极性,形成多元主体合作共治的格局。深入开展扫黑除恶专项斗争,严厉打击农村黑恶势力、宗族恶势力和黄、赌、毒、盗、拐等违法犯罪行为,切实提升群众安全感。五是致富农民,提升群众幸福指数。完成农村集体产权制度改革,优化要素配置,盘活资产资源,拓宽增收渠道;综合运用“公司+合作社+农户”等模式,带动农民就业创业、增收致富。优化农民就业技能培训、劳务协作等服务,稳定和扩大劳务输出,提高务工农民工资性收入。全面推进基础设施“五张网”向农村地区延伸和覆盖,促进城乡基础设施互联互通、共建共享。推进优质教育、医疗、文化等公共服务资源向农村延伸,逐步消除政策上的差异,缩小标准上的差距,让农村居民和城镇居民一道,在撤县设区中分享红利、得到实惠、感受幸福。

第二,方法举措要科学合理。实施乡村振兴战略,关乎广大农民群众利益和福祉,必须以严谨的态度、科学的方法和务实的举措来抓,确保各项工作落到实处、取得实效。要因地制宜,突出特色特点。坚持实事求是原则,因地制宜、因势利导,根据不同村庄的产业基础、资源禀赋和民俗风情,实行差异化发展。特别是在发展产业方面,要按照“一村一品”的要求,深入挖掘地方特产、乡间美食,重点发展那些基础好、美誉度高的产业,做好王十万黄辣椒等地理标志申报,强化包装策划和宣传推介,提升特色农产品知名度、影响力。要加大民俗文化、民间艺术的保护和传承力度,打造成地域专属名片。要解放思想,大力探索创新。在实施乡村振兴战略过程中,各镇、各部门要敢闯敢冒、先行先试,大胆试点探索,力求形成一批具有地方特色的工作经验。要多走出去学习,充分借鉴外地的先进经验和有益探索,通过转化吸收,提升整体工作水平。要浓厚氛围,发动群众参与。人民群众是历史的创造者。实施乡村振兴战略,必须一切为了群众,紧紧依靠群众。要广泛征求群众意见,充分尊重群众意愿,把更多的选择权留给群众,寻求最大公约数。要充分发挥农民群众推动乡村振兴的主体作用,引导他们树立“自力更生、共建共享”的理念，调动他们的积极性、主动性、创造性，自觉参与美好家园建设。要坚持依法依规办事，公平公正处事，最大限度地赢得群众支持。

第三，工作责任要层层落实。实施乡村振兴战略，抓好“三农”工作，是全面融城、全面发展的题中之意，是建设城乡统筹幸福区的必经途径，必须以高度政治责任感抓紧抓实、抓出成效。要上下联动聚合力。建立实施乡村振兴战略领导责任制，坚持“书记抓书记，一级抓一级”，层层传导压力，逐级抓好落实，形成区镇村三级书记一起抓、党政主要负责人亲自抓的工作格局。要完善责任机制，明确责任分工，坚决杜绝推诿扯皮、搪塞责任等现象。要加大投入强保障。要着力打造一支高素质专业化的“三农”工作干部队伍，让能干事、有威信的干部挑大梁，让素质高、干劲足的干部担重任。要充分发挥“省直管县”和“市两个统筹”的政策优势，强化“争”的理念、“抢”的意识，勤对接、多协调，让写在纸上的政策兑现成实实在在的项目和资金，在争资引项中体现干部的能力、作风和业绩。进一步加大涉农资金整合力度，集中资金推动农业产业规模发展、基础设施成片建设，让零钱整用、小钱大用。要强化经营思维，在农村人居环境整治等工作中，用好用活增减挂钩和耕地占补平衡政策，积极利用社会资本，不断拓宽资金来源渠道。要深入一线抓落实。坚持“一线工作法”，以“网格走亲、党群同心”大走访活动为载体，经常性地深入农村基层、走进田间地头，带着责任开展“三农”工作，带着感情解决群众困难，真正和群众打成一片。不折不扣地落实“三农”政策，不曲解、不走样、不跑偏，让广大农民群众切实享受到改革发展的成果。要严守纪律，牢牢守住廉洁底线，不该吃的坚决不吃，不该拿的坚决不拿，对胆敢向涉农资金“动奶酪”者将严肃惩治、决不姑息。尤其是村级党组织书记，要进一步强化法纪观念，带头遵守纪律规矩，加强制度建设和村级财务管理，决不能在廉洁问题上越雷池、触红线。

三、激情奔跑，在追梦的路上阔步前行

激情成就梦想，奋斗点亮未来。既然选择了远方，便只顾风雨兼程。在加快县域经济向城市经济转型的奋斗征程中，需要我们每一个人激情奔跑，用力奔跑，让奔跑成为渌口区发展热潮中最常见的姿态、最美丽的身影。

1.要锤炼坚强党性，坚定正确方向。习近平总书记指出，“理想信念动摇是最危险的动摇，理想信念的滑坡是最危险的滑坡”。要不忘初心，牢记使命，时刻保持共产党人最高尚、最博大、最朴实的情怀，自觉做共产主义远大理想的信仰者、实践者。要加强党性修养。时刻铭记党员身份，牢记入党誓词，严格按照党章要求自己，顶住心神、站稳脚跟、挺直脊梁，把在党爱党、在党言党、在党忧党体现到工作学习生活的全过程，始终做到对党忠诚、为党工作、向党负责。要保持政治定力。政治问题任何时候都是根本性的大问题。要深入学习贯彻习近平新时代中国特色社会主义思想和党的十九大精神，牢固树立“四个意识”,坚定“四个自信”,坚决做到“两个维护”,坚定执行党的政治路线,严格遵守党的政治纪律和政治规矩,在政治立场、政治方向、政治原则、政治道路上同党中央保持高度一致。要认真贯彻中央、省委、市委和区委决策部署,不讲条件、不打折扣、不搞变通,确保政令畅通、令行禁止。要践行为民宗旨。人民群众对美好生活的向往,就是我们的奋斗目标。要以造福人民为最大政绩,时时处处、设身处地为群众着想,像关心亲人一样关心群众,像办自己的事情一样办好群众的事情。要经常深入到街头巷尾、田间地头,倾听最真实的声音,掌握最真实的情况,及时解决好人民群众的合理诉求。

2.要转变思想观念,提升能力水平。县域经济向城市经济的转型发展,是一道全新考题,时刻考验我们的知识水平和工作能力。要大力解放思想。思想上要出“新”,善于运用新思想指导工作、解决问题,决不能身子进入了新时代,思想还停留在过去式;观念上要求“变”,尽快适应从县到区的转变,更多的用“区”的定位来谋划工作、用城市经济的理念来推动发展;眼界上要放“宽”,有科学的取舍,敢于谋远,舍得让利,善于“筑巢引凤凰”。要提高学习能力。改区后的很多工作对我们来说都是新事物,需要我们花费更多的时间和精力认真学习和钻研。在加强政治学习的同时,尤其要注重经济理论、政策制度、专业知识、业务能力的学习,努力成为各行各业的行家里手。要多走出去学,大胆学习借鉴他人的成功经验。要创新工作方法。“明者因时而变,知者随事而制。”要把创新贯穿工作始终,敢于突破传统、打破常规。要深入基层调查研究,善于在实践中创新方法,总结经验,解决难题。

3.要强化责任担当,激发昂扬斗志。新的征程,呼唤只争朝夕的行动者,需要脚踏实地的实干家。要把激情融入血液,不论顺境逆境,激情不退、斗志不衰、拼劲不减,满怀激情去抢抓机遇、破解难题、推动发展。要守土有责、守土尽责。担当负责,是挺身而出的气魄,是舍我其谁的胸怀。要克服“怕”的心理,本级可解决的事情绝不推给上级;摒弃“推”的思想,自己能解决的事情绝不依赖别人;纠正“拖”的习惯,今天能解决的事情绝不拖到明天,不断增强谋发展的责任感,提升抓落实的执行力。要知难而进、迎难而上。面对繁重的工作任务,要少一份浮躁,多一份笃定,真正扑下身子、沉下心思,一件事情一件事情地办,一个环节一个环节地抓。面对困难和挑战,要敢于动真格、硬碰硬,静下心来找原因,深入研究找方法,以铁腕重拳破瓶颈,以细腻心思解难题。要马上就办、真抓实干。要有时不我待的危机感、紧迫感,对安排的任务,立说立行、雷厉风行,件件抓落实,事事有回音,让抓落实成为工作的主旋律和最强音。要弘扬“工匠精神”,追求卓越、精益求精,坚决不当“差不多先生”。

4.要培树清风正气,营造良好氛围。作风正则人心齐,人心齐则事业兴。在奔跑和追梦的路途中,必须弘扬清风正气,抵制歪风邪气,才能行稳致远。要严守纪律规矩。把党纪国法作为不可碰触的底线、不可逾越的红线,做任何决策,抓任何工作,都要先想一想是不是符合法纪要求、符合程序规定,决不能把个人意志凌驾于法纪之上,目无程序、任性妄为。领导干部要率先垂范,带头学党纪、学法规,带头讲纪律、守规矩,坚决杜绝纪律松散、有章不循、有规不守的现象。要转变工作作风。弛而不息纠四风、转作风,旗帜鲜明地反对形式主义、官僚主义,力戒表态多调门高、行动少落实差等突出问题。各镇各部门要切实加强机关制度建设,坚持从紧从严,重点整治"怕、假、混、浮、庸、散、松"等作风顽疾,提高工作效率,提升机关效能。要坚持正确导向。习近平总书记指出,事业兴衰,唯在用人;用人之要,重在导向。要坚持正确用人导向,更加突出政治标准,在急难险重任务、突发事件处理、重大决策部署落实中发现干部、重用干部。特别是要大胆使用在基层扎实历练、在艰苦岗位长期磨炼,忠诚可靠、能力突出、口碑较好的干部。对那些不敢担当、不抓落实、贻误发展的干部,不负责就问责,不换思想就换人。要坚持"三个区分开来",落实容错纠错机制,旗帜鲜明地为敢于担当者担当,决不让流汗者流泪、吃苦者吃亏。要加大对干部的关心关爱力度,逐步提高基层干部待遇,最大限度调动干部干事创业的积极性。

"基础不牢,地动山摇。"在座的各位村书记,你们是农村基层党组织的领路人、村级班子的带头人,也是实施乡村振兴战略的重要推动者和实践者。长期以来,你们扎根基层、任劳任怨、无私奉献、为民造福,为农村建设付出了大量心血,作出了重要贡献,区委对你们的工作是充分肯定的,也是十分满意的。撤县设区后,我们推动城乡统筹发展的任务还十分艰巨,广阔农村既是短板所在、也是希望所在,既大有可为,也理应大有作为。希望村书记们敢担当、有冲劲;善学习、勤思考;察民情、解民忧;讲公心、少私心;守规矩,树正气,发动带领基层党员群众,积极投身发展事业,为渌口区改革发展稳定作出更大贡献。区委也将一如既往地支持你们的工作,不断改善工作条件,解决实际困难,消除后顾之忧,为大家激情工作、大胆工作、高效工作提供坚强保障。

同志们,征程万里风正劲,重任千钧再扬鞭。新的一年、新的起点,新的征程、新的使命。让我们奔跑起来,行动起来,激情干事,务实担当,在追梦的康庄大道上砥砺奋进、阔步前行,在全面融城、全面发展,加快县域经济向城市经济转型的新征程中展现更大作为,以优异的发展成绩迎接中华人民共和国成立70周年!

渌口区第一届人民代表大会常务委员会工作报告

——2019年2月15日在渌口区第一届人民代表大会第一次会议上

区人大常委会主任　罗禧瑰

各位代表：

现在，我受渌口区第一届人民代表大会常务委员会的委托，向大会报告工作，请予审议。

2018年的主要工作

2018年，在中共渌口区委的坚强领导下，区人大常委会积极依法履职，圆满完成了各项目标任务，为全区经济社会发展和民主法治建设，作出了积极贡献。

一、坚决贯彻十九大精神，政治定力更加牢固

认真学习贯彻习近平新时代中国特色社会主义思想和党的十九大精神，坚持把握正确的政治方向和履职指向，人大工作的政治定力更加牢固，角色定位更加准确。

坚持党的领导，不断强化人大的政治属性。切实增强政治自觉，全年向区委报告工作28次，请示重大事项9项，形成了与区委同频共振的良好格局。吸取"松本事件"教训，召开党组专题民主生活会，深入查摆问题，扎实抓好问题整改。开展系列学习教育活动，常委会党组成员带头讲党课12次，举办专题讲座3次，开展机关支部主题党日活动12次。推进党支部"五化"建设，机关离退休干部党支部先后被授予全市和全省"示范离退休干部党支部"荣誉称号。开展"网格走亲、党群同心"大走访，带着责任、带着感情到龙凤村、果田村、伏波社区联系走访群众，听民声、摸实情，帮助协调解决问题56个。

坚持人民立场，不断强化人大的人民属性。全年听取审议"一府一委两院"工作报告37项，下达审议意见书10件。促进抓好抓实全区土坯房整治、公共文化服务体系建设、档案管理、农业产业化等工作。高度关注全区城市总体规划，提出要"拓展规划公示平台、加快特色专项规划编制、加大规划建设的投入、形成大规划格局"等审议意见。坚持问题导向，对区教育

局、食药工商质监局、国资中心、城管局、水利局等五个单位开展专项工作评议，组织代表到各镇和各单位走访调查，收到4213份群众意见表，共提炼意见141条，通过专项工作评议整改，93条意见得到解决落实，问题解决率为65.9%，五个被评议单位均获评满意单位。

坚持依法履职，不断强化人大的法治属性。运用法律手段推动工作，依法作出《关于株洲县撤县设区有关问题的决定》、“十三五”规划纲要部分指标调整、财政决算和预算调整等决议、决定14项。听取并审议城乡社会治安视频监控系统建设、人民调解工作情况汇报，紧盯“最多跑一次”改革进程，推进相关工作。坚持党管干部原则，严格任前调查和任前法律考试，共审议人事任免事项31人次。开展视察和执法检查5次，组织人大代表55人次参加执行攻坚座谈、听审法院执行庭审案件，对16件规范性文件备案审查。妥善办理人民群众来信来电来访102件次。认真部署农产品质量安全行，推动集中专项整治12场次。

二、坚决落实区委重大决策，履职实效更加明显

牢固树立“最大的成绩是发展的成绩、最大的任务是发展的任务、最大的要求是发展的要求”工作理念，把聚焦区委中心工作、促进社会经济高质量发展作为履职主方向。

合力打好“三大战役”。多次听取并审议政府性债务管理情况汇报，提出要强化“发展是第一要务”的理念，坚持依法举债、科学还债的原则，处理好“化债与防风险、化债与保发展、化债与促改革的关系”，建立完善政府举债终身问责和债务问题倒查机制、政府债务风险预警和应急处置机制、债务常态化监管机制、定期向人大报告债务情况等四个制度。发布《致全区各级人大代表的环保倡议书》，动员人大代表做环境保护的宣传者、践行者、监督者，持续护航生态文明；组织代表到8个镇、77个村开展环保专项督查，推进环保督查常态化。认真开展脱贫攻坚工作，常委会领导到联系村调研指导制度化，机关干部到龙门镇果田村开展结对帮扶，效果良好。

全力支持“项目建设”。坚持“一切为了项目、项目检验一切”，齐心协力推进项目建设。视察并审议园区基础设施和产业项目推进情况，提出园区工作 “要成为第一战略、第一战场、第一增长极”；园区发展“要敢于改革创新、全力推进项目、强化要素保障、大力招商引资”；园区建设“要扎实走好特色之路、创新之路、人才之路、产城和园城融合之路”。听取并审议贯彻落实《促进科技成果转化法》情况汇报，推动完善科技成果转化服务体系，推进项目和企业高质量发展。听取并审议全区重点项目建设情况，组织视察渌枫大道、紫涵湖、渌水二桥等重点项目，督促实现“精力在项目上集中、能力在项目上闪光、合力在项目上凝聚、效力在项目上展现”，用“倒逼法、奖惩法、会诊法”全力推动项目。常委会领导多次到华升雪松、亿杰电子科技等项目和企业走访调研，帮助企业解决问题和困难,调度项目顺利推进。

助力推进“乡村振兴”。听取并审议全区农业产业化、涉农资金整合等情况汇报,提出农业产业化是乡村振兴的重要抓手,发展农业产业要“吸引钱”,千方百计引进战略投资;要“投入钱”,排除万难整合涉农资金;要“能赚钱”,多措并举培育农业新产业、新业态、新平台。组织代表到浏阳市永安镇、官渡镇以及我区龙船镇堂市村视察调研,围绕群众思想的困惑点、利益冲突的交织点、现实矛盾的易发点,通过现场调研、座谈释疑,增进对乡村振兴的思想认同,解决“要不要做”“谁来做”“怎么做”的问题。

三、推动执行上级人大要求,各项基础更加扎实

坚持以贯彻落实中共中央批转的《全国人大常委会党组关于加强县乡人大工作和建设的若干意见》以及省、市人大的各项部署为抓手,推动区、镇人大工作和建设向纵深发展。

高效率完成规定动作。出台和实施《区人大常委会2018年“双联”工作方案》,常委会组成人员全年联系基层区人大代表362人次,区人大代表以工作室为平台,开展活动57次,接待群众549人次,收集群众意见建议105件,解决56件。邀请市人大常委会联工委负责人授课,对全区183名人大代表进行培训,组织部分市人大代表赴青岛参加履职培训。对代表建议实施会议交办和联合督办,对区水利局、公路局、交通局、教育局、住建局等建议承办大户,由常委会主任带队开展集中督办,一批建议得到有效落实。

高标准完成重点动作。专题组织学习市委和市人大常委会关于代表工作“1+4”文件,认真对照规定,逐条逐项梳理情况,在完善代表联系平台、丰富代表活动形式、优化代表履职服务等方面聚焦问题、狠抓整改。为贯彻落实《株洲市农村村庄规划建设管理条例》,常委会领导积极调度,推动打造南洲镇横江村和朱亭镇浦湾村两个示范点,联合相关部门开展了2次专项督查,村庄建筑风貌管控试点实现良好开局。持续推动普法工作,组织开展《渌江保护条例》《株洲市工业遗产保护条例》立法调研工作,有效拓展了地方立法的民意渠道,增强了地方立法的社会认同。

高质量完成自选动作。继续推行人大审议事项“四个一”工作法,就农村村庄规划建设管理、园区基础设施和产业项目推进、重点项目建设等9个课题进行立项调研,先后有72名区人大代表按计划参与了9次民意征集活动,共征集到1412名选民的意见建议358条。对这些征集到的意见,各专门委员会召开15次座谈会进行消化吸收。在专题审议时发言18人次,提出问题71个、形成建议92条。加强理论研究,撰写调研文章22篇,其中《发展完善人民代表大会制度的株洲县实践》一文获全省人大理论研讨会一等奖,并应邀在大会发言,受到广泛好评。制订《镇人大工作讲评方案(试行)》,推动镇人大依法履职、规范履职,区镇人大工作实现良性互动发展。

四、推动借鉴兄弟县市经验,自身建

设更加完善

常委会领导先后带队组织到湖南浏阳市、醴陵市，浙江江山市、常山县，贵州湄潭县等地学习取经。接待了湖南桃源县、长沙岳麓区、株洲天元区和芦淞区，广西融水苗族自治县、浙江常山县、甘肃康县等县、区人大来我区考察交流。通过与兄弟县市区的联系交流，不断学先进、找差距，补短板、强弱项，自身建设得到不断完善与加强。

建立“民生实事票决制”。为切实履行好宪法、法律赋予地方人大的重大事项决定权，进一步推进决策民主化、科学化、法治化，常委会借鉴浙江省江山市、常山县等地做法，在向区委多次汇报、与区政府有效沟通的基础上，形成了《民生实事项目实行人大代表票决制工作方案（试行）》。“民生实事票决制”的建立，使广大群众能够以人大代表为纽带，真正成为民生实事项目的建议者、决策者、监督者和受益者。

成立“专业代表小组”。为进一步发挥代表中各类专业人员的作用，借鉴先进县市经验，制定《专业代表小组组建方案（试行）》，组建了5个专业代表小组。2018年，各专业代表小组按照“三个一”（一次专业知识培训、一次调研活动、一个研究成果）的要求认真开展活动，分别就“平安渌湘”建设、“十三五”规划《纲要》实施中期评估、乡村振兴和美丽乡村建设、学校调整布局等特色专题，采取集中视察与持证视察相结合、明察与暗访相结合、听取汇报与深入走访相结合的方式，开展视察调研，既增强了常委会的监督力度，也增强了代表参加活动、履行职责的积极性。

完善“人大代表联系人民群众工作室”。组织各镇人大主席到外县市学习考察乡镇人大工作，重点学习浏阳市建立完善“人大代表联系人民群众工作室”的先进经验。对全区镇、村两级共24个工作室的建设及运行情况开展督查，指导各镇对照问题清单，强化整改落实，确保建成“六有”代表工作室，切实畅通人大代表与人民群众的联系渠道。

各位代表，2018年渌口区人大工作得到了省、市人大的高度评价，也得到了区委的充分肯定。但我们也清醒地认识到存在的问题与不足，主要是：围绕大局、服务大局的主动作为还不多；正确监督、有效监督的有益探索还需加强；追踪问效、持续监督的力度还需加大；代表活动、代表建议办理的效果还需提高；上下级人大的联系、联动，特别是人大品牌的打造还需增强；人大干部的履职能力和活力还需提升等。对此，我们要认真对待，切实加以改进。

2019年的主要任务

各位代表，2019年是新中国成立70周年的喜庆之年，是决胜全面建成小康社会的关键之年，也是渌口区成立后踏上新征程、创造新业绩、走向新辉煌的起步之年。面对新形势、新任务，区人大及其常委会2019年的总体工作思路是：以习近平新时代中国特色社会主义思想为指导，在中共渌口区委的坚强领导下,紧扣贯彻落实党中央重大决策部署,紧扣回应人民群众重大关切,紧扣全面厉行法治,更加有力地行使宪法和法律赋予的各项职权,推动人大工作高质量发展,为实现区委提出的“全面融城,全面发展,加快推进县域经济向城市经济转型”目标作出新的更大的贡献。

一、力求制度实践真打通,在履行使命上展现新境界

区人大常委会要把党的领导、人民当家做主、依法治国等制度理念,在思想上真正贯通,在机制制度上真正连通,在工作落实上真正畅通。既要开阔“四面湖山归眼底”的眼界胸襟,也要保持“万家忧乐到心头”的为民情怀,还要善于融入大战略,推动大发展,防止议决事项“只见树木、不见森林”,不断在履行使命上展现新境界。

把坚持党的领导作为人大工作的根本原则。习近平总书记关于坚持和完善人民代表大会制度的重要思想,是做好新时代人大工作的“纲”和“魂”,要作为一项长期的根本任务来抓,学精悟透用好蕴含其中的党性原则、使命意识、法治精神、民本情怀。坚持做到“党中央战略部署在哪里,人大目标任务就定在哪里;区委工作决策在哪里,人大工作重点就放在哪里”。发挥常委会党组的政治堡垒作用,树牢“四个意识”,增强“四个自信”,做到“两个维护”,在推动改革发展稳定各项事业中,始终坚守政治定力。

把人民群众放在心中的最高位置。人心是最大的政治,共识是奋进的动力。坚持通过各种平台和渠道,定期向代表通报区委重要决策部署、重大事项安排、重点工作进展等情况,主动征求人民群众的意见建议。充分发挥代表桥梁纽带作用,坚持“民有所呼,我有所应”,着力打造事业发展共同体。坚持把维护群众利益作为第一责任,不忘初心,带着感情、带着责任,努力为人民群众督大事、解难事、办实事,使发展成果更多、更好地普惠城乡群众。

把依法治理贯穿到履职的全部过程。继续实行常委会主任会议成员联系镇(街道)人大工作机制,定期不定期开展走访调研。开展《株洲市农村村庄规划建设管理条例》《株洲市城市综合管理条例》《水污染防治法》等执法检查,确保法律法规有效落实。善用法治的力量,对人大任命的国家机关人员,更加注重发挥“法律巡视”作用,在严格任前法律考试的基础上,对其任命后进一步跟踪开展“是否依法决策、是否依法办事、是否公正司法”等法律监督,在实践中不断探索和完善人事任免工作。继续配合市人大开展相关立法调研工作。

二、力求依法监督真有效,在履职行权上体现新作为

人大及其常委会要敢于依法追踪问效,对普遍关注的问题、依法决定的事情敢于较真、敢于碰硬,一抓到底、抓出成效,确保形成“说了要办、定了要干,办要办好、干要干成”和“以干事为荣、以躲事为耻”的鲜明导向,确保人大监督有始有终、人大工作有效有为。

在规范监督上发力。探索建立“重要事项统筹监督、热点事项持续监督、关联事项联动监督、专业力量深化监督”四项机制，推进“调查研究长效化、专题询问常态化、工作评议规范化、预决算审查精细化、审议专项报告流程化”五化进程，全方位履行监督职能，切实增强监督实效。组织专业代表小组对全区的脱贫攻坚、公共就业和“草根”创业、学校布局、城市提质、创建现代农业特色产业集聚区等开展调研视察。围绕区委“县域经济向城市经济转型”的部署要求，更加突出“城市化进程”，适时听取城市规划执行、城市功能建设、城市精细管理、城乡污染治理、交通、招商等情况汇报，加强“五年过渡期”的压力倒逼，着力推动渌口城区每年都有新变化，为五年后基本实现与中心城区同标同步，打下扎实基础。聚焦落实“六稳”方针和温暖企业行动，听取并审议全区开展“产业项目建设年”活动情况汇报，推动渌口区加速赶超。通过视察评议和执法检查等方式，促进政府部门深化“放管服”改革、进一步提高“只跑一次”行政效能。

在精准监督上发力。加强对财政工作的监督。听取并审议落实“压减一般性经费支出5%工作目标”情况汇报，倡导节俭办事意识，强化过“紧日子”思想；听取并审议审计查出问题情况汇报，更加注重发挥审计的监督作用；严格开展预算联网监督工作，及时掌握财政预算执行动态，提高预决算审查的科学性、准确性；促进平台公司转型发展，有效防范和化解金融风险。加强对法律工作的监督。配合省市人大对《监察法》开展调研，听取并审议区人民检察院公益诉讼工作情况汇报、区人民法院健全内部监督机制情况汇报；听取区人民法院、区人民检察院半年工作情况，做好规范性文件备案审查，保障宪法和法律法规有效实施。加强对民生工作的监督。坚持以提高城市品位和城市文明程度为导向，听取并审议“渌口城区公共停车场专项规划”编制和建设情况汇报，着力解决城区“停车难、停车乱”的问题，扎实推进“文明城市”建设；以提高民生幸福为导向，视察、听取并审议渌口镇中学搬迁情况、基层医疗服务体系建设情况，着力夯实社会事业根基；听取并审议农村生活垃圾分类专项治理情况，视察督查、听取并审议“12+4”农村人居环境示范创建村（社区）建设情况，统筹推进乡村振兴工作。

在有效监督上发力。加大督促落实力度，切实增强监督实效。对“一府两院”落实人大常委会2018年《审议意见书》的工作情况进行“回头看”，对审议意见落实不力特别是造成不良影响的，适时激活法律赋予的专题询问、质询和特定问题调查追责等相关职权。围绕“审计查出问题整改”事项，选择5个项目（专项资金、重点工程）或单位开展专项工作评议，深入跟踪调查，召开整改评议大会，开展评议和满意度测评，并向社会公开评议结果，严格推动审计查出问题整改工作落实落地。

三、力求主体作用真发挥，在代表工作上彰显新特色

进一步落实市委、市人大常委会关于

人大工作“1+4”文件精神，以代表工作统领和创新人大工作。

丰富拓展代表活动方式内容。强化各镇人大主席、副主席的岗位意识，加强对代表活动的组织指导，探索创新闭会期间代表活动模式、活动载体，促进代表小组活动常态化。针对社会群体和组织不断分化和小众化的趋势，更好地反映不同群体的合理诉求，多做一些有感情、有温度的工作。围绕经营城市和乡村振兴两个专题，组织区人大代表分批外出考察学习，通过不断地学思践悟，不断地“加油充电”，助推代表在更高层面上分析问题、发现问题、解决问题，努力为全区经济社会发展贡献更多智慧、更多力量。

切实提高代表联系群众实效。对区人大代表提交的批评建议，更加注重加强指导和服务，坚持从源头上把好质量关；继续采取会议交办、执法检查、专题调研、联合督办、听取工作报告等形式，推动更多的建议得到解决。重点做好“民生实事票决制”工作，鼓励人大代表通过进代表工作室、走访选民等方式，征集实事项目建议，高质量完成实事票决；对票决确定的民生实事，组织人大代表定期开展督查，通过分层监督、分组监督、分线监督、分类监督等形式，跟踪监督项目进展情况，适时进行满意度测评；及时研究票决制工作中的新情况新问题，推动票决制工作不断完善发展。扎实开展“双联”工作、专业代表小组“三个一”主题活动、争创“五星级”代表联系群众工作室活动。

逐步健全代表考核绩效管理。制定《渌口区人大代表履职考核办法》，实行代表工作目标管理责任制，重点围绕活动记录、情况反映、资料收集、议案提交、调研走访、受理群众来信来访等方面的内容进行量化考核，进一步激发代表的履职积极性。

四、力求履职能力真提升，在自身建设上迈上新台阶

为政之要，首善其身。常委会要落实全面从严治党的要求，把政治建设放在更加突出的位置，不断改进工作作风，提升工作水平，树立良好形象。

因时而变强素质。明者因时而变，知者随事而制。要深化对习近平新时代中国特色社会主义思想特别是人大制度理论的学习，全面系统学习蕴含其中的根本立场、观点方法，把握其内在逻辑和精神实质。全面加强对经济法律、城市规划建设、城市经营理念、“省直管县”和“市两个统筹”相关政策的研究学习，主动适应改区后的新情况、新任务和新要求，任何时候、任何工作都以城区定位、城区格局、城区标准来要求、来谋划、来推动。

适时而为转作风。认真开好民主生活会和开展好主题党日等活动，不断增进常委会班子团结，坚持大事讲原则，小事讲风格，努力营造一个和衷共济的好氛围。进一步增强机关干部的自律意识、标杆意识、表率意识，积极响应市人大开展的“株洲人大工作与时俱进奖”评选活动，以深化“四个一”工作法为抓手，促进人大干部不驰于空想，不骛于虚声，推动各项工作高质量开展。落实乡镇人大工作条例，继续实施镇人大年度工作讲评制度,促进镇人大工作完善发展。

与时俱进重创新。“网民来自老百姓,老百姓上了网,民意也就上了网”,要深刻领会习近平总书记这个观点所包含的丰富内涵,推动建立区、镇人大代表“网上工作室”,鼓励人大代表主动触网、用网,探索运用信息技术和互联网手段,开拓“网上群众路线”。要利用网站、QQ群、微信公众号等平台搞好人大常委会活动、上级人大重要活动和新修订法律法规的信息推送。

各位代表,回顾株洲县五十三年光辉历史,我们思绪萦绕,感慨万千;展望渌口区的美好未来,我们憧憬满怀,信心百倍。让我们在中共渌口区委的坚强领导下,以时不我待的责任意识、敢于担当的为民情怀、奋勇奔跑的进取状态,为追逐渌口城市化梦想,实现人民美好生活向往,交上一份无愧于人民、无愧于时代的人大答卷!

政府工作报告

——2019年2月14日在渌口区第一届人民代表大会第一次会议上

区长　刘克胤

各位代表:

现在,我代表区人民政府向大会报告工作,请予审议,并请区政协各位委员和列席同志提出意见。

2018年工作回顾

2018年,是渌口区发展史上具有标志性意义的一年。这一年,顺利实现撤县设区,35万人民的城市梦想终成现实。这一年,我们聚精会神抓发展、持之以恒强基础、全力以赴促和谐,圆满完成十二届人大三次会议确定的各项目标任务。地区生产总值增长7.9%,固定资产投资增长8.1%,社会消费品零售总额增长10.1%。完成一般公共预算收入13.2亿元,其中税收11亿元,税比83.3%,较2017年同期提高17.3个百分点,创近10年来新高。城镇居民人均可支配收入34039元,增长7.9%;农民人均可支配收入18825元,增长8.4%。经济社会保持健康快速发展势头,区域综合竞争实力逐步增强,为新一轮发展打下坚实基础。

一、狠抓"三大攻坚战",高质量发展行稳致远

打好防范化解重大风险攻坚战。摸清政府性债务底子,厘清平台公司资产负债情况以及偿还能力,理顺区财政与平台公司之间债权债务关系。"停、缓、调、撤"项目27个,调减年度投资11.2亿元,调减总投资64.3亿元。出台政府隐性债务化解方案,在保工资、保运转、保基本民生的前提下,化解政府隐性债务3.7亿元,超额完成年度化债目标,债务风险由二类债务警示区调降为三类债务提示区。

打好精准脱贫攻坚战。坚持精准扶贫精准脱贫基本方略,实行因类施策、精准施策、一户多策,推动扶贫项目落地,促进贫困户增收脱贫,实现减贫877户2695人,贫困发生率降至0.59%。安排精准扶贫资金3800万元,做好"七个一批"工作,实施"六大工程",夯实脱贫基础,提升脱贫质量。开展"脱贫立志、星级创建"活动,对贫困户实施精细化管理和差异化扶持,有

效激发贫困群众脱贫致富内生动力，得到省市肯定。

打好污染防治攻坚战。全面落实中央环保督察交办任务，所有问题全部整改并销号。开展大气污染综合治理专项行动，空气质量稳步提升，优良天数达307天，比2017年增加22天。严格落实“河长制”，实现河道管理全覆盖。实施城区污水处理提质改造，建成南洲水质净化中心，开工建设龙潭、龙门和龙船镇污水处理厂。在全省率先完成黑臭水体整治。开展农作物化肥农药使用量零增长行动，推广测土配方施肥2.41万公顷，修复治理重金属污染耕地666.67公顷。完成朱亭镇文昌组土壤砷污染治理，建成“病死畜禽无害化处理收集转运中心”。

二、壮大“三次产业”，经济竞争力稳步提升

新型工业企稳回升。规模工业增加值增长7%，高新技术产业增加值增长37.5%。轨道交通、合金材料等重点行业强势回暖，产值分别增长50%、52.2%。兆能机电、创林合金、华新水泥等重点企业产值均突破5亿元，增幅均超过50%。建安产值突破百亿大关，增长17.4%。园区技工贸总收入达64亿元，增长20%，在全市B类园区年度考核中获一等奖。

第三产业加快发展。第三产业增加值增长14.7%，拉动GDP4.7个百分点。新增14家批发零售、仓储物流、商务服务“四上”企业，引进培育3家电商企业，销售额突破2000万元。房地产建销两旺，完成房地产投资13.7亿元，增长21.4%；商品房销售面积33.9万平方米，增长19.1%。新引建美的梧桐、磐石大院、都会中心等项目，助推房地产开发向规模化、特色化和高品质发展。全域旅游取得新进展，紫涵湖温泉度假区、青龙湾田园旅游新区、花冲航空滑翔基地等景点建设加快推进，成功举办荷花旅游节、葡萄文化旅游节。

现代农业提质增效。农业产业增加值增长3.9%。深入推动乡村振兴战略，培育4个农业特色产业集聚镇，加快建设朱亭现代农业产业园，成功申报湘渌宏畅蔬菜产业园为省级现代农业示范园区。落实种植结构调整面积4560公顷，规划建设“集中连片、旱涝保收”高标准农田933.33公顷。优质油茶、珍贵树种、林下经济、花卉苗木等特色林业产业发展壮大，龙船镇“百益嘉”成为全省三大珍贵树种定点供应基地之一。

三、力推“三十项目”，区域新动能蓄势待发

项目引进更优。引进项目92个，实际到位资金42.8亿元。新签约重大项目14个，其中亿元以上项目12个，过10亿元的项目4个，高端PI膜、美的地产项目过30亿元。全年履约项目11个，已开工建设8个，项目履约率达70%。

项目进度更快。区级重点项目开工率、竣工率均达100%。株冶锌基、亿杰科技、湘火炬汽车零部件产业园、环保装备产业园等产业项目开工建设，芳纶纤维、兆源电磁、大川电子等项目竣工投产。黄金东路、桑园北路等城市道路延伸工程全面启动，二线船闸建成通航，渌水二桥主跨合龙,东城大道机场大道段已完成路基建设,达到通车条件。如期完成民生实事项目70个,群众生产生活条件进一步改善。

项目保障更实。制定《重点项目指挥部管理试行办法》,以“五大行动”为抓手,以要素保障为核心,强力推动项目建设。全年批回土地206.67公顷,两轮“百日攻坚”行动和“清零扫尾”行动共签订协议1645户,拆除房屋1555栋,腾地660公顷,36个项目用地实现征拆清零。加大控违拆违力度,发现制止各类违法建设97处1.6万平方米,拆除违法建设92处2万平方米。金融行业服务实体经济、助力项目发展力度明显增强,实现存款176.5亿元,贷款93.2亿元,存贷比上升至52.8%。

四、深化“三类改革”,支柱性任务落地生根

行政审批改革加快推进。持续深化“放管服”改革,对行政审批事项、公共服务事项进行重新梳理和流程再造,共梳理事项1060项,含“最多跑一次”事项930项,实现办理时限普遍提速50%以上,与群众密切相关办件量大的事项提速达80%。全国基层政务公开标准化规范化试点通过国检验收。提质改造村级服务中心114个。完成“智慧渌口”项目一期建设,“互联网+政务服务”、网格化管理等5个平台正式上线,区镇村三级服务网点全部联通,130项行政审批和公共服务事项可直接在网上申请办理,218项可在镇村(社区)办理。

财政管理改革稳步推进。出台《部门预算追加管理办法》,建立审批规范、流程清晰、决策科学的部门支出预算追加审批制度。规范项目投资管理,修订《政府投资项目审批及概算管理办法》,推行投资项目在线审批监管,依法做好项目招投标工作。扎实推进涉农资金统筹整合。启动平台公司转型升级工作,促进平台公司市场化运作。国税局、地税局实现合并挂牌,建立健全更为规范、高效、统一的征管体系。

社会领域改革协调推进。推进城管改革,完成市场管理交接,城市管理效能得到提升。推动供销合作社综合改革,成立区级惠农服务公司,建成28个惠民服务中心(社),完成土地托管服务666.67公顷。集体产权制度改革平稳推进,全面完成清产核资工作。推进基础教育综合改革,教育质量不断提升。医改纵深推进,完善分级诊疗制度,建立2个医疗服务共同体,引导优质资源下沉,实现优质医疗资源全民共享。

五、提升“三项指数”,人民获得感切实增强

提升人民幸福指数,社会保障更完善。民生支出占公共预算支出的71.4%。就业创业形势稳中向好,新增城镇就业人口2612人,新增农村劳动力转移就业2151人,新增创业主体2191户,“零就业家庭”援助率达100%。开展劳动维权专项行动,追回农民工工资700余万元。社保再次扩面提标,“五险”累计参保52.5万人次,基金征缴7.1亿元。企业退休人员人均每月增加养老金113元,机关事业单位退休人员人均每月增加养老金150元，城乡居民基础养老金由85元提高到103元。完善社会救助体系，进一步提高城乡低保、残疾人补贴、高龄补贴等“三项补贴”标准，救助城乡医疗对象1万余人次，救助生活困难群众4000余人次。落实双拥优抚安置政策，维护优抚对象权益，按时足额发放抚恤补助金。加强住房保障工作，完成危房改造375户，拆除农村危旧土坯房7994户，修缮1627户，土坯房整治经验在全市推广。完成通畅工程、窄路加宽、安全防护工程525千米，农村路网进一步改善。继续实施农村饮水安全工程，解决了4.5万人饮水安全问题。

提升群众满意指数，社会事业更繁荣。科技创新有序开展，申请专利128件，其中发明29件。办学条件持续改善，“全面改薄”、教育提质、教师周转房等基础设施建设有序推进，育红小学扩建项目进展顺利。实施城区学位扩容工程，圆满完成大班额化解任务。卫计服务不断优化，重大疾病防控防治有力，全年无甲类传染病报告、无突发公共卫生事件、无重大传染病流行发生。计生工作连续28年获全省先进。推进公共文化服务体系示范创建，“两馆”达三级标准，镇综合文化站、村（社区）文化家园基本实现全覆盖。组织参加“书香株洲” “健康湖南”等文体竞赛，获得省市级奖项6项。举办元宵喜乐会、广场舞大赛、端午龙舟赛等文体活动，不断丰富群众文化生活。

提升社会安全指数，社会治理更有序。深入实施“落实企业安全生产主体责任年”活动，强力推进重大事故隐患“一单四制”工作，全面开展“强执法防事故”行动，顺利完成堂市煤矿退出任务，全区安全生产形势持续向好。实施 “明厨亮灶” “文明餐桌”行动，开展食品药品餐饮专项整治，食品药品安全得到有力保障。强化特种设备监管，实现特种设备安全运行无事故。扫黑除恶专项斗争深入开展，社会治安平稳可控。办理中央、省委巡视组信访交办件133件，办结率100%。获评市全国“两会”特护期信访维稳工作先进单位，社会治安综合治理连续三年获评省先进，公众安全感测评（综治民调）连续三年位居全市第一。

与此同时，注重政府自身建设，自觉接受人大法律监督、政协民主监督和社会舆论监督，定期向人大及其常委会报告工作，向政协通报情况，虚心听取各方意见。认真办理人大代表建议、政协委员提案，办结率达100%。推进法治政府建设，强化公众参与、专家论证、风险评估、合法性审查等法定程序，促进依法、科学、民主决策。认真落实党风廉政建设主体责任，始终保持反腐高压态势，勤政廉政、务实高效的政府形象不断彰显。统计、审计、人防、消防、移民、档史、妇女儿童、民族宗教、机构编制、国资管理、两型建设、广播电视、残联、文联、环卫、烟草、通讯、住房公积金、国防动员、兵役征集等工作都有新进步。

各位代表，过去的一年，我们面临的挑战超乎预料，付出的努力非同寻常，取得的成绩来之不易。这些成绩的取得，是市委、市政府和区委正确领导的结果,是区人大、区政协大力支持、有效监督的结果,是全区广大干部群众攻坚克难、真抓实干的结果。在此,我代表区人民政府,向全区人民和驻区部队官兵,向人民团体、工商联、民主党派和无党派人士、离退休老同志,向所有关心、支持、参与渌口区建设与发展的同志们、朋友们,表示衷心的感谢并致以崇高的敬意!

在总结成绩的同时,我们也清醒地看到面临的困难和存在的不足:受宏观经济形势影响,项目建设、企业经营困难增多,资金、土地等要素制约依然突出,保持经济平稳较快发展的压力加大;经济总量不大,产业结构不优,区域经济缺乏大项目、大企业支撑;道路交通、教育医疗、就业养老等公共服务发展还不平衡、不充分,与人民群众对美好生活的需要还有一定差距;少数干部缺乏较真碰硬胆识、干事创业激情,政府治理能力、行政效率还需提升,营商环境还有待进一步优化。针对上述问题,我们将采取有效措施,切实加以解决。

2019 年重点工作

2019 年政府工作的指导思想是:以习近平新时代中国特色社会主义思想为指导,认真贯彻落实中央、省、市及区委决策部署,坚持稳中求进、进中争先工作总基调,坚持新发展理念,坚持推动高质量发展,坚持以供给侧结构性改革为主线,坚持创新引领开放崛起,继续打好三大攻坚战,继续开展产业项目建设年活动,着力开展温暖企业活动,全面融城,全面发展,加快推进县域经济向城市经济转型,在建设“一谷三区”进程中展现新作为,以优异的发展成绩迎接中华人民共和国成立 70 周年。

经济社会发展的主要预期目标是:GDP 增长 8%左右;一般公共预算收入增长 8%左右;固定资产投资增长 10%左右;社会消费品零售总额增长 10%左右;规模工业增加值增长 7.5%左右;城乡居民收入增长速度高于经济增长速度,金融财政风险有效防控,生态环境进一步改善,完成省市下达的节能减排等约束性指标。在此基础上,确保各项社会事业都有新的发展。

为实现上述目标,我们将着力做好六个方面的工作。

一、聚力产业升级,在实体经济上构建新优势

做实产业平台。对照国家级园区建设标准,推进南洲新区提质升级。做好产业区生态评价和 5 平方千米城市设计,高质量编制 50 平方千米控制性详规。加快新区生产生活配套设施建设,健全供水、供电、供气、排污、道路等“五张网”,完善园区住房、教育、医疗等公共服务功能,增强综合承载能力,实现园城共建、产城一体。推进渌口经开区扩区强权,大力引进社会资本进行片区开发和“园中园”建设,减少园区自身前期投入,缓解“工业地价倒挂”现象。

做强产业品牌。对接“一谷三区”发展

战略,围绕新材料、汽车配套、轨道交通、环保装备等四大产业,大力引进培育“旗舰”产业和核心企业,着力打造新兴产业集聚区。争取启动“三新”产业园、人工智能科技馆、生态廊道等产业项目,开工建设高端PI膜、工塑耐磨、华升雪松等项目,扎实推进大唐华银株洲百万煤电工程、株冶锌基、环保装备等项目,力争湘火炬汽车零部件、亿杰科技、晨湘环保等竣工投产。依托华新水泥等龙头企业,加快建设华新新材科技园。开展农业品牌提升行动,围绕有机蔬菜、特色畜禽、新型水果、绿色茶油、优质茶叶等特色产业,重点打造王十万黄辣椒、古岳峰巴马香猪、朱亭蕨菜、龙潭黄牛等区域品牌。坚持结构调整和提高粮食产能并重,完成结构调整4600公顷。逐步实施全域旅游总体规划,挖掘自然资源禀赋,完善景区景点设施,提质“吃、住、行、游、购、娱”一体化服务,着力打造生态休闲体验区。推动紫涵湖温泉度假酒店竣工营业,加快花冲航空滑翔基地建设,开展旅游节会活动,提升区域旅游影响力。积极挖掘农耕文化,培育一批星级休闲旅游企业,力争创建省级示范园(示范点)2家、国家级示范农庄3家。大力发展仓储物流、总部楼宇、电子商务等现代服务业,构建与产业发展相适应的生产性服务业体系。

做优产业服务。深入开展温暖企业行动,完善企业帮扶机制,推动重点企业联系帮扶常态化、制度化,着力营造关心企业、尊重企业家、弘扬企业家精神的浓厚氛围。大力推动民营经济发展,坚持“两个毫不动摇”,坚决破除各种隐性壁垒,鼓励民间资本进入市政公用、社会事业、金融服务等领域。提质中小企业公共服务平台,围绕企业管理、人才培养等企业重点需求,做好信息咨询、专业培训、技术指导、成果转化服务,帮助企业解决实际问题。引进产业基金投资机构,用好用活产业发展基金。充分发挥湖南股权交易所渌口区专版作用,帮助达到一定规模、符合条件的企业早股改、早挂牌,利用多层资本市场做大做强。

二、聚力基础建设,在城乡统筹上展现新面貌

完善功能配套。咬定“东西连通、南北畅通”目标,对外拓展连接通道,对内畅通循环网络,力争开工建设长株攸快速公路、醴娄高速,确保东城大道、渌枫大道、渌水二桥等全面竣工。全力争取市级支持,重新启动湘江风光带东岸综合治理项目。大力实施农村公路提质改造工程,完成农村公路通畅工程100千米,窄路加宽提质改造工程50千米。加快城区自来水管网建设,推进潜江——韶关输气工程,提升城市自来水和天然气覆盖率。推进湘渌江重要河段治理,做好淦田保护圈、夹河保护圈等水利项目。加快推进龙潭、龙门、龙船镇三个污水处理厂建设,实现镇一级污水治理“全覆盖”。

打造品质城镇。主动融入城市发展格局,以规划、产业、基础设施、公共服务、环境治理“五个一体化”为重点,逐步推进经济社会发展各项工作与中心城区同标同步、互动融合。启动新一轮规划修编,深化

“多规合一”,做到规划一张图、区域全覆盖。依托水生态,彰显水文化,努力建设“水韵渌口·活力新城”。加快推进湘江东岸风光带、南洲生态新城、青龙湾、紫涵湖、梅子湖片区建设,以大片区开发统筹推进城区“北融、南进、东扩”。对照?“全国文明城市”标准,开展文明创建活动,促进“文明程度、城市功能、服务水平”同步提升。依托“智慧渌口”信息平台,推进智慧城市建设。推行最严格最有效的城市管理,开展打击违法建筑、占道经营、乱停乱放等专项整治行动。编制“渌口城区公共停车场专项规划”,新建一批公共停车场,规范社区停车场,升级路面泊位,逐步缓解“停车难”问题。推进城市绿荫行动,实施“厕所革命”,改善老旧小区环境,开展无物业管理小区业主自治试点,共建美丽和谐社区环境。

建设美丽乡村。编制《渌口区乡村振兴规划》,统筹推进农业农村经济、农村社会治理、基层组织建设,打造城乡统筹幸福区。抓住电厂南迁机遇,发展能源配套产业,集聚商贸要素,将淦田镇打造成有产业基础、有人气聚集、有财力支撑的特色小镇。包装宣传山、水、洲、城资源,吸引有实力的投资者开发建设,将朱亭镇打造成文旅休闲的特色小镇。推进农村人居环境整治“三年行动”,坚持由点到线到面搞好环境整治,沿 S211 线打造美丽乡村绿色长廊。整合涉农资金,扎实推动农村人居环境整治“12+4”示范创建。按照“一户一宅、一村一图”的原则,规范农民建房,引导农民集中居住。加强农村基层基础工作,培养一支懂农业、爱农村、爱农民的“三农”队伍,健全自治、法治、德治相结合的乡村治理体系,着力培育文明乡风、优良民俗、淳朴民风。

三、聚力动能培育,在项目攻坚上体现新作为

加大力度争项目。加强与上协调对接,在基础建设、产业发展等领域争取政策倾斜和资金支持。对接省市促进民间投资六大专项行动,拓宽民间投资领域和范围。突出产业招商、精准招商,立足主导产业定位,聚焦轨道交通、新材料、汽车零部件等重点产业配套链,开展补链、强链、延链招商。灵活运用平台招商、以企引商、以商招商等多种方式,借助各类中介招商合作关系,扩大“撒网面”,提升履约率。

加快进度推项目。完善政府投资项目管理办法,创新建设模式,严格投资评审,实现项目铺排科学化、流程管理精细化、投资效益最优化。进一步完善项目管理指挥长负责制,加强对项目建设的质量管理和进度把关。完善重点工程动态联系机制和考评机制,强化大项目、好项目、新项目考核导向,切实增强职能部门主动作为意识、优质服务理念、协调配合本领。

加强保障抓项目。用好用活土地增减挂钩和占补平衡政策,加大建设用地供应力度,强化土地储备扩大总量,提高投资强度控制增量,清理闲置用地盘活存量。启动新一轮征地拆迁攻坚行动,以“短平快”的攻坚战术,推动精准征拆、板块拆迁,力争腾地 160 公顷。加快组建政府性融资担保公司,推进政银企深度合作,引导鼓励金融机构围绕项目精准定制融资服务。推动平台公司转型升级,以入股企业建设、投资商业开发等方式,增加公司经营性收入,破解融资难题。加强生产要素保障,确保水、电、气等充足供应。

四、聚力三大攻坚战,在高质量发展上彰显新担当

积极防范化解重大风险。强化政府债务限额管理与预算管理,严禁违法违规举债,严控新增隐性债务,持续化解债务存量。加强政府投资项目和政府购买服务的审核把关,基础设施着重考虑现实必要,民生项目着重考虑群众需求,产业发展着重考虑投资回报,从源头压减债务增量。加强政银企谈判,积极争取债务延期、降息、置换等各项政策,缓解化债压力。积极申报新增土地债券、棚改债券等各类专项债券,确保资金不断链。树立“过紧日子、过苦日子”的思想,严格预算管理,从紧规范和控制三公经费支出。持续优化金融环境,加大非法集资案防范处置力度,守住不发生系统性风险的底线。

积极巩固脱贫攻坚成果。按照“四摘四不摘”的要求,以提升脱贫质量为导向,从开发式扶贫为主向开发性和保障性扶贫并重转变,从注重减贫进度向注重脱贫质量转变。以贫困人口脱贫“一超过、两不愁、三保障”为核心,聚焦增收就业、政策落实、内生动力激活,打好政策集合、项目集中、措施集成的组合拳,确保贫困发生率降低到0.48%以下。继续以“脱贫立志、星级创建”活动为抓手,正导向、立标准、增动力,变“要我脱贫”为“我要脱贫”。将脱贫攻坚与乡村振兴战略有机衔接,突出抓好产业提效、环境提质、民生提标等重点工作,为深入推进乡村振兴战略夯实基础。

积极做好污染防治工作。强化“守护好一江碧水”政治担当,持续打好蓝天、碧水、净土三大保卫战。完成全国第二次污染源普查,为精准治污提供科学依据。深入推进“河长制”工作,专项整治“乱占乱建、乱采乱挖、乱倒乱排”等突出问题。强化水源地保护,加大入河排污口整顿力度,确保湘渌两江水清岸绿,确保城镇集中式饮用水源水质达标率100%。严控工业废气、扬尘、机动车尾气与餐饮油烟等复合型污染,引导企业发展循环经济,实施清洁生产,实现节能减排,力争全年空气质量持续改善。加大矿产资源开发秩序整治,严厉打击非法采砂洗砂。全面落实耕地污染防治措施,严格抓好农药、化肥使用管理。

五、聚力改革创新,在开放崛起上实现新突破

构筑资源共享、合作包容的开放高地。开通渌口至武广高铁株洲西站、城际铁路株洲南站客运班线,积极争取长株潭城际轨道延伸至渌口区,畅通对外开放通道。深入实施“五大开放行动”,重点在“对接500强”“对接湘商会”“对接北上广”上下功夫,用好各类商会、协会、展会、节会等资源信息,更大力度引进来,更高水平走出去,加快发展开放型经济。

确保重点领域、关键环节的改革成效。全面完成机构改革,建立职责更加明确、职能有机统一的大部门体制。深入推进“放管服”改革,加快管理型政府向服务型政府转变,促进形成简政放权、放管结合、优化服务的三轮驱动效应。加快“智慧渌口”项目二期建设,将“智慧渌口”建成全区最便捷、最全面、最权威的信息服务平台。加快推进“互联网+政务服务”建设,利用大数据、云计算,打造“智慧服务”,“最多跑一次”实现率达到90%以上,办理时限缩短70%以上。深化推进商事制度改革,全面落实“多证合一”“证照联办”“证照分离”要求,进一步压缩企业开办时间。深化农业农村改革,推进供销社改革,完成农村集体产权制度改革。统筹推进教育、文化、卫生、医疗等领域改革,力争形成新经验新亮点。

优化大众创业、万众创新的良好环境。严格落实减税降费措施,创新财政支持经济发展方式,激发市场主体活力。发放创业担保贷款1150万元,扶持创业项目200个。引进城市发展新业态,挖掘培育“草根”创业动能,吸引区内外人才到渌口区就业创业,加快城区人口的集聚。以湖南建设创新型省份为契机,推动科技、管理、产品、文化等各领域全面创新。谋划实施一批科技创新重大专项,推动科技成果转化和产业化,新增1个市级以上科技创新平台,实现5项市级科技成果转化项目认定。

六、聚力民生改善,在民生事业上再攀新台阶

健全兜底线、普惠化的保障体系。新增城镇就业2300人,农村劳动力转移就业1740人,保持零就业家庭动态清零。加强劳动监察,规范企业用工行为,减少劳动争议,维护和谐劳动关系。进一步提高城乡低保补贴标准,健全社会救助体系,提升社会救助效能。扩大养老保险覆盖面,完善养老服务体系建设,稳步推进社会福利中心公建民营养老模式,启动建设村(社区)日间照料中心。建立健全区、镇、村三级退役军人管理服务机构,切实维护退役军人及其优抚对象权益,着力营造关心关爱退役军人的良好氛围。

完善更优质、均等化的公共服务。进一步加强师德师风师能建设,深入实施名师、名校、名校长“三名”工程。推进渌口镇中学整体搬迁,加快扩建育红小学,在南洲生态新城规划配建完全小学、初中,支持青龙湾、紫涵湖片区引进知名教育集团开办非营利性民办学校。按照城乡共建、优劣互补、大小共带的原则,深入推进集团化办学,让优质教育资源延伸到乡村。推进“三医联动”改革,加快紧密型医共体建设,落实好分级诊疗、家庭医生签约服务,做好健康教育、基本医疗、公共卫生等工作,当好百姓健康的“守门人”。巩固文化创建成果,推进融媒体中心建设,继续抓好镇、村文化基础设施建设,积极开展送影送戏下乡、民俗游园、节假日主题文体活动,丰富人民群众文化生活。持续推进殡葬改革,启动建设南山生态陵园一期工程。

构筑全方位、社会化的治理网络。全面落实党政领导、行业监管、属地管理、企业主体安全生产责任,严格隐患排查和专项整治，严厉失职失责追究，坚决杜绝发生较大以上安全生产事故。充分发挥食品药品三级立体监管体系作用，扎实开展质量提升行动，积极创建国家食品安全示范城市。完善救灾应急指挥体系建设，加强突发自然灾害的防范和救助。创新基层治理模式，推行“枫桥经验”，推动信访维稳“四大攻坚”，确保矛盾纠纷及时化解、就地解决。有序推进平安城市建设，深入开展扫黑除恶专项斗争，加快治安防控体系建设，全面推行网格化服务，促进安全网、民生网、服务网“三网合一”，让广大人民群众在社会治理现代化中感受到公平正义、幸福安宁。

各位代表，美好的愿景激励着我们，艰巨的任务考验着我们，人民的期盼鞭策着我们。我们必须以强烈的政治责任感和时代紧迫感，更加主动作为、规范作为、高效作为，全力建设人民满意政府。用心谋事，为人民服务。坚持以人民为中心的发展思想，践行全心全意为人民服务的宗旨，有利于百姓的事再小也要做，危害百姓的事再小也要除，确保把每一件民生实事办好、办到群众心坎里。依法办事，受人民监督。自觉接受人大及其常委会的法律监督、政协的民主监督、社会的舆论监督，定期向人大报告工作，向政协通报情况，认真办理人大代表建议和政协委员提案。加大政务公开力度，让政府职权在阳光下运行。务实做事，对人民负责。树立“无功就是过”的理念，敢于直面矛盾，勇于承担责任，善于解决问题。实施行政问责和效能监察，强化跟踪督查和目标考核，推动责任落实、任务落小、政策落细。廉洁干事，让人民满意。始终把纪律和规矩挺在前面，严格落实党风廉政建设主体责任，扎实推进预防和惩治腐败体系建设。加强对工程建设招投标、经营性土地“招拍挂”、产权交易、政府采购等重点领域、重要事项、关键环节、特殊岗位的监管。强化审计监督和行政监管，坚决查处各类违法违纪案件，切实纠正损害企业和群众利益的不正之风。

各位代表，今天的渌口，天时、地利、人和，万事俱备；心齐、气顺、劲足，蓄势待发。让我们在区委的正确领导下，在区人大和区政协的监督支持下，以坚如磐石的信心、只争朝夕的劲头、坚忍不拔的毅力，全面融城，全面发展，加快县域经济向城市经济转型，以优异的成绩迎接中华人民共和国成立70周年！

名词解释：

1.脱贫立志、星级创建：设置星级类别，通过三级评议，按获星数量，给予建档立卡贫困户物质和精神奖励。

2.四上企业：指规模以上工业企业、资质等级建筑业企业、限额以上批零住餐企业、国家重点服务业企业等这四类规模以上企业的统称。

3.智慧渌口：株洲首个综合性智慧城市建设项目，通过在区镇村三级设立统一的政务（便民）服务中心和网格化服务管理中心，配置相应设备，实现信息化服务在村、组落地。

4.一谷三区：打造株洲·中国动力谷，打造“一带一部”开放发展先行区、老工业城市转型发展示范区和城乡统筹发展幸福区。

5.三医联动:医保体制改革、卫生体制改革与药品流通体制改革联动,即医疗、医保、医药改革联动。

6.枫桥经验:在开展社会治理中实行“五个坚持”,即坚持党建引领,坚持人民主体,坚持“三治融合”,坚持“四防并举”,坚持共建共享。党建引领是“枫桥经验”的政治灵魂,人民主体是“枫桥经验”的核心价值,路径创新是“枫桥经验”的实践特质,坚持自治、法治、德治“三治融合”是“枫桥经验”的主要路径,人防、物防、技防、心防“四防并举”是“枫桥经验”的重要手段,共建共享是“枫桥经验”的工作格局。

中国人民政治协商会议
株洲市渌口区委员会常务委员会工作报告

——2019年2月在政协渌口区第一届委员会第一次全体会议上

区政协主席 王亚男

各位委员,同志们:

我代表政协株洲市渌口区第一届委员会常务委员会,向大会报告工作,请全体委员审议,并请列席人员提出意见。

一、2018年工作回顾

2018年,在渌口区发展历程中具有划时代意义,我们顺利撤县设区,实现了由"县"到"区"的重大转变。一年来,区政协坚持以习近平新时代中国特色社会主义思想为指引,在中共株洲市渌口区委的坚强领导下,团结带领广大政协委员和各参加单位,全面贯彻落实党的十九大精神,在服务大局中深度融入,在助推发展中主动作为,政协工作呈现出党委高度重视、政府全力支持、各方积极配合、社会广泛认同的良好局面。

这一年,我们强化政治建设,为政协事业发展增强定力。

坚持以政治建设统领政协工作,自觉贯彻落实中央大政方针及省、市、区委决策部署,不断夯实思想政治基础。

坚定正确的政治方向。我们提高政治站位,把学习贯彻党的十九大精神作为首要政治任务,坚持在学懂、弄通、做实上下功夫,强化"四个意识",坚定"四个自信",做到"两个维护"。通过专家辅导、集中学习、理论研讨、撰写心得体会等形式,组织集体学习20余次、座谈交流12次,开展"习近平总书记关于加强和改进人民政协工作的重要思想"专题研讨,全面深入领会贯彻习近平新时代中国特色社会主义思想,不断增进政治认同、思想认同、理论认同、情感认同。

坚决落实区委决策部署。第一时间传达学习全区重要会议精神,努力将区委决策部署转化为政协重要共识,将全区发展蓝图转化为全体委员行动目标,积极参与到持续推进"三区一中心、四个一体化"的生动实践中。重要工作主动请示报告,重大活动邀请党政领导参加,参政议政、协商调研等成果及时向区委区政府报送。9月13日,区委书记罗绍昀同志出席政协第七次常委会议,对政协常委履职提出具体要求,进一步明确了政协常委会建设的目标方向。

加强人民政协党的建设。党组旗帜鲜明、立场坚定地把方向、管大局、保落实,认真履行全面从严治党政治责任。推进“两学一做”学习教育常态化制度化,坚持“三会一课”、双重组织生活等制度,加强机关党建工作,组织开展主题党日活动及基层走访帮扶等系列主题实践。加强党风廉政建设,11月中旬,邀请区委常委、纪委书记、监委主任谭伟生同志为政协常委讲授廉政党课,进一步强化廉政意识,打造务实清廉干部队伍。

这一年,我们围绕工作大局,为加速融城发展主动建言。

坚持“跟进助推”,充分发挥政协协商民主重要渠道和专门协商机构的作用,围绕发展中的重大问题,积极献计出力。

参政议政更立体。在去年九届三次全会上,聚焦产业发展、乡村振兴、民生改善等重点,赵琼、宋鸥等委员就《加快湘江流域东岸综合治理项目建设的建议》《乡村振兴需从五个方面重点着力》等9个课题,作大会参政议政发言。区委书记罗绍昀同志现场批示,要求认真研究分析,力求早见实效;区委区政府主要领导认真听取委员们的分组讨论发言,由区政府办整理形成口头提案,纳入提案系统合并办理,如对曾永允委员提出的“大石围水泥搅拌站造成周边道路破损、环境污染等问题”,公路局迅速行动,采取限超等整治措施予以解决;对罗艳兰委员提出的“与脱贫攻坚挂钩加强农民职业培训,促进乡村振兴”,人社局从培训入手促就业,切实改进。我们完善“微建议”办理模式,通过征集审核、交办督查等,有效打通联系服务群众的“最后一公里”,完善了以大会发言、提案、口头提案、微建议为主要内容的提案体系,全年共收提案72件,立案58件,汇总交办口头提案、微建议共160余条。办理工作得到区委区政府高度重视和大力支持,提案综合办结率、满意率为100%。

视察协商更深入。坚持视察的重大性、时效性、针对性、前瞻性原则,适时而作、适需而为。为助推园区建设、城镇发展、扶贫攻坚、重点项目推进、“一门式”政务服务等工作,全年通过主席会议形式,对“智慧渌口”项目建设、城管执法、园区建设、公路工作等,开展专项视察,邀请区委区政府有关领导座谈协商,形成视察报告和建议案。区委区政府高度重视专项视察协商成果,认真研究,重点采纳。主席会议成员还分别带队视察渌水二桥项目建设、精准扶贫、政务服务、网格走亲等工作,强化沟通协商,助推工作落实。

调查研究更广泛。我们立足党政所需、群众所盼、政协所能,围绕融城发展、乡村振兴等中心工作,深入开展课题调研,确保区委区政府工作部署推进到哪里,政协工作就跟进到哪里。开展了“抓重点、补短板、强弱项”大调研,选定党委政府关注、人民群众关心的22个课题,内容涵盖休闲宜居生态建设、乡村全域旅游、产业结构调整、民营经济发展、人才队伍建设、教育事业发展等内容,组织各调研组与相关各方,开展基层走访、座谈协商等,通过深入细致的调查研究,形成高质量的调研报告,为党政决策提供了有益参考。

这一年,我们发挥监督作用,为落实决策部署积极助力。

坚持问题导向,以强化民主监督为主要抓手,促进有关部门着力提升解决问题的能力水平,增强工作实效。

问案监督有力度。围绕落实推进乡村振兴战略和“三大攻坚”目标任务,按照“大格局、小切入,能议透、可落实”的原则,将“农村环境综合整治亟待升温”列为年度一号提案,加强参政议政与民主监督的深度融合,推进办理协商。从4月份开始,通过对农村环境综合整治工作的暗访监督,加强跟进助推。电视问案调动了政协系统、农环办、电视台和有关部门、乡镇、社会各界的积极性。9月13日,电视问案通过“背靠背”视频暗访、“面对面”咨政答疑等形式,开展协商议政,推进工作落实和后续整改。问案过程全程直播,在“掌上渌口”同步互动,产生了良好的社会反响。

评议监督有创新。坚持把民主评议作为助推服务和加强监督的重要形式,完善评议流程,创新评议方式,引入公众测评环节,组织对林业局、国土局、公路局等三家单位开展评议,力求把问题找准、把建议提实。上述单位高度重视评议工作,通过畅通民意、深入调研、沟通协作、加强整改,有效解决一些群众反映的热点问题。政协评议指导组加强协调督办,适时汇总反馈有关建议,提出评议意见,推动问题解决。通过集中评议和网上测评,上述三家单位均获评优秀。

常规监督有影响。组织委员们立足大局开展监督,做到在监督中支持、在支持中助推、在助推中参与。全年共推荐30余名委员参加区委全会、区政府全会等重要会议;确定5名委员全程参加农村环境综合整治暗访行动;推荐近20名委员受聘职能部门担任行风评议员;组织部分委员参加法院“决胜执行难”相关活动,观摩庭审现场,参与座谈协商,助推问题解决。

这一年,我们弘扬两大主题,为促进社会事业广聚力量。

始终围绕团结民主两大主题,坚持在传承中提升、在实践中改进,积极为全区发展汇智聚力。

增进为民情怀。深化“三个一”助力扶贫行动,组织委员们捐物捐款、献计出力,为贫困群体脱贫致富牵线搭桥,彰显责任与担当。在“金秋助学”活动中,委员共计捐款48700元帮扶贫困学子。全年各镇和城区活动组积极作为,富有成效,如农林活动组建立“爱心储备基金”,开展“点亮微心愿、关爱留守儿童”活动,为留守儿童送去电视机和学习用品等;工交科技活动组加强企业帮扶,积极为企业专业技术人才培育等呼吁奔走;南洲镇活动组组织委员监督评议计生健康工作,并协调镇卫生院为弱势群体免费体检。

有效沟通互动。健全党组决策、主席会议调度、常委会议专题协商、定期通报和交流联谊等工作机制，构建寓协商、监督、参与、合作为一体的常态化工作格局。党组成员、主席会议成员、常委加强学习研讨、走访座谈、基层实践和反馈协商，进一步强化共识、协调行动。加强“政协云”推广应用，开展网上履职，拓展履职途径，构建了政协多层面多渠道互动体系。

共促和谐发展。通过协商座谈、节日慰问、各界联谊等多种方式，加强同各民主党派、工商联、人民团体及无党派人士的沟通联系，营造了尊重理解、体谅包容、畅所欲言、合作共事的融洽氛围。在重大敏感节点、政治活动期间，主席会议成员深入一线，带头落实涉军涉访对象稳控、特护期维稳等工作。同时，借助广东连平县政协、江西丰城市政协来我区学习考察及我区政协赴望城、茶陵调研的契机，加强了对外联络联谊。

这一年，我们注重强筋壮骨，为推进自身建设固本强基。

以学习实践为抓手，着力提升机关干部和委员的政治素质和履职能力，促进政协工作向基层延伸、向外拓展。

开展学习培训。采取“请进来”的方式，举办全体委员培训班，邀请市政协有关专家，就“协商民主与人民政协”“提案和微建议撰写”等内容，进行专项培训。采取“走出去”的方式，组织骨干委员和部分机关干部到延安进行革命传统教育，通过“红色基因”的传承学习，参培人员重温了革命的峥嵘岁月，委员履职能力和机关政务服务水平得到了提升。

强化担当作为。按照区委统一部署安排，主席会议成员主动参与项目建设和招商引资，积极投身全区经济建设。党组成员采取“沉得下”的方式，到所联系镇村讲党课，指导基层党建工作。机关成立帮扶活动小组，落实走访联系制度，开展“党群同心，网格走亲”、脱贫攻坚及重点项目征拆扫尾等，服从服务全区中心工作，助推区域城乡统筹发展。

加强宣传推介。重视文史宣传，组织骨干委员、社会各界文艺爱好者进一步挖掘区域文史资源，多维度丰富政协工作，多角度宣传推介我区。加强信息推送，将政协的重点工作、重大活动、重要经验等，及时上传到省“政协云”，并向省、市有关传媒推介，扩大我区政协工作的影响力。

各位委员、同志们，过去一年政协工作成绩的取得，是市政协关心指导的结果，是中共株洲市渌口区委坚强领导的结果，是区人大、区政府、区人武部大力支持和社会各界密切配合的结果，是广大政协委员、各民主党派、工商联、无党派人士、各人民团体积极参与、共同努力的结果。在此，我代表区政协，向所有关心、支持政协工作的各位领导、各界人士，向为政协工作付出辛勤汗水、作出无私奉献的广大政协委员，表示崇高的敬意和衷心的感谢!

在肯定成绩的同时，我们也清醒地看到，区政协工作与新时代的新要求相比，还存在一些问题和不足，如调研深度还不够，建言质量有待提高，协商议政途径还需拓展，委员服务管理及主体作用发挥有待加强等。对此，我们将高度重视，认真研究，不断加以改进。

二、2019年工作意见

今年，是新中国和人民政协成立70周年，也是改区元年。新的一年，全区政协工作的指导思想是：坚持以习近平新时代中国特色社会主义思想为指引，在中共株洲市渌口区委的坚强领导下，牢牢把握团结民主主题，紧紧围绕区委一届一次全会精神，认真履行政治协商、民主监督、参政议政职能，为“全面融城、全面发展”贡献智慧和力量。

我们将更加自觉地坚持党的领导，坚定正确方向。

牢记初心和使命，始终把坚持党的领导，作为全区政协事业健康蓬勃发展的“定海神针”。

持续强化政治建设。强化政协的政治组织属性，提高政协政治站位，把坚持党的领导贯穿政协工作全过程。组织全区政协组织和广大政协委员牢固树立自觉接受中国共产党的领导的政治意识，把讲政治作为第一责任担当，切实维护党的权威，忠诚于党的事业，确保始终与党委同心、同向、同行。

发挥党组核心作用。严守政治纪律规矩，严肃党内政治生活，党善党组工作机制，切实发挥好党组的核心堡垒作用。认真贯彻落实区委决策部署，坚持重大事项、重要工作向区委报告，紧紧围绕区委工作目标，保持方向一致、步调统一。主动加强与区政府的联系沟通，积极做好协调配合、参政出力、献计献策等工作。

建立健全联系制度。健全政协党组同参加政协的各民主党派、无党派人士的经常性联系制度，建立政协党组成员联系相关界别党员委员、党员委员联系党外委员制度，实现党的组织对党员委员的全覆盖、党的工作对政协委员的全覆盖。

我们将更加精准地聚焦工作大局，全力助推发展。

围绕“产业项目建设年”活动，聚焦全区发展的重点、难点、热点问题，切实发挥政协在工作大局中的积极作用。

协商议政谋发展。牢牢把握高质量发展的时代命题，开展多层次的政治协商。切实制定和执行政协年度协商计划，紧扣区委战略部署，在产业升级、基础建设、动能培育、“三大攻坚”、改革创新、民生改善等领域精选议题，通过专题协商、对口协商、提案办理协商、微协商等形式，畅通协商渠道，并探索建立群众代表有序参与协商的开放式参政议政模式。

民主监督促发展。把握民主监督的方向和原则、节奏和力度，通过民主评议、会议视察等多种形式，开展监督活动。继续选取三个单位开展民主评议，找准问题短板，改进评议方式，加大公众参与力度和社会评议权重，提升实效。继续遴选一个重点提案开展“电视问案”。开展提案办理“回头看”，对历年来办理条件不成熟但目前已成熟的提案，进行二次办理。

专题调研议发展。选择“党政所需、群

众所盼、政协所能”的课题,深入开展调查研究。围绕农村人居环境整治、生态环境保护、基础设施建设、特色镇村培育等重点工作,组织专题调研,努力使委员们的聪明才智奉献社会。邀请省市政协委员来我区开展专题调研或联合调研,为加快实现我区由县域经济向城市经济转型,寻求更高层次的智力支持。

服务项目助发展。充分发挥政协智力密集、人才荟萃的优势,开展引智、引资工作,为全区“全面融城、全面发展”集聚资源、储备力量。按照区委统一部署,完成好主席会议成员承担的联系重点项目及重点工作任务,认真履职,积极协调,建睿智之言、献务实之策、尽发展之力。

我们将更加务实地推进团结民主,凝聚磅礴力量。

一如既往地把握好团结和民主两大主题,密切联系各界群众,为渌口区的美好明天增加助力、增强合力。

坚持大团结大联合。进一步加强与各民主党派、工商联、无党派人士以及社会各界人士的协商沟通,促进合作共事。多渠道、多形式、多领域地加强联络联谊,不断扩大朋友圈,为在外的区籍人士回报家乡、建设家乡牵线搭桥,调动各方面力量,共同致力于我区建设。组织开展纪念人民政协成立70周年系列主题活动,进一步广泛凝聚团结合作共识。

坚持惠民生解民困。始终把实现人民对美好生活的向往作为履职责任,继续开展“三个一”助力扶贫活动,帮助贫困群体解决实际困难,在脱贫攻坚中彰显政协的为民情怀。在渌口镇、南洲镇开展委员工作室试点建设,充分发挥委员自身特长,帮助区委区政府做好宣传引导、解疑释惑、化解矛盾等工作,直接有效地服务基层、服务群众、服务发展。

坚持常协作常联动。按照省政协关于加强省市县三级政协联动协作的指导意见,着力加强与省市政协以及各方的联动协作。组织委员用好用活“微建议”平台,使其成为参政议政的信息化阵地。联合驻区的省市政协委员,利用“政协云”高速通道,双向行动、双向发力,为助推我区发展拓展空间、提供助力。

我们将更加规范地强化自身建设,提升履职能力。

从规范入手,夯实履职基础,建设“懂政协、会协商、善议政、守纪律、讲规矩、重品行”的政协队伍。

建好两级构架。从思想作风、制度机制入手,加大政协常委会建设力度,使政协常委真正成为团结民主、求真务实、创新开拓的中坚力量。不断加强专委会和活动组建设,建立健全主席会议成员及专委会联系有关活动组的运行机制,加强指导,使基层政协组织履职更丰富、更规范、更有效。

锻造两支队伍。抓好委员队伍建设,发挥委员主体作用,举办第三期骨干委员学习培训班,不断提高委员履职尽责的能力水平。抓好政协机关干部队伍建设,抓实机关党建和党风廉政建设,营造风清气正、团结干事的良好氛围,并继续在精准扶贫、征地拆迁、招商引资等中心工作中主动融入、积极参与。

完善两项机制。完善委员履职考核和激励机制，加强对委员的全过程管理，严把“进口关”，畅通“出口关”，让委员以良好形象，向社会传递更多正能量。完善政协机关管理机制，规范工作流程，推进精细化服务，进一步激发干事创业激情。

各位委员、同志们，百尺竿头，更进一步。新时代带来新机遇，新机遇呼唤新作为！让我们在中共株洲市渌口区委的坚强领导下，牢记初心使命，以全新的姿态和充沛的激情，忠诚履职，团结奋进，不负组织重托和群众期盼，用更好的业绩向新中国和人民政协成立70周年献礼！

专辑

株洲市渌口区正式成立

2018年6月19日，国务院以国函〔2018〕88号批复同意撤销株洲县，设立株洲市渌口区。12月8日，中共株洲市委、株洲市人民政府下达《关于撤销株洲县设立株洲市渌口区的通知》，渌口区以原株洲县的行政区域为行政区域，辖渌口、龙潭、朱亭、龙门、淦田、南洲、古岳峰、龙船镇。12月18日，株洲市渌口区正式挂牌。

1965年，国务院第155次全体会议决定设置株洲县，隶属株洲市，从株洲市的行政区域划出27个公社为行政区域。株洲县撤县设区后，由株洲市统筹经济社会发展、统筹基础设施建设。至此，株洲市区辖荷塘区、芦淞区、石峰区、天元区和渌口区。

株洲县基层政务公开标准化规范化试点工作通过国务院办公厅评估验收

2017年5月，《国务院办公厅关于印发开展基层政务公开标准化规范化试点工作方案的通知》（国办发〔2017〕42号），在全国的100个县（市、区）部署开展基层政务公开标准化规范化试点工作。株洲县作为试点单位之一，主要承担社会救助、社会保险、医疗卫生、涉农补贴、养老服务、户籍管理、就业创业、城市综合执法八个方面的试点任务。2018年，按照国务院办公厅和省政府办公厅的统一部署，在市政府办公室的指导下，株洲县精心组织，认真实施，积极探索，梳理八大试点领域政务公开事项581项，规范线上、线下两种公开方式，明确各自不同载体的建设和应用要求，编制《株洲县基层政务公开程序规范》，绘制13张流程图，形成全套基层政务公开标准体系，圆满完成试点工作任务。

2018年10月31日，全县试点工作代表湖南省迎接"国办"现场复核检查，顺利通过评估验收，得到国务院办公厅的认可。11月29日，在全省政务公开和政府网站培训会上，株洲县作典型经验发言。试点工作经验在中国政府门户网、《新湘评论》、《株洲日报》等媒介宣传推广，并获得省财政专项奖励20万元。

株洲县扶贫扶志"星级创建"做法全省推介

2018年，株洲县创新举措，以"脱贫立志、星级创建"活动为抓手，通过"正导向、严评议、强运用"，组织全县贫困户评星定级，用"星"说话，既扶贫又扶志。对标社会主义核心价值观和乡村公序良俗，设置"爱党爱国、勤劳上进和创业致富" 等10项评星内容及"基本合格、一般、较好、优秀"四个评星等级。化繁为简，由易及难设计进步阶梯，将扶志工作具体化，为贫困户脱贫立志指明方向。建立"按季开展、多方评议、社会监督"的"评星定级"机制，采取"贫困户自评、村组评议、帮扶干部鉴定、县镇审定"四步，不但贫困户与干部参与,还组织老党员、老干部和老教师等“第三方”力量参与评议。将评选结果长期公示,让表现好、努力奋斗的有面子,让不思进取、好逸恶劳的有压力,倒逼培志。评星定级后,实施差异化奖励、激励和扶持,按季兑现。在不增加财政和帮扶单位负担的前提下,规范慰问奖补,对“优秀”“较好”等次由县、镇进行授牌表扬、奖励,获星越多扶持力度越大。星级创建的结果还可以与产业帮扶、就业帮扶等结合起来,让帮扶干部更精准地因户施策、靶向帮扶,既扶贫又扶志,使贫困户变“要我脱贫”为“我要脱贫”。

株洲县通过“脱贫立志、星级创建”活动,有力消除了等靠要思想,有效解决了贫困户内生动力不足、干部帮扶抓手不多、边缘户情绪不满等问题,贫困户精神面貌大有改观、帮扶工作事半功倍,社会各界反响良好。省委副书记乌兰对株洲县“脱贫立志、星级创建”工作作出批示:“应很好总结提升株洲县激发贫困户内生动力的做法。”省委办公厅《工作情况交流》第29期以《给贫困户“评星”,抓扶志促脱贫》为题,刊载推广株洲县“脱贫立志、星级创建”扶贫扶志的做法。10月24日召开的湖南省非贫困县非贫困村脱贫攻坚工作推进会上,县委书记罗绍昀就扶贫扶志创新举措以《脱贫立志、星级创建》为题在会上作典型发言。12月7日,新华社刊发《湖南株洲县:用“星”说话,扶志脱贫》,国务院扶贫办予以转发推介。

南洲镇农技站获评全国五星级农技站

近年来,南洲镇农技站全面开展农民科技培训,培训农民达2000余人次。在关键农时季节开展科技下乡40次以上,解决疑难问题200余个,现场指导30次以上,发放技术明白纸10种以上,累计8000余份,培训指导村覆盖率100%,培训指导农民覆盖率85%以上。建立高标准的试验、示范基地1个,开展降镉新品种试验示范30个,新技术试验示范6项,组织现场观摩5次,观摩500人以上。引进粮食作物及经济作物新品种20余个,引进西瓜嫁接苗栽培技术等农业先进实用技术3项;制定适宜本区域的农业技术规范化标准,并进行示范推广,新品种、新技术推广及技术推广服务范围达到县主管部门规定目标。利用手机短信平台发布病虫情报2600条,发放便民服务卡500余张,每年定期进行蔬菜农药残留检测1800多批次,使蔬菜基地的蔬菜能拿到农药安全检测报告顺利进入市场,老百姓能够吃到放心蔬菜。籼粳杂交稻试验基地6.67公顷,连续三年增产效果明显,进行水稻新品种展示筛选,每年品种在30—40个不等,还配合农保部门做好水稻保险工作,每年给农户挽回天然灾害,病、虫害损失30万元左右。每季度提供1份农业综合信息报告,每年向农民提供农业生产、市场、政策及科技致富等信息不少于4条。南洲镇农技站坚持以科学发展观为指针,以农技咨询服务大厅为平台,多途径全方位宣传展示农业新品种、新技术;热心接待农民咨询,落实农技人员包村联户责任,创建农业科技示范基地等途径,打造"心系农民,植根大地"服务品牌;努力提升传统农业,大力发展现代农业,为实现本镇农业的可持续发展和农民的持续增收发挥了重要作用。

2018年,南洲镇推广服务站获评全国五星级农技站,于2月28日举行授牌仪式。

凤凰山国有林场被授予"湖南省秀美林场"称号

2018年2月26日,省林业厅发布表彰通报,授予15个林场"湖南省秀美林场"称号,凤凰山国有林场榜上有名。

凤凰山国有林场地处朱亭镇,位于渌口区东南方,与衡东县、攸县交界,总经营面积1423.2公顷,有杉木林365.3公顷、竹林954.8公顷,天然阔叶林103.1公顷,森林蓄积量4.08万立方米,森林覆盖率达92.4%,是渌口区的重点林区。主峰凤凰山海拔680米,是南岳七十二峰之一。域内气候宜人,空气清新,拥有凤凰寺、百鸟朝凤、玉泉井、凤凰瀑布、望江楼峰、天子坟峰、望日峰、凤凰水库、石门关和长寿枫十景,融山秀、石奇、水澈、林茂、潭幽于一体,自然景致优美,在春、秋、初冬季节,还可观云海。同时,生态资源丰富,山间野生动植物品种繁多,是人们休闲、避暑、度假的好去处。

湘渌宏畅蔬菜产业园成为省级现代农业示范园区

2018年11月21日,湖南省农业农村厅公示全省特色强农项目花名册,株洲4个产业园(示范片)入选省级现代农业特色产业园,株洲县湘绿宏畅蔬菜产业园入选湖南省现代农业特色产业园省级示范园创建名单。

株洲宏畅生态农业发展有限公司位于渌口镇南江北路,于2009年9月14日注册成立。公司有好的产品、专业的销售和技术团队,主要经营农副产品生产、加工、销售,农业开发、农机、农资供应销售,花卉、果树种植,生态农业种植,畜牧水产养殖,生态农业休闲,土地流转咨询服务,农作物病虫害治理及服务,引进新技术、新品种,开展技术培训、技术交流和咨询服务。

朱亭镇创建省级农村一、二、三产业融合发展农业产业强镇

2017年12月,朱亭镇被申报为省级农村一、二、三产业融合发展农业产业强镇项目,2018年6月启动朱亭镇农村一、二、三产业融合发展农业产业强镇工作,采取"以奖代补、先建后补"相结合的方式,成功创建为省级农村一、二、三产业融合发展农业产业强镇,主要支持优质稻产业园基础设施建设,配置加工设备,加快

农产品加工转化,大力发展以朱亭古镇为核心的乡村旅游。通过项目的实施,将农产品资源优势、产业优势转化为经济优势,让朱亭镇的农民不仅可以分享种养殖带来的收益,而且可以分享加工流通、休闲旅游带来的好处,加快现代农业发展步伐。

首届“健康湖南”全民运动会钓鱼总决赛在株洲县举行

“健康湖南”全民运动会是由湖南省人民政府主办的一项大型群众体育活动,本届为首届,以后将每两年举办一届。2018 年 10 月 15—16 日,首届“健康湖南”全民运动会钓鱼总决赛在渌口镇松西子社区乔西航醇生态庄园举行。来自全省 14 个市州钓鱼协会的 20 支代表队,共 80 位选手参赛。根据规程,比赛统一限用 6.3 米和 5.4 手杆钓混合鱼各两场,按手竿钓混合鱼的重量评比出团体和个人一、二、三等奖。乔西航醇生态庄园是省五星级乡村旅游示范点,选手们既参加了钓鱼比赛,又欣赏了乡村美景、品尝了渌口美食。

区情综述

行 政 区 划

2018年，渌口区辖8个镇、1个场，共有10个居民委员会、129个村民委员会，3189个村民小组。土地总面积1053.6平方千米，其中耕地24584公顷，水田22082公顷。年末户籍总人口35.1万人，常住人口30.31万人，城镇化率49.55%。出生人口3439人，出生率为9.8‰，死亡人口2109人，死亡率6‰，人口自然增长率3.8‰。

渌口区2018年国民经济和社会发展概况

2018年,渌口区干部群众积极适应新常态,全面贯彻落实中央、省委和市委的决策部署,以习近平新时代中国特色社会主义思想为指导,紧扣"稳中求进"总基调,深入实施转型升级总战略,坚持全面融城,全面发展,加快区域经济向城市经济转型,实现撤县设区良好开局。

一、综合

经初步核算,全年地区生产总值同比增长7.9%。其中第一产业增加值增长3.7%;第二产业增加值增长5%;第三产业增加值增长14.7%。

三次产业结构比由上年同期的15:51:34调整为15.3:43.9:40.8,一、二、三次产业对区域经济增长贡献率分别为7.4%、33.7%、58.9%,拉动GDP增长分别为0.6、2.6、4.7个百分点。

二、农业

全年农林牧渔业总产值同比增长4.4%。生产情况:农业产值增长3.9%;林业产值增长3.3%;畜牧业产值增长4.5%;渔业产值增长3.8%。粮食播种面积48.3万亩,粮食产量21.6万吨,其中:稻谷面积21.6万亩,稻谷产量9.4万吨;蔬菜产量32.1万吨,增长9.7%;水产品产量1.2万吨,增长3%;全年出栏生猪58.7万头,家禽出笼177.5万羽。

现代农业:深入推动乡村振兴战略,培育4个农业特色产业集聚镇,加快建设朱亭现代农业产业园,成功申报湘渌宏畅蔬菜产业园为省级现代农业示范园区。落实种植结构调整面积6.84万亩,规划建设"集中连片、旱涝保收"高标准农田1.4万亩。优质油茶、珍贵树种、林下经济、花卉苗木等特色林业产业发展壮大,龙船镇"百益嘉"成为全省三大珍贵树种定点供应基地之一。

三、工业、建筑业

规模以上工业增加值同比增长7%。在规模以上工业中,按经济类型分,国有企业下降18.8%,股份制企业增长7.8%,

外商及港澳台投资企业增长19.3%，其他经济类型企业增长12.5%。

规模以上工业企业主营业务收入增长22.6%，较上年同期提高16.3个百分点,利润总额实现了扭亏为盈。规模工业综合能源消费量下降4.3%,规上工业电力消费量下降14.9%。

资质等级以上建筑业总产值增长17.4%,建筑业增加值增长12.1%。房屋建筑施工面积增长4.4%,年末从业人员人数增长18.5%。

四、固定资产投资

固定资产投资同比增长8.1%。在固定资产投资中，第一产业投资增长131.7%；第二产业投资增长40.5%；第三产业投资下降2.7%。剔除跨区项目和房地产,按经济类型分,国有投资下降4.4%;非国有投资增长23.3%,其中,民间投资增长47%。按投资方向分,产业投资增长55.2%;生态环境投资增长107%；基础设施投资下降10.1%。全年施工项目184个,增长72%,其中本年新开工项目130个,增长75.7%。

房地产开发投资13.7亿元，增长21.4%,其中住宅完成投资10.4亿元,增长40.4%。商品房屋销售面积48.9万平方米,增长21.1%,其中,住宅销售面积39.7万平方米，增长25.9%。商品房销售额33.7亿元,增长143.5%,其中住宅销售额17.8亿元,增长69.2%。

五、国内贸易

社会消费品零售总额同比增长10.1%。按行业统计,批发业增长7.3%;零售业增长11.5%;住宿业增长9.7%;餐饮业增长15%。在限额以上社会消费品零售总额中,粮油、食品类零售额增长14.3%,饮料类零售额增长10.9%，烟酒类零售额增长7.1%,化妆品类增长28.6%,日用品类增长60.8%,中西药品类增长0.7%,石油及制品类下降16.3%。

六、对外经济、进出口贸易

实际利用外资6054万美元，同比增长16.4%,实际利用内资29.3亿元,增长18.2%。

进出口总额1068万美元,下降18.6%。

七、交通和旅游

公路货运量1404万吨，同比增长10.5%。公路货运周转量29158万吨千米,增长11.6%。完成农村通畅工程100千米,农村公路升级改造90.8千米,完成安保工程352.2千米,改造危桥2座、农村客运招呼站7个。黄金东路、桑园北路等城市道路延伸工程全面启动,湘江航电枢纽二线船闸建成通航,渌水二桥主跨合龙,东城大道机场大道段完成路基建设,达到通车条件。

接待游客118.8万人,同比增长21%;实现旅游收入9.1亿元,同比增长31%。全域旅游取得新进展，紫涵湖温泉度假区、青龙湾田园旅游新区、花冲航空滑翔基地等景点建设加快推进。成功举办荷花旅游节、葡萄文化旅游节。

八、财政和金融

累计完成一般公共预算总收入13.2亿元,其中税收收入完成11亿元,同比增长15.7%;税收占财政总收入比重为83.3%,增速较上年同期提升17.3个百分点。地方一般公共财政预算收入累计完成7.5亿元;上划中央收入累计完成4.5亿元,同比增长26.3%;上划省级收入累计完成1.1亿元,增长同比21.1%。累计完成一般公共财政预算支出27.6亿元,同比增长5.2%。

12月末,金融机构本外币各项存款余额176.5亿元,同比增长3.1%,其中居民储蓄存款117.4亿元,同比增长5.1%。本外币各项贷款余额93.2亿元,同比增长24.6%。存贷比为52.8%。

九、教育和科学技术

有基础教育校(园)134个,其中幼儿园66所,小学23所,教学点22个,初中5所,九年一贯制学校14所,高中4所。基础教育共有在校学生32308人,其中学前教育6725人,义务教育19784人,高中教育5782人,特殊教育17人,发放助学金1049.2万元,资助贫困学生12542人次。

高新技术产品总产值同比增长42.9%;高新技术产品增加值同比增长37.5%。承担重大开发项目6项,完成专利申请156件,其中,发明专利41件;全年授权专利108件,其中发明专利12件。有农业科技示范户50户,科技下乡5000人次。完成“智慧渌口”项目一期建设,“互联网+政务服务”、网格化管理等5个平台正式上线,区镇村三级服务网点全部联通。

十、文化、卫生和体育

有文化馆1个,公共图书馆1个,广播电台1座,电视台1座。开展送戏下乡30场, 完成送电影下乡3000场。推进公共文化服务体系示范创建,“两馆”达三级标准,镇综合文化站、村(社区)文化家园基本实现全覆盖。

有医疗卫生计生单位18个,其中区直医疗卫生计生单位6个,乡镇卫生院12个,村卫生室159个。共有医疗卫生人员1358人,其中高级职称55人,中级职称274人,初级职称848人。平均每千人有卫生技术人员4人,开放床位1411张,每千人拥有床位4.9张。农村适龄妇女“两癌”免费筛查7598人, 孕产妇免费产前筛查1912人。公开招聘专业技术人员44人,引进高层次卫生专业技术人才1人。城乡居民建立电子档案27.3万份,建档率达92%。创建市级卫生村6个、文明单位2个、无烟单位2个。卫生技术服务不断优化,重大疾病防控防治有力,无甲类传染病报告、无突发公共卫生事件、无重大传染病流行发生。

体育设施总体达到549个,其中室内体育设施12个,室外体育设施537个。总场地面积57万平方米,人均设施面积1.9平方米。组织开展“书香株洲”“健康湖南”等文体竞赛,获得省市级奖项6项。成功举办元宵喜乐会、广场舞大赛、端午龙舟赛等文体活动。

十一、人口、人民生活和社会保障

年末户籍总人口35.1万人。根据公安户籍数据显示：出生人口3439人，出生率为9.8‰；死亡人口2109人，死亡率6‰；人口自然增长率3.8‰。

全年城乡居民可支配收入为23055元，增长8.8%。城镇居民人均可支配收入达到34039元，增长7.9%，其中工资性收入17871元，增长5.9%；农村居民人均可支配收入达到18825元，增长8.4%，其中工资性收入11645元，增长5%。加强住房保障工作，完成危房改造340户，拆除农村危旧土坯房7994户，修缮1627户，土坯房整治经验在全市推广。继续实施农村饮水安全工程，解决4.5万人饮水安全问题。

新增农村劳动力转移就业2153人，新增城镇就业2613人，实现“零就业家庭援助”援助率达100%。建设创业保障平台147个，发放创业贷款1153万元，新增创业主体2191户。企业退休人员人均每月增加养老金113元，机关事业单位退休人员人均每月增加养老金150元，城乡居民基本养老险基础养老金最低标准由每人每月85元提高至103元。“五险”累计参保52.5万人次，基金征缴7.1亿元。其中，参加城乡居民基本养老保险人数18.3万人；参加城镇职工基本医疗保险人数2.4万人；参加机关事业单位养老保险人数1万人；参加工伤保险人数2.2万人；参加生育保险人数1.4万人；参加失业保险人数1.1万人；参加城乡居民医疗保险人数25.6万人。

十二、环境和安全生产

空气优良天数为307天，优良天数比例为84.1%，较上年同期提高7.7个百分点。饮用水源水质持续保持或优于国家Ⅲ类标准，达标率为100%；城镇化污水处理率为95.1%，水质综合合格率98%，城镇绿化覆盖率32.7%，新增管输天然气用户647户。安全处置遗留危废361吨，集中管控Ⅱ类固废450余吨，处置含砷危废200余吨，重金属污染耕地修复治理4.5万亩，减少农药用量65吨。

发生各类安全事故7起。其中工贸行业发生事故1起，道路交通事故2起。全年直接经济损失536万元。未发生一起较大及以上生产安全事故。

（资料来源：区统计局）

注：

1.本文数据为初步统计数。

2. 生产总值、各产业增加值绝对数按现价计算，增长速度按可比价计算。

3.部分数据采取四舍五入，与总数会有出入。

4.数据来源：本文安全生产数据来自安全生产监督管理局；交通运输数据来自交通局；邮政、电信数据来自邮政局和三大网络运营商；对外经济数据来自商粮局；财政数据来自财政局；金融数据来自各银行；环保数据来自环保局；资源数据来自国土、住建、房产局、征拆办；教育、卫生、科技和文化体育旅游数据分别来自教育局、卫生局、经科局和文体广新旅游局；社会保障数据来自人社局、民政局、扶贫办。

大事记

大　事　记

2018年渌口区大事记

1月

3日　省水利厅副厅长罗毅君到县调研水利工作。

14日　县委书记罗绍昀、县人大常委会主任罗禧瑰为株洲县监察委员会揭牌，标志着株洲县监察委员会正式挂牌成立。

16日　市人大常委会副主任、市总工会主席王建之到朱亭镇长远村调研脱贫攻坚帮扶工作开展情况。县人大常委会主任罗禧瑰参加调研。

22日　广东省湖南株洲县商会在广州正式成立。副市长黄芳、县委书记罗绍昀出席并讲话。

26日　副市长何朝晖先后到新惠天然树脂厂、时代华先新材料科技有限公司、株洲兆能机电科技有限公司和南洲工业园调研项目建设情况。

2月

7日　市委常委、市委秘书长毛朝晖，副市长杨胜跃到县慰问困难群众和孤寡老人。县委书记罗绍昀参加活动。

△　中共株洲县委常委班子召开2017年度民主生活会，市委常委、市委秘书长毛朝晖及市委民主生活会指导组成员到会指导。县委书记罗绍昀主持会议并讲话。

△　省军区副政委许凤元到县慰问基层专武干部和基层民兵。市委常委、军分区政委胡鹏飞，县人武部政委刘长锋参加活动。

8日　副市长黄芳到县调研商务粮食工作。县委常委、常务副县长武挪强，副县长漆帅花参加调研。

3月

8日　驻省交通运输厅纪检组组长、厅党组成员路卫华到县研党风廉政建设工作。

13日　市政协副主席朱庸靖到淦田镇就特色小镇建设开展专题调研。县政协主席王亚男参加调研。

14日　省环保厅大气处处长唐跃成

到县指导空气质量改善工作。

15日　市人大常委会副主任刘春生到县调研养老事业。县人大常委会主任罗禧瑰参加调研。

16日　省食药监局党组成员、副局长吴公平率队到县调研盐业体制改革工作。副县长刘行国参加调研。

28日　市委常委、组织部部长羊贵平到县调研指导基层党建工作。县委书记罗绍昀参加活动。

4月

1日　副市长、市副总河长顾峰到县开展巡河督查工作。

2日　市人大常委会副主任王建之到渌口经开区调研解决企业环评方面存在的问题。

3日　市委常委、宣传部部长聂方红到县调研宣传思想文化工作。县委常委、宣传部部长刘美和参加调研座谈。

4日　副市长何朝晖到县开展项目建设和安全生产检查工作。

10日　副市长顾峰到渌口和淦田镇现场调研屠宰加工园和新五丰养殖基地项目。

11日　省供销合作总社党组书记、理事会主任曾震亚到县调研深化供销合作社综合改革工作。县委书记罗绍昀参加座谈。

12日　市人大常委会副主任钟燕到龙门镇李家村调研指导旅游开发工作。

△　市政协副主席余群明到县调研“雪亮工程”建设工作。县政协主席王亚男参加调研。

17日　省地税局党组书记、局长周巧艺到县调研指导地税工作。市地税局党组书记、局长龙晓红,县委副书记、县长刘克胤参加调研。

21日　市委副书记、市长阳卫国到县下访约访群众。县委书记罗绍昀,县委副书记、县长刘克胤参加约访。

25日　国家粮食和物资储备局巡视员刘会振到县督查调研粮食安全生产、廉政工作建设和老干部等工作。副县长漆帅花参加调研。

5月

3日　市人大常委会副主任刘柏生到县调研健全完善适应乡村振兴战略的乡镇机构和人员配置情况。

△　市人大常委会副主任李智到龙潭镇新燕村调研精准扶贫工作。

7日　市人大常委会副主任邓尚文到龙潭镇砖桥村调研指导精准扶贫、农村环境整治、为民办实事和乡村产业振兴工作。

15日　湖南华升集团与渌口经济开发区正式签约,标志着华升雪松项目正式落户株洲县。

16日　市人大常委会副主任冯建湘率市人大常委会第二执法检查组,对株洲县贯彻落实《中华人民共和国促进科技成果转化法》和《湖南省实施〈中华人民共和国促进科技成果转化法〉办法》等法律法规的实施情况开展执法检查。

19日　市委副书记、市长阳卫国到渌

口镇菜码头渡口检查水运安全管理工作。县委副书记、县长刘克胤参加检查。

24 日　省发改委党组成员、省纪委驻省发改委纪检组长罗懿到县督查易地扶贫搬迁工作。县委常委、常务副县长武挪强参加督查。

25 日　部分驻株省人大代表到县视察区域经济社会发展情况。市人大常委会副主任刘柏生，县委副书记、县长刘克胤，县人大常委会主任罗禧瑰参加活动。

△　国家林业和草原局三北局局长张炜到县督查造林绿化工作。

△　市副市长杨胜跃到县联点督导防范化解政府性债务风险工作。

31 日　市政协副主席余群明到县调研重金属污染地区农业结构调整工作情况。副县长于大平参加调研。

6 月

1 日　市委常委、纪委书记、监委主任赖馨正到县督查指导防汛及项目建设等工作。县委书记罗绍昀参加活动。

4 日　《中国之声》报道“株洲县一家药企超标偷排问题”之后，县委、县政府高度重视，第一时间开展调查，迅速处置违法超标偷排问题，责令该企业立即停产，对超标偷排的违法行为进行行政处罚，企业涉嫌违法的相关责任人已依法移送公安机关处理。

5 日　市委副书记、市长阳卫国到南洲镇北洲村株洲松本药业有限公司现场督查。县委书记罗绍昀，县委副书记、县长刘克胤参加督查。

6 日　粮食安全省长责任制国家考核工作组办公室联络员、财政部经济建设司处长李成到县现场核查粮食安全省长责任制落实情况。

22 日　市委副书记、市长阳卫国到县督查指导防汛工作。副市长顾峰，县委书记罗绍昀，县委副书记、县长刘克胤参加督查。

28 日　市委常委、纪委书记、监委主任赖馨正到县督查企业安全生产工作。县委副书记、县长刘克胤陪同督查。

29 日　驻株洲县第十五届市人大代表视察“智慧渌口”及村(社区)部建设。市人大常委会党组书记、常务副主任刘光跃，县委书记罗绍昀，县委副书记、县长刘克胤，县人大常委会主任罗禧瑰等以代表身份参加活动。

7 月

2 日　副市长黄芳到县督查防汛抗旱工作。

4 日　市委常委、纪委书记、监委主任赖馨正到龙门和朱亭镇调研指导镇村工作，县委书记罗绍昀参加调研。

8 日　生态环境部固废督查组到县开展“清废行动 2018”核查“回头看”工作。

11 日　市委常委、组织部部长羊贵平率全市基层党建“看学议”活动观摩团到县调研基层党建工作。

12 日　省委常委、政法委书记黄关春到县督办信访和环保工作。市委副书记、市长阳卫国,市委常委、政法委书记杨玉芳,副市长李晓葵、何朝晖,县委副书记、县长刘克胤参加座谈。

17日　民革省委副主委、市人大常委会副主任、民革市委主委刘春生到县调研渌江综合治理情况。

19日　省委常委、统战部部长、渌江省级河长黄兰香到县巡查渌江。市委书记、市人大常委会主任毛腾飞,县委书记罗绍昀参加巡查。

20日　国家税务总局株洲县税务局正式挂牌。

21日　副省长隋忠诚到县调研农业农村工作。市委书记、人大常委会主任毛腾飞,县委书记罗绍昀参加调研。

24日　省政协提案委主任袁海平到县开展"三进三助"和"三个一"扶贫行动。市政协副主席朱庸靖、县政协主席王亚男参加活动。

25日　市委常委、统战部部长覃万成到南洲新区渌口经开区调研工作。

△　市人大常委会副主任钟燕到龙门镇李家村调研美丽乡村项目落地情况。

8月

10日　市委副书记、市长阳卫国到县调研电厂选址工作。县委副书记、县长刘克胤参加调研。

16日　省军区副政委喻军到县调研征兵工作。

23日　省委副书记乌兰到县调研农业农村、基层党建、脱贫攻坚、新型工业化、社会治理等工作。市委副书记、市长阳卫国,县委书记罗绍昀参加调研。

△　省民政厅党组书记、厅长唐白玉到县调研民政工作。

9月

7日　市人大常委会副主任刘春生到县调研乡村振兴战略、培育壮大新型农业经营主体、推进美丽乡村建设情况。

8日　市委副书记、市长阳卫国到龙船镇挽洲小学看望慰问教师。副市长杨胜跃、县委书记罗绍昀参加活动。

△　市委副书记、市长阳卫国,副市长杨胜跃到县巡查湘江王十万段,了解河道管理、水质现状等情况。

11日　省政协副主席贺安杰到县开展"三进三助"聚力行动。市政协主席蔡溪,县委书记罗绍昀参加活动。

18日　市人大常委会党组书记、常务副主任刘光跃到县督查人大工作。县委书记罗绍昀参加督查。

29日　市委副书记王洪斌到县调研供销合作社综合改革工作。县委书记罗绍昀参加调研。

10月

11日　市委副书记王洪斌到县调研工业企业发展情况。县委书记罗绍昀参加调研。

29日　市委常委、纪委书记、监委主任赖馨正到南洲镇横江村督查指导"软弱涣散村”整改工作。

30日　市委书记、市人大常委会主任毛腾飞到县巡查湘江株洲段并督查环保工作。县委书记罗绍昀，县委副书记、县长刘克胤参加督查。

31日　国务院办公厅政府信息与政务公开办副处长夏淑敏、农业农村部办公厅副处长海占广、省政府政务公开与服务管理办公室主任黄立到县现场复核验收株洲县全国基层政务公开标准化规范化试点工作。

11月

1日　市人大常委会副主任王建之到朱亭镇金福村调研指导精准扶贫工作。

12日　株洲节能环保产业装备制造园项目在南洲新区开工建设，市政协主席蔡溪，市委常委、纪委书记、监委主任赖馨正，市政协副主席余群明，县委书记罗绍昀出席开工仪式。

23日　市人大常委会副主任刘柏生到县调研脱贫攻坚工作。县人大常委会主任罗禧瑰参加调研。

26日　市人大常委会副主任李智到县调研指导扶贫工作。

12月

10日　株洲军分区政委周杰到县人武部调研营地正规化建设工作。

12日　市人大常委会党组副书记、副主任、市总工会主席王建之到县开展脱贫攻坚工作。

13日　省委政法委委员、省纪委、省监委驻省委政法委纪检监察组组长姚赤平到县调研政法工作。

14日　株洲县第十二届人民代表大会常务委员会第十五次会议通过《关于株洲县撤县设区有关问题的决定》。

18日　株洲市渌口区成立大会召开，渌口区正式挂牌。副省长隋忠诚，市委书记、市人大常委会主任毛腾飞，市委副书记、市长阳卫国等省市领导出席。

△　渌口区重大招商项目签约活动仪式在区接待中心举行，市委书记、市人大常委会主任毛腾飞，市委副书记、市长阳卫国等市领导见证签约。

20日　农发行省分行副经理曾克俭率省易地扶贫搬迁考核组到区考核易地扶贫搬迁工作。

25日　副市长、市公安局局长李晓葵到区调研指导公安工作。区委书记罗绍昀，区委副书记、区长刘克胤参加调研。

26日　市人大常委会副主任钟燕到朱亭镇浦湾村调研人居环境、乡村文明、产业发展等工作。

28日　投资开发现代畜牧业合作框架协议签约仪式举行。副市长顾峰，区委副书记、区长刘克胤参加签约仪式。

政治

中国共产党株洲市渌口区委员会

【概况】 2018年,中共株洲市渌口区委认真贯彻落实上级决策部署,抢抓撤县设区机遇,推动改革发展稳定和党的建设各项事业取得新的成效。实现GDP增长7.9%;一般公共预算收入13.2亿元,其中税收11亿元,增长15.7%,税比83.3%;规模工业增加值增长7%;固定资产投资增长8.1%;社会消费品零售总额增长10.1%;城镇居民人均可支配收入增长7.9%;农村居民人均可支配收入增长8.4%。主要经济指标中,GDP、固定资产投资、财政总收入、城镇居民人均可支配收入增幅列五县市第一。

区委始终把学习贯彻习近平新时代中国特色社会主义思想和中共十九大精神作为首要政治任务,深刻领会习近平总书记对湖南的系列重要指示精神,第一时间传达学习、贯彻落实习近平总书记重要讲话和批示指示精神。注重发挥区委常委会中心组学习带动作用,围绕习近平新时代中国特色社会主义思想、中共十九大精神、意识形态、党风廉政建设、乡村振兴等主题开展中心组学习14次。督促各镇各部门党组织严格落实中心组学习、"三会一课"制度,加大干部特别是领导干部教育培训力度。扎实开展"百、千、万"理论宣讲活动,打造党建"百里宣传长廊",通过巡回宣讲、专题党课等形式,推动学习宣传贯彻深入基层、深入人心。

扎实开展"产业项目建设年"活动,新签约华新新材料科技园、PI膜等重大项目14个,省"5个100计划"和市"五个一批"产业项目加快推进。推进青龙湾、紫涵湖温泉酒店、美的梧桐庄园等一批商住项目建设,城区品质品位大幅提升。航电枢纽二线船闸竣工通航,渌枫大道、东城大道、渌水二桥等基础设施项目加快推进。园区发展步伐加快,南洲新区路网框架基本形成,燃气、管网、电力等基础设施不断完善,园区承载能力明显增强。加强项目要素保障,批回土地206.67公顷,两轮征地拆迁"百日攻坚"行动和"清零扫尾"行动共签订协议1698户,拆除房屋1852栋,36个项目用地实现征拆清零。全面实施乡村振兴战略,统筹推进"五大工程",农村人居环境得到有效改善。实现村庄规划编制全覆盖,引导村民依规有序建房,农村危旧土坯房整治工作得到了市委的充分肯定。

以底线思维奋力打好“三大攻坚战”。打好防范化解重大风险攻坚战，“停缓调撤”项目27个，调减总投资64.3亿元，超额完成年度化债目标，债务风险等级由二类债务警示区降为三类债务提示区。打好精准脱贫攻坚战，围绕“七个一批”“六大工程”精准发力、分类施策，实现减贫2695人，贫困发生率降至0.59%；创新开展“脱贫立志、星级创建”活动，最大限度激发贫困户内生动力，经验做法得到省委副书记乌兰等领导的充分肯定，在全省非贫困县脱贫攻坚推进会上作为典型进行推介。打好污染防治攻坚战，中央环保督察交办任务全部整改销号，解决了南洲镇石英石料厂、龙潭镇黑臭水体等突出环保问题；严格落实“河长制”，南洲水质净化中心建成运营，饮用水源水质达标率持续保持100%；开展大气污染综合治理专项行动，空气质量优良天数达307天，比2017年增加22天，空气质量逐步提升。

圆满完成撤县设区工作，渌口区正式挂牌。持续深化“放管服”改革，梳理“最多跑一次”事项930项，办理时限普遍提速50%以上，与群众密切相关的事项提速80%以上。“智慧渌口”一期上线运行，区镇村三级网点全部联通，实现“信息多跑路、群众少跑腿”。支持各镇各部门积极争取改革试点项目，推出自主改革事项81项。基层政务公开标准化规范化试点顺利通过国检验收，医疗卫生标准规范有望成为国标推广。制定出台《财政性投资项目评审管理办法》等制度，进一步规范财评程序。扎实推进涉农资金统筹整合工作，大幅提高涉农资金使用效率。认真落实中央和省委、市委机构改革要求，做好了机构改革的前期准备工作。

全力保障和改善社会民生。始终坚持以人民为中心的发展思想，切实保障基本民生，完善社会保障体系，“三项补贴”标准进一步提高；落实各项就业政策，全面完成新增就业任务，“零就业家庭”援助率100%。大力发展社会事业，实施名师、名校、名校长“三名工程”，扎实推进城区学位扩容等项目建设，超额完成大班额化解任务；深化医疗改革，探索建立2个区镇村三级医疗服务共同体，启动运行区120应急救援指挥中心，区中医院改扩建等项目有序推进，计划生育工作再获省先进；推进公共文化服务体系示范创建，顺利通过文化部检查。致力维护社会稳定，扎实开展安全生产“打非治违”百日行动和“强执法防事故”专项行动，堂市煤矿实现关闭退出，安全生产平稳可控，食品药品安全可靠；深入开展扫黑除恶专项斗争，扎实推进社会网格化治理，成立区应急联动处置中心，健全“打、防、控”一体化治安防控体系；加大信访维稳和矛盾纠纷化解力度，深入开展平安创建，社会治安综合治理连续三年被评为省先进，公众安全感测评(综治民调)排名连续三年位居全市第一，获评2018年度全省“十大平安县(市区)”创建示范单位。

推动全面从严治党向纵深发展。加强党的政治建设，牢固树立“四个意识”，坚决做到“两个维护”。完成了中央、省委巡视反馈的10项问题整改，建立了一系列长效性制度机制。严格落实党委意识形态工作责任制，加快区级融媒体中心建设，建立“两台两网两微一端”的媒体传播矩阵格局，有效处置了两起较大的涉区舆情。坚持正确用人导向，严把干部选拔任用程序关，落实干部选拔任用“凡提四必”“双控预审”等制度，进一步调优配强各镇各部门领导班子。加强基层组织建设，全面完成村级综合服务平台建设，村均运转经费提升至 23.24 万元 / 年，社区运转经费提升至 40 万元 / 年。强化党建引领作用，创建 34 个“党建 +”村级示范点。出台并严格落实《考察任用干部看党建暂行办法》，1 名局长和 1 名镇组织委员因抓党建工作不力被免职，1 名镇组织委员因抓党建成效显著被重用。开展“网格走亲、党群同心”大走访活动，妥善解决群众合理诉求，党群干群关系进一步密切。深入推进正风肃纪工作，先后两次开展干部作风建设突出问题专项治理行动和专题教育活动，对干部作风问题进行“大扫除”。保持反腐败斗争高压态势，党纪政务立案 390 件，涉及乡科级干部 58 人；结案 384 件，党纪处分 335 人，政务处分 46 人，双重处分 8 人，移送司法机关 4 人。

区委常委会不断加强自身建设。严格执行新形势下党内政治生活若干准则，带头落实“三会一课”、民主生活会、谈心谈话等制度，严格落实党内报告制度、中央八项规定精神。坚持民主集中制，严格遵守区委常委会议事决策机制和程序，充分发扬党内民主。注重把主要精力放在把方向、观大势、谋全局上，深入研究党中央、省委、市委出台的重大方针政策，集中解决全局性、战略性、前瞻性的重大问题，不断增强领导发展、驾驭改革、把握大局的能力。

【株洲市渌口区正式挂牌】 6 月 19 日，国务院以国函〔2018〕88 号正式批复，同意撤销株洲县，设立株洲市渌口区。12 月 8 日，株洲市委、市政府下达《关于撤销株洲县设立株洲市渌口区的通知》，以原株洲县的行政区域为渌口区的行政区域，渌口区人民政府驻地设在渌口镇学堂路 1 号。

12 月 18 日，株洲市渌口区成立大会暨授牌仪式在区接待中心 1 号楼三楼会议室举行。省民政厅副厅长张自银宣读了国务院《关于同意湖南省调整株洲市部分行政区划的批复》，副市长顾峰宣读了中共株洲市委、株洲市人民政府《关于撤销株洲县设立株洲市渌口区的通知》，区委书记罗绍昀作表态发言，副省长隋忠诚，市委书记、市人大常委会主任毛腾飞讲话，市委副书记、市长阳卫国主持会议，省、市、区有关领导出席会议。市委书记、市人大常委会主任毛腾飞，市委副书记、市长阳卫国，市人大常委会常组书记、常务副主任刘光跃，市政协党组副书记、副主席余明刚，市委常委、纪委书记、监察委主任赖馨正和渌口区委书记罗绍昀，渌口区委副书记、区长刘克胤，渌口区人大常委会主任罗禧瑰，渌口区政协主席王亚男，渌口区委常委、纪委书记、监委主任谭伟生分别对应完成渌口区委、区政府、区人大、区政协、区纪委监委授牌工作。

株洲县撤县设区后,株洲市区辖荷塘区、芦淞区、石峰区、天元区和渌口区。渌口区辖渌口、龙潭、朱亭、龙门、淦田、南洲、古岳峰和龙船镇,总面积1053.6平方千米,总人口35.1万人。 (易络庚)

区委办公室工作

【概况】 2018年,中共株洲市渌口区委办公室以“三服务”质量提升年活动为载体,着力抓统筹、优服务、促落实,较好地完成了区委交办的各项任务,实现办公室各项工作的新突破,连续三年获评“株洲市党委办公室先进单位”。

督查工作。探索建立六项制度,即重大决策分解立项制度和落实情况报告制度、通报制度、回访调研制度、清单管理制度和领导批示事项归口办理机制。加大区级层面重大督查活动的统筹力度,出台了《2018年重点督查工作计划》,所有督查活动均以区督查工作领导小组或者“两办”名义联合开展,有效防止多头督查、重复督查。由区委督查室牵头组织并参与各类督查活动40余次,编发《督查通报》13期、《督查专报》59期,办理上级单位督办事项20件,上级领导批示件7件,区委领导批示交办件30余件。切实做好中央和省委巡视组交办信访件办理事项,共办理信访交办件133件。加强督查调研,撰写《关于渌口城区三个社区2017年度资金运转情况的报告》,有关对策被区委、区政府采纳。连续三年被评为“湖南省党委督查工作先进单位”。

政研综调工作。牵头在全区范围开展“抓重点、补短板、强弱项”大调研活动,围绕经济社会发展重点、难点、热点问题和本单位中心工作开展调研,形成调研成果70余篇,择优选用了一批有分量、有见地、有价值的调研成果在《工作调研》上刊发。先后完成株洲市渌口区成立大会、区委十届五次全会暨经济工作会议、区委十届六次全会、三级干部会议、政协会议、人大会议、党务工作会议等重要会议讲话材料的起草工作,共起草领导讲话稿、各类汇报材料180余篇。撰写理论文章、调研文章20余篇,其中《给贫困户“评星”,抓扶志促脱贫》在省委办公厅《工作情况交流》上刊载。

常委办工作。区委办参照市委办的做法,成立了常委办,承担公务活动及常委会会务服务工作,将原文秘室的办会及全区业务培训的职能划入。其中加强重大会议活动的统筹,严格落实重大会议活动报备制度。全年统筹安排各类重大会议活动150余次,特别是牵头圆满完成株洲市渌口区成立大会暨授牌仪式系列活动,得到了省、市领导的充分肯定。建立全区办公室系统双月培训交流制度和公务活动“一库四制”(公务活动动态资料库和工作责任制、活动报告制、信息台账制、效果考评制),完善重大事项报告制度和跟班学习制度,在新建的双月培训制度中,创新授课方法,加入实践课、现场参观课等模式,替代传统单一的讲授课,确保培训高质、高效完成,切实提升了全区办公室系统整体素质。

办文工作。原文秘室的办文职能由新成立的办文室承担。进一步规范管理涉密文件及设备,制定并规范公章使用管理制度、密级文件借阅制度,实行涉密载体登记检查制度,在源头上确保涉密文件安全有序。进一步创新公文收发流程,开展OA协同办公系统试运行工作, 提高文件处理、传阅效率。进一步精简文件数量,能精简的精简、能合并的合并,有效杜绝文山会海。

信息工作。注重构建信息收集体系,探索建立"一点四单",进一步畅通信息渠道,提升信息报送的质量和针对性,减少信息报送的"供需差"。精准把握上级党委和区委关注的中心工作和重点问题,提供准确及时的信息,为党委掌握情况、掌控全局提供重要参考,全年共编辑《每日快讯》248期、《要情反馈》46期。连续三年获评"全省党委信息工作先进单位"。

"马上就办、真抓实干"工作。进一步健全"马上就办"工作机构,完善工作考评机制。坚持问题导向,在区领导、乡镇、区直部门中全面推行"五问工作法",切实解决实效不强、协调不够等问题,严格按照相关时限要求,及时准确地反馈交办事项的办理落实情况,已办结的报结果,正在办理的报进度,未办结的报原因。先后受理"马上就办"事项3321件,办结3304件,办结率99.48%,连续两年被评为"全市马上就办先进单位"。

绩效考核工作。充分发挥绩效考核"指挥棒"作用,对照省市绩考指标和区委工作目标,层层分解责任,实行挂图作战,进一步加强动态监测,及时掌控指标运行情况。坚持以问题为导向,对进展缓慢的指标和突出问题,用红、黄、绿三色标识,在全区通报的同时,及时对接相关牵头区级领导研究解决,重大问题呈区委、区政府主要领导亲自调度,确保各项问题均能得到不同层面的解决。

深化改革工作。年初出台区委全面深化改革领导小组2018年工作要点, 共确定十大类60项改革任务, 每项改革任务都责任分解到单位和责任人,每月对所有改革任务进行动态监测,对没有按期完成任务的改革事项进行专项督办。鼓励支持各镇和各部门积极开展自主改革探索,各镇各部门共提出81项自主改革事项,一批有力度、有亮点、有特色的改革方案和举措陆续出台实施。依托"智慧渌口"平台,建立并投入使用全面深化改革动态管理信息平台,各单位利用现有终端,可实现与省市平台资源共享、互联互通和强化应用。全年共向省、市上报改革信息或经验文章40多篇, 其中脱贫攻坚"星级创建"创新做法得到省委副书记乌兰的肯定性批示。省、市级媒体先后报道渌口区改革成效40余次,其中政务公开、土地增减挂钩、河长制、税收体制改革等做法在《湖南日报》上进行了报道。

后勤保障工作。切实抓好中央八项规定及实施细则精神贯彻执行的统筹,做好领导同志调查研究、会议活动、外出活动、公务接待等各项服务工作, 严格落实规模、规格、标准等方面的量化规定和刚性要求。对接待、会务、车辆管理等制度进一步规范,加强财务治理,压缩弹性支出,实行经费包干,专款专用,以“少花钱、多办事”为准则,高标准、严要求。严格落实公车改革实施方案,公务用车严格按程序申请、使用。

值班值守工作。建立完善了一整套规范值班值守的管理制度，统筹好值班安排,严格执行领导带班、干部值班制度,加强对值班值守工作的督促检查,对值班情况及时在《值班专报》上进行公布。进一步强化重大事项请示报告制度,严明工作纪律,确保能及时应对和妥善处理各类突发情况。

保密工作。以“三大管理”和“两识教育”为重点,继续强化保密宣传教育,下发了加强保密工作的文件,更新完善《信息公开保密审查制度》,以制度抓规范。建立健全涉密人员考核机制,首次将保密工作纳入绩效考核中。坚持自查自评与定期抽查、重点检查相结合的方式,对全区的单位进行保密检查,提高涉密人员和要害部门的保密意识和监管水平。（马　灿）

接待工作

【概况】 2018 年,区委、区政府接待办严格执行中央“八项规定”和省市区一系列公务接待规范要求,优化服务,强化管理,提高效能,切实做好服务。

完成各级领导、来宾的各类调研、检查的接待工作。全年共完成接待与指导接待 310 余批次,近 3600 余人次。多次参与区内重大活动的筹备及接待服务工作,其中有 2018 年政企迎新春交流会、2017 年政情通报会、株洲市渌口区成立大会暨授牌仪式等。

坚持围绕中心,做好接待主业。一是树立接待理念做好接待主业。牢固树立“节俭务实、热情好客、用心服务、规范精细”的接待理念,按照“接待工作流程化、工作流程标准化,服务标准精细化,重要来宾个性化”的要求,用心用情、依法依规做好公务接待主业。二是对标一流标准提升队伍素质。采取引进来、走出去、自己学、向别人学相结合的方式,利用业余时间参加各种礼仪培训班学习礼仪知识,并利用每周例会时间相互交流、授课讲座,不断提升整体素质。同时,以《接待与交际》杂志为学习平台,参加该杂志在湖北咸宁举办的全国接待部门培训会议,通过学习交流,拓展了视野和能力,向全国一流标准看齐。

【开展“文化上餐桌”活动】 牢固树立接待的本质就是文化的理念，在厉行节约、反对浪费的接待新风尚下,大力开展“文化上餐桌”活动,以餐桌为窗口、菜肴为名片，在接待过程中努力突显地方亮点,展示地方特色,传承地方习俗,宣传地方文化。一是全面宣传推介渌口区形象。充分展示接待办作为形象的“窗口”,利用《服务手册》封面、房间温馨提示卡、席位卡、桌签等。将渌口各风景旅游点在接待各个环节中充分体现出来。二是深入挖掘地方特色菜。以 2018 年株洲市地方特色菜品比赛暨品鉴会活动为契机,充分利用渌口丰富的山水资源,深入各乡镇、各酒店,深挖名师、地方特色菜肴，学习做法，反复试验，共挖出“头碗菜”“核桃酥”“小炒黑山羊”“火焙银鱼”“八斗烟笋”“岳峰扣肉”等最具渌口文化特色的菜品。渌口菜品在株洲市地方特色菜品比赛活动中，以两金三银三铜的成绩获得团体三等奖。（周艳红）

纪律检查工作

【概况】 2018年，渌口区纪律检查委员会和监察委员会严格监督执纪问责与监督调查处置，坚定不移惩防腐败，深入推进党风廉政建设和反腐败工作。

牵头协助区委出台《株洲县委常委会2018年党风廉政建设主体责任任务分解》和《县委常委会2018年党风廉政建设主体责任分工》等文件，督促各镇、部门单位参照执行。协助制定《株洲县2018年度落实党风廉政建设责任制考核实施办法》，对履责不到位的单位主要负责人及时进行约谈。全年出具廉政鉴定45批，鉴定8661人次，出具不同意见64人次，倒逼全面从严治党责任有效落实。

全区纪检监察机关接受群众来信来访来电以及网络举报349件次，处置问题线索849件，组织处理455人，党纪政务立案390件，其中涉及乡科级干部58人，结案384件，党纪处分335人，政务处分46人，双重处分8人，免于处分8人，移送司法起诉4人。严肃查处重点领域、重点岗位腐败问题，区财政局乡财服务中心综改办主任王鸿彬涉嫌严重违纪违法接受纪律审查和监察调查，是株洲市、县（区）两级监委成立后第一起移送起诉案件。全区共有党员17111人、806个基层党组织，全区党员立案比2.23%，居全市第一。

深入开展扶贫领域腐败和作风问题专项治理等七项专治工作、开展“扫黑除恶”拔伞行动、围绕打赢“三大攻坚战”开展监督执纪问责。每项专项整治工作都成立了工作领导小组，设立“专治办”，保证专人专岗。全年查处违反中央八项规定精神问题33起，立案89起，处理152人，其中党纪政务处分89人，组织处理63人，下发通报11期，通报典型案例13起，通报67人。组织扶贫办、住建、民政等部门，开展4轮扶贫领域专项监督检查，查处问题12起，立案21件，党纪政务处分20人，组织处理7人，下发典型案例通报8期，通报32人。“雁过拔毛”式腐败问题立案119起，党纪政务处分119人，组织处理19人，追缴资金106.42万元，清退资金15.06万元，上交财政资金106.42万元。“纠四风、治陋习、树新风”立案250起，党纪政务处分244人，组织处理182人。发现利用教辅材料发行折扣款违规吃喝、超规格接待等问题线索16条，立案8起，结案8起，党纪政务处分8人，组织处理12人。

始终把宣传信息工作与执纪执法工作摆在同等重要的位置。年内，中央、省、市各级媒体刊发推介渌口区党风廉政建设和反腐败工作新闻宣传稿170余篇，其中在省级以上媒体发表稿件81篇，包括《中国纪检监察报》及微信公众号14篇、中纪委网站2篇、新华社3篇、《湖南日报》10篇、湖南广播电台交通频道“清风侠在路上”栏目6篇、《潇湘晨报》“清风时局”栏目2篇、三湘风纪网站及微信公众号44篇,宣传工作成绩居全市第一。

深入推进巡察工作。区委巡察办增加行政编制1个,调入干部1名,出台《中共株洲县委巡察工作领导小组办公室主要职责内设机构和人员编制规定》,成立综合室和督查联络室。巡察组增加行政编制4个,调入干部4名,确保巡察组人员、编制按中央、省市有关要求配备到位。开展三轮常规巡察及整治“四风”问题专项巡察,移交区纪委、监委各类问题线索77条,党纪政务处分31人,诫勉谈话24人,批评教育24人,收缴和清退各类违纪资金3105427.1元。随着政治巡察的不断深入,为党员领导干部敲响警钟,形成利剑高悬、震慑常在的局面。

打通群众监督最后“一千米”。一是创新“村级作风监督员”制度。区纪委、监委从落选的村支两委班子的人员中,推选资历老、有正义感、在群众中有一定威望的老村干部担任村作风监督员,负责收集、反映村干部作风建设中存在的问题,开展对村干部日常工作、生活行为的监督检查,监督检查村镇的惠农政策落实、项目建设、财务管理的情况,起到了监督“显微镜”的作用。二是创新“互联网+监督”联络员制度。开展“区镇村组户”五级培训,聘请139名“互联网+监督”联络员,负责各村“互联网+监督”应用服务工作。发现疑似问题线索19533条,涉及资金100.1万余元,已追回32.3万元,立案5起,党纪政务处分3人,组织处理3人。“村级作风监督员”和“互联网+监督”联络员两项监督制度收到较好成效,被省、市纪委多次推介。

锻造纪检监察铁军队伍。深入开展执纪监察业务知识培训,推动“两学一做”学习教育常态化、制度化,举办纪检监察业务培训班,建立“每周一学习日”制度,集中学习习近平系列重要讲话精神、十九大精神、纪检监察业务知识。举办了一期素质能力提升培训班,通过准军事化训练,锤炼干部的意志,增强团队的凝聚力。制定《株洲县纪委监委2018年度纪检监察工作考核办法》,明确规定信息调研、执纪监察、信访件办理、干部作风“十二分制”自查等工作的考核细则。对8个镇纪委专职专岗情况开展督查,对落实不力的单位和个人严肃问责,切实整改。开展廉政家访活动,加强与纪检监察干部及家属的日常联系,推动纪检监察干部家庭的家风建设。坚持刀刃向内,严格执行监督执纪工作规则和“十不准”,建立纪检监察干部廉政档案。举行人大代表、政协委员及党外人士走进纪委、监委暨通报党风廉政建设和反腐败工作情况活动,主动接受外部监督。

(陈　静　廖　培)

巡察工作

【概况】 2018年,区委巡察工作突出政治巡察重点,牢牢把握“两个维护”重大政治责任,以组织开展政治巡察为主责主业,着眼于发现基层党组织在党政治建设、思想建设、组织建设、作风建设、纪律建设和夺取反腐败斗争等方面存在的问题,以推动问题的解决。为充实巡察力量，在人员编制紧张的实际情况下，巡察办增加行政编制 1 个，新调入干部 1 名，出台《中共株洲县委巡察工作领导小组办公室主要职责内设机构和人员编制规定》。根据有关文件，巡察办成立综合室和督查联络室，任命 2 个室主任。巡察组增加行政编制 4 个，从其他单位调入干部 4 名，确保巡察组人员、编制按中央、省市有关要求配备到位。

2 月 27 日，县委研究通过了《中共株洲县委巡察工作办法》《2017—2021 年县委巡察工作规划》《被巡察党组织配合县委巡察工作规定》《株洲县后备干部参加巡察工作办法（试行）》4 个基础性、规范性文件，为巡察工作的顺利开展提供了有力的制度保障。12 月 12 日，县委根据上级有关要求，结合实际情况对县委巡察工作规划进行修改，研究通过了《县委巡察工作规划（2018—2021 年）》，为落实一届区委巡察全覆盖的重大政治任务奠定了坚实基础。

全年共开展三轮政治巡察工作，巡察基层党组织 16 个。根据市委巡察工作领导小组统一安排部署，十届县委第四轮及第六轮巡察为对区城管局（含拆违大队、环卫处）党委和区国土资源局党组开展异地交叉巡察。在三轮巡察中，巡察组开展个别谈话 316 人次，受理举报 24 件，召开座谈会 12 次，查阅相关资料 3500 余份，明察暗访 63 次，听取工作汇报 21 次，发现并移交各类问题线索 91 条。根据巡察反馈的问题，各被巡察党组织细化整改任务 176 项，已基本整改到位。根据移送问题线索，纪检监察机关给予党纪政务处分 42 人，批评教育 30 人，诫勉谈话 28 人，收缴和清退违纪金额 3105427.1 元。

宣传推介方面，先后在中央媒体发表信息 2 篇，省级媒体发表信息 5 篇，市级媒体发表信息 27 篇，推介渌口区巡察工作的特色与亮点。其中“懒汉要扶贫”系列巡察工作小故事，在中央、省、市媒体刊发；由渌口区首倡的“巡察后意识”调研成果分别在“清风株洲”调研栏目和《株洲日报》新城论坛栏目刊发。（郑鸿川）

组织工作

【概况】 2018 年，区委组织部始终围绕发展大局，聚焦主责主业，着力抓重点、抓落实，各项工作取得新成效。

以“压实责任”提升基层党建水平。严格落实《考察任用干部看党建暂行办法》，约谈了 1 名因抓党建工作不力的局长和 1 名镇组织委员，并将他们改任非领导职务，2 名分管党建工作的副职和 2 名党建专干因履行党建责任不力被诫勉谈话，1 名镇党委组织委员因抓党建成效明显被重用。

以“优选优创”打造基层党建品牌。打造“一廊一带”党建品牌，“一廊”是党建百里长廊，从渌口镇沿省道 S211 到朱亭镇，以直观易懂的形式宣传党的理论政策；“一带”是党建示范带，各镇每半年重点打造两个示范点，打造党建“+”示范带。全年创建 34 个村（社区）党建“+”示范点，推动党建与中心工作深度融合，党建 VR 地图获评“全国优秀党建作品”。

以“强化保障”加大基层基础投入。选

优配强支村“两委”班子,调整不胜任支村“两委”干部21人,其中村书记14人。建立736名村级干部人事档案。完成139个村级综合服务平台建设和6个镇周转房建设,新建273套、改建88套干部宿舍。村均运转经费达到23.24万元,全区较上年增加284万元,村干部工资实行按月打卡。扎实推进中组部全国党员服务系统试点工作,全面建成“智慧党建”信息平台。

以“亲民服务”融洽党群干群关系。开展“网格走亲、党群同心”大走访活动,切实转变党员干部作风,111个单位、9015名党员与96632户老百姓结成“对子”。坚持抓党建促脱贫,开展“脱贫立志、星级创建”活动,激发贫困户的内生动力,其做法获省委副书记乌兰肯定性批示,在省委《工作情况交流》刊发。将每周二定为“群众工作日”,实行镇、村干部联合办公,党员干部公开亮身份,全程为民代办服务。制发9000册干部《惠民政策一本通》,把政策晒在阳光下,把服务送到家门口。

以“优选严管”加强干部队伍建设。着眼于科级领导班子和干部队伍建设需要,开展年轻干部专项调研,通过谈话推荐、深入考察、综合研判,确定134名优秀年轻干部进行系统培养,先后两次召开年轻干部座谈会,组织41名选调生开展“看变化、找差距、谋担当”活动。积极发挥提醒、函询和诫勉的警示教育作用,开展提醒谈话15人次,函询38人次,诫勉谈话6人次,严格干部监督管理。

以“服务中心”引进各类创新人才。围绕中心工作,以“产业项目建设年”活动为契机,开展“服务企业、服务人才,欢迎回家就业”活动和就业扶贫暨创新创业人才集训营活动,发放宣传手册10万余份,引进科技创新人才16名,为创新创业提供专业指导,帮助更多的企业和个人实现创新创业的梦想。

【打造党建百里长廊】 沿省道S211,从溧口镇一直到朱亭镇,全长66千米,利用道路两边的1300多根电线杆,制作道旗,打造党建百里长廊,重点宣传习近平新时代中国特色社会主义思想、中共十九大精神、社会主义核心价值观、全面从严治党等内容。河东6个镇、94个村,近30万人进出都要经过这条路,通过强化宣传,讲好党的故事,宣传好党的主张,营造浓厚的党建氛围,让习近平新时代中国特色社会主义思想入心入脑。

【打造“党建+”示范带】 全面开展党支部“五化”建设,以省道S211线为主轴,打造百里党建示范带,要求各镇抓好日常党建工作同时,围绕脱贫攻坚、美丽乡村、卫生整治、移风易俗、发展集体经济、项目建设等中心工作,充分发挥党组织战斗堡垒作用和党员先锋模范作用。区委组织部每半年开展一次基层党建看学议活动,组织各单位分管党建负责人到示范点看亮点、学经验、议做法,通过互看、互评、互帮,以点带面,整体提升,营造学比赶超的良好氛围。2017—2018年,全区有71个单位党组织申报开展党建示范点创建活动，有效地发挥了党建工作“围绕、融入、促进”中心工作的引领作用。

【开展“网格走亲、党群同心”大走访活动】 开展“网格走亲、党群同心”大走访活动：一是“3 项承诺”，为每家每户发便民服务卡，承诺“您有困难找我们，您要咨询政策找我们，您要代办服务找我们”；二是“4 级网格”，镇为一级网格，分片成立二级网格，村为三级网格，组为四级网格，区委常委担任一级网格长、负总责，每名党员都要联系 10 户以上群众，每名群众都有党员联系，基本实现走访全覆盖；三是“8 项任务”，重点做好宣讲党的政策、做好调查研究、及时排忧解难、助推经济发展、弘扬文明乡风、搞好平安创建、抓好环境整治、做好应急处置等 8 件事情；四是“9 项倡议”，向党员群众发出倡导喜事新办、厚养薄葬、简洁交往、搞好卫生、爱护生态、淳化家风、睦邻友好、遵纪守法、健康向上 9 项倡议；五是“10 个重点”，重点走访贫困户、留守儿童户、孤寡老人户、空巢老人户、五保户、低保户、复转退伍军人户、社区矫正人员户、经济能人户、信访户 10 类特殊群体。每位联户党员干部每月至少进村入户 1 次以上，对联系户走访至少 6 次以上，真正做到“脚下沾有多少泥土，心中就沉淀多少真情”。全区共有 111 个单位、9015 名党员参与走访，与 96632 户老百姓结成了“对子”。

【推行智慧党建】 结合“智慧渌口”建设，投入 100 多万元开发“智慧党建”信息化管理平台。平台分设组织生活、服务活动、党员管理等六大块模块，共 33 项内容，全程记录基层支部党内组织生活情况，开发基层动态、视频会议、微党课等多项互动互助功能，促进党建工作交流借鉴。以系统预警和组织提醒的方式，不定期调阅基层支部党内组织生活落实情况，下发提醒通知和督查通报，确保党建工作任务按期保质完成。全区党组织开展平台学用示范培训班，印发《操作指南》700 多本，对 1400 余名党务工作者进行业务辅导。

【编发惠民政策】 系统、简洁地向群众宣传各项惠民政策，让群众少跑路、少绕路，组织 21 个业务部门参与，针对广大群众关注的切身利益问题，编写了《惠民政策一本通》。《惠民政策一本通》涵盖涉农服务、公共服务、文化教育、医疗卫生、扶贫开发、平安建设六大内容，涉及 101 条政策，列出职能单位和联系咨询电话，具有很强的针对性和实用性。共印发 9000 本，发放至各镇、各走访单位的党员干部及参与走访的村组党员干部手中。 （黄雨阳）

宣传工作

【概况】 2018 年是全面贯彻党的十九大精神开局之年，渌口区委宣传部在宣传工作中把学习宣传贯彻习近平新时代中国特色社会主义思想和中共十九大精神作为首要政治任务和头等大事，贯穿于区委理论学习中心组学习全过程，融入理论宣传活动中。按照规定要求,突出围绕习近平新时代中国特色社会主义思想、“三大攻坚战”、廉政建设、乡村振兴、舆情引导等主题,组织理论学习中心组专题学习研讨14次,参学率达到98%以上,促进领导干部这个“关键少数”带头学思践悟,辐射带动党员干部群众这个“大多数”。持续开展中共十九大精神“百家机关进百村、千名干部讲千场、万名党员入万户”理论宣讲活动,组织“好声音讲坛——新思想进基层”百姓微宣讲比赛和中共十九大精神演讲比赛、知识竞赛等专题活动,宣讲800余场次。为推进新思想入脑入心,在S211主干道打造了“中共十九大精神百里宣传长廊”,结合镇村特色,打造新时代文明实践中心,以点带面,循序渐进,让新思想覆盖广袤田野。

落实主体责任,意识形态责任制不断压紧。一是加强责任落实。区委自觉履行意识形态工作领导小组的工作职责,把意识形态工作纳入区委常委会重要议事日程、党建工作责任制、纪律监督检查范围、区委常委班子民主生活会和区委班子成员述职报告的重要内容。区委常委会会议专题研究部署意识形态工作和宣传思想工作8次,切实担负起意识形态工作主体责任,推动意识形态工作责任制落实落细。二是加强整改排查。针对省委巡视组反馈的问题,迅速整改,立行立改,全面落实。同时,举一反三,加强排查,开展意识形态领域大排查行动,深入排查各领域意识形态风险;开展意识形态工作专项督查,与各镇各部门签订意识形态工作责任状,抓实主体责任,做到有责必行、执责必严、失责必究。三是加强工作合力。进一步建立健全意识形态工作联席会议制度,每季度对意识形态领域的工作进行定期会商,做好意识形态领域情况通报,逐步形成由区委统一领导、党政齐抓共管、宣传部门组织协调、相关部门分工负责的工作格局。

突出主题宣传,宣传声势不断扩大。扎实做好“改革开放40周年”系列主题宣传,紧扣“产业项目建设年”、乡村振兴、社会治理、党的建设等重点工作,积极邀请市级以上主流媒体来区进行集中采访,党建工作、“脱贫立志·星级创建”、“网格走亲”等亮点工作和经验做法先后被新华社、《湖南日报》、红网、《株洲日报》等主流媒体报道,全年在市级以上媒体发稿800余篇。区级媒体播发专题新闻2000余条,营造团结奋进的氛围。积极配合央视纪录频道《跟着唐诗去旅行》摄制组做好挽洲岛的拍摄工作,进一步挖掘区域特色,提升区域美誉度。

做强网络宣传,传播阵地不断壮大。推进媒体融合建设,加快“两台两网两微一端”媒体矩阵的形成,打造权威的官方发布平台、全新的对外宣传阵地。“掌上渌口”客户端用户注册数突破11万人。通过“掌上渌口”客户端、“渌口发布”微信微博、区新闻网等平台推发新闻信息4000多条,直播活动10余场次。推动区直部门和乡镇“双微”建设,实现媒体资源共用、资讯共享、同频共振,同步发声。健全网络舆情办理工作机制,压实工作责任,细化工作流程,全年交办网络舆情112件,处置网络舆情140余条，提高舆情办理实效。积极妥善处置了“松本药业”超标污水偷排湘江事件和“女教师罚站学生被带入派出所”舆情事件,确保舆情平稳可控。11月，举办全区舆情引导能力提升培训班，进一步提高干部舆情素养和业务能力,掌握网上舆论引导主动权。

推进文明创建，新风正气不断提升。以移风易俗为重点，推进乡风文明建设，抓住党员带头和群众自治两个关键,在全区范围内扎实开展文明节俭操办婚丧喜庆事宜推进移风易俗工作,发放倡议书和宣传资料40万余份，全体党员干部签订责任书,所有村修订完善村规民约、建立“四会”,打造龙船镇堂市村、古岳峰镇腰塘村等16个示范点。深入开展“孝慈之星、孝慈之家、孝慈之乡”、文明村镇、文明家庭、文明校园、最美农家、最美女性、星级文明户、新乡贤等评选创建活动。制定文明城镇创建三年行动方案,扎实开展“十大文明行动”,进一步提高城镇城市品位和市民素质。开展“我推荐、我评议身边好人”活动，入选湖南好人2名，上报好人线索3000余条,在上级媒体推送宣传学习身边好人稿110余条，推荐株洲市第五届道德模范候选人2名。举办第二届“众心向善，微聚大爱”大型学雷锋志愿服务、第二届“扶贫助学,大爱渌口”全民毅行等活动，博爱义工联牵头建立环卫工驿站,常态化开展社区志愿服务集中行动,志愿服务组织品牌影响力不断扩大。积极推进“乡村学校少年宫”建设,努力把“乡村学校少年宫”办成资源共享、百姓满意、家长放心、孩子喜欢的青少年活动阵地,已建成乡村学校少年宫16所。广泛开展“株洲新时代美德少年”评选,向上推荐2018届“株洲新时代美德少年”7名、新时代好少年1名。

完善服务体系，文化活动不断丰富。加强图书馆、文化馆标准化建设，完善8个镇综合文化站和139个村(社区)文化家园配套设施,强力推进“一站多协会”常态化管理,建好管好用好农家书屋、乡镇文化站、农村广播等农村文化阵地,提高文化服务水平。大力弘扬红色文化、民俗文化、节会文化、乡土文化、农耕文化,组织“欢乐潇湘·幸福渌湘”“拥抱新时代·福满新渌湘” 元宵喜乐会、“文化月月乐、体育月月赛”“唱红歌·颂党恩”合唱比赛、首届“愉跃农门乡风文明杯”农民趣味运动会、“渌湘画家画渌湘”等文体活动,成功承办省首届“健康湖南”全民运动会钓鱼总决赛,主动对接群众文化需求,让更多群众参与其中。加大非物质文化遗产的传承保护力度,保护传统技艺,培养文化传承人。做好《株洲县地域文化》的宣传推介,不断扩大区域文化的影响力。

(文 鹤)

统战工作

【概况】 2018年,区委统战部在统战工作中以“服务中心、助推发展”为任务,牢牢把握“大团结、大合作”主旨,推动统战工作实现“强基础、优服务”,获评株洲市统战信息工作先进单位。

凝聚共识。组织统战成员开展“深入

学习贯彻中共十九大精神”主题活动,中共十九大报告精神学习宣讲会、中共十九大知识微信竞答赛、“学报告 争先进”微讨论、微演说、微奉献等主题活动,举办全区统一战线学习贯彻中共十九大精神专题研讨班,开展2次统一战线联谊交友活动。

凝聚力量。落实各级党政领导干部和有关部门与党外代表人士联谊交友、对口联系、谈心谈话、担任特约人员等制度。鼓励和推进各民主党派、党外代表人士深入开展调研,积极建言献策,召开向党外人士征求对区委全会、区人大会议政府报告意见建议专题会议、党外人士走进纪委暨党风廉政建设和反腐败工作情况通报会、湘江保护与治理情况通报会。区工商联、九三学社渌口支社撰写调研报告2篇,民进渌口区支部开展“文化惠民·春联万家”活动,民盟渌口区总支获评2018年思想宣传工作和民盟之家两项全国性表彰。区党外知识分子联谊会完成换届选举。

“同心”创建。充分运用统一战线资源,充分发挥基层统战工作承上启下、联系广泛、人才荟萃、广交朋友的优势和特点,培育打造一批统战特色明显、示范性强、可持续发展的“同心工程”。朱亭镇浦湾村被评为市级“同心美丽乡村”,湘台农业合作示范基地被评为市级“同心项目”。

完善宗教事务管理。进一步完善区、镇、村三级宗教工作网络,先后召开了全区宗教工作会议和宗教工作扩大会议,按照“一点一策”工作要求,对宗教活动场所进行管理。牵头联合政法、公安、龙潭镇、朱亭镇等部门,对“6·6”凤凰山法会依法进行安全保卫工作。

落实对港澳台工作。春节前向县籍台胞寄发慰问信、贺年卡55张。协助回乡定居台胞刘开鑫创立的心德教育奖学会举办颁奖活动,年内为成绩优秀的区籍中、小学生颁发“心德”奖学金2万余元。宣传落实对台政策,利用各种渠道宣传对台政策31条,协助台湾居民办理居住证。多途径对接台商,先后对接武汉台商协会、康师傅饮品投资(中国)有限公司、台湾晟模实业有限公司等台企到区考察。

加强党外人士管理。加强党外干部管理工作机制,规范党外干部日常管理。做好党外人士的实职安排和政治安排,做好政协株洲县第九届委员会常委和委员的调整工作。1名党外干部提拔为区检察院副检察长,政府工作部门党外2名正职和区法院、检察院党外副职全部配备到位。

助推非公经济发展。以“产业项目建设年”活动为抓手,推动构建“亲”“清”政商关系。开展了非公领域的调研工作,指导推动非公企业和非公经济代表人士的“两个健康”发展。开展1次银企交流座谈会,探索推动建立渌口区民营企业家协会。持续开展“迎老乡、回故乡、建家乡”“金秋助学”活动,广东省湖南株洲县商会企业家为高考贫困学子捐资16万元。召开了民营企业座谈会,加强政策指引和服务对接。

【广东省湖南株洲县商会成立】 1月,广东省湖南株洲县商会在广州正式成立。广东省湖南株洲县商会是由在广东从事经商、投资创业的区籍企业家自发组成的行业自律组织，是具有法人地位的社会团体。广东省湖南株洲县商会有会员企业100余家，遍布广东省内各个县市区，涉足房地产、金融投资、文化教育、工业制造、建筑建材、汽车、医疗保健、商贸物流、纺织服装、咨询服务、农业开发等多个行业。

【株洲县新的社会阶层人士联谊会成立】 1月29日，株洲县新的社会阶层人士联谊会召开成立大会。大会表决通过了县新联会的章程，选举产生了第一届理事会成员，株洲钻石国际旅行社总经理孙坚当选为会长。县新联会作为一个互助互惠的组织，广泛吸纳了全县有广泛社会影响力和一定知名度的新的社会阶层代表人士。首届县新联会将不断壮大人才队伍、丰富活动载体、积极发挥作用，为打造"一区三中心"、实现"四个一体化"贡献力量。

【举办统一战线学习贯彻中共十九大精神专题研讨班】 5月24—25日，株洲县统一战线学习贯彻中共十九大精神专题研讨班在县委党校开班，67名学员参观了县第一人民医院、南洲镇大观村等党建示范点，在杨得志将军故居进行现场访谈授课，听取湖南省社会主义学院院长、民进湖南省委副主委雷鸣强作的《做同心有为的党外代表人士》的专题讲座。

【举办统一战线"同心杯"羽毛球混合团体赛】 9月14日，株洲县统一战线"同心杯"羽毛球团体赛开赛，来自各民主党派、工商联、新联会和知联会等8支队伍共计60余人参加角逐，充分展示了全县统一战线强大的战斗力和凝聚力。（刘 玉）

党校教育工作

【概况】 2018年，渌口区委党校完成主体班培训16期，培训学员1638人次，6名专兼职教师对外宣讲习近平新时代中国特色社会主义思想和中共十九大精神36场次，圆满完成全年教学计划和对外宣讲任务。获评株洲市党校、行政学院系统"科研工作先进单位"称号。

教学方式改革在提速。初步建构以研究式教学为主的教学方法体系，情景式、案例式、结构研讨式、访谈式、体验式、菜单式等教学方式得到普遍应用。课堂教学效果不断提升，教学测评满意率在95分以上。教学内容针对性在增强。一是针对区域区情设置教学内容。开展需求调研，做到结合党和国家工作大局、学员需求和干部成长规律"四个结合"。创新教学内容，将培训重点从知识和理论灌输转到认识、分析、解决问题能力提高上，区域区情、工作实务、能力提升课程占总课时量40%以上。二是加大了外请力度，专家教授、区级领导、科局长授课比重达63%。三是实行开放办学，组织了3场异地教学，做到安全、有序、严格、高效。教师整体素质在提升。向高校、上级党校送培教师20人次，教学课题更新率在80%以上。组织开展备课、讲课、优课比赛和评选，促进教师素质的提高。安排10位专兼职教师到区直部门、乡镇、社区跟班学习,提升理论联系实际的能力。

科研水平不断提升。围绕区委、区政府重大决策开展调研,安排教师参与区委大调研课题2项,区政协课题2项,区委组织部课题1项,在省级刊物《新闻信息》发表文章1篇,在区委《工作调研》刊物上发表2篇,上交省市党校系统理论研讨会论文10篇,6篇文章分获省市一、二、三等奖。壮大了科研队伍。广泛聘请科研人才为我所用,建立教师与区委政府及相关部门研究人员的科研协作机制,参与多项区情区策研究,有3项课题被区委、区政府评为优秀区情调研文章。拓宽了科研职能。在履行好党校自身的科研职能外,还拓宽了党校科研人员的科研指导培训职能,1个月以上的班次均开设调研专题辅导课,组织区域区情专题调研活动,在调研的各个环节进行全程指导,增加科研工作合力。指导学员完成调研论文27篇,部分优秀论文已推荐到区委《工作调研》及省级有关刊物发表。促进成果转化。一是转化为教学课题。有6篇调研论文已转化为教学材料和精品课程,优秀论文转化为教学课题的转化率达80%。二是转化为咨政设谋。向区委提交的区内人才调研报告被区委主要领导批示,为区委制定完善人才政策提供决策依据。向区政协提交了2篇提案引起领导重视,已交由有关部门办理。

从严治校不断强化。牢记守土有责,坚持"党校姓党",从严治校、从严执纪,把党校课堂变成最讲政治纪律、最守政治规矩的地方。落实主业主课从严。始终把党性锻炼和理论教育放在首位,党性教育和理论教育占到总课时的70%;一个月以上的主体班都设立临时党支部,开展一周一次的党日活动,学员都进行了党性分析。学员管理始终从严。建立全过程、多层级、公开透明的学员管理模式。全过程即开学到结业,入学教育、学员承诺、请假制度等均由组织部与党校进行双重管理;多层级即学员科、班主任、组织部跟班人员、纪检明察暗访、班委支部自主管理等;公开透明即考试考核结果、学习情况向区委组织部与送培单位反馈,通过这些措施,学员到课率达93%以上。教师作风建设从严。一是把讲党性、讲政治作为师德建设重要内容。二是通过完善制度、加强监督等措施,加强教职工的作风建设。把"爱党、崇学、敬业、师表"作为教师的价值选择,"吐辞为经,举足为法",用学术讲政治,"党校姓党,不能乱讲",新课必须试讲,接受外请授课必须备案和内容送审;教职工作风建设常抓不懈。 (粮艳斌)

信访工作

【概况】 2018年,渌口区受理网上流转件437件,其中网上投诉件269件。受理中央巡视组交办件13件,办结13件。没有因信访问题引发大规模聚集上访,没有发生极端恶性事件和负面炒作,信访形势总体平稳可控。获评全国"两会"特护期信访维稳工作先进单位,上半年创"三无"工作全市第三名。

维护社会稳定。坚持把抓好重要时期和重大会议、重大活动期间的信访维稳劝返工作作为重要责任使命,极力维护渌口区良好形象。尤其是全国“两会”特护期,“中非合作论坛”特护期,退役军人事务部挂牌期间,任务重、要求高、压力大、时间长。为此,区信访局与区维稳办坚持在“超前谋划、摸排交办、源头疏导、沿途接访、驻京查找、集中调度”等工作环节上下功夫,将大量的问题解决在当地,将大量的人员吸附在当地,圆满完成了信访工作任务。

办结巡视组交办件。中央及省委巡视组巡视期间,共向渌口区交办信访件105件(不含纪委口交办)。对中央、省委巡视组交办的案件,区委及时明确区级包案领导及办理责任单位,通过交办、督办、协调、回访等多途径、多方式,确保责任分解和办理程序落实到位,中央、省委巡视组交办的群众身边信访问题得到及时受理办理,信访件均已办结,办结率100%,做到事事有回音、件件有结果,群众满意度得到提升。

健全信访工作体系。深入开展信访工作“法治建设年”活动,一方面积极依法规范信访工作,坚持依法按政策化解信访问题。另一方面,依法维护信访秩序,引导群众依法理性维权,努力实现各级各部门依法履职,广大人民群众依法信访的共建共享共治社会氛围。开展信访法治宣传月活动2次,通过设置展板、发放宣传资料、现场解答信访诉求等方式,对宪法、信访条例、新出台的监察法等进行全面的宣传。

全面推进“三无”镇(单位)、“三无”村的创建活动。为助推活动的开展,提前谋划,制定了切实可行的工作方案,报请区委常委会会议审议通过,方案明确“三无”单位创建活动的工作要求,设定工作目标,制定激励措施。创建活动开展以来,各单位信访工作热情得到进一步提升,信访件办理水平明显提高。通过“三无”创建活动的开展,使一批信访遗留问题得到解决,减少信访积案存量,控制增量。

推动信访工作“四大攻坚”。以习近平总书记提出的“三个到位”(诉求合理的解决到位、诉求无理的思想教育到位、生活困难的帮扶救助到位)为根本标准,全力打好信访“重点领域、重点群体、重点问题、重点人员”等四大攻坚战。进一步畅通网上信访等信访渠道、落实基础工作,利用业务优势及时受理和解决群众合理诉求,维护群众合法权益。收到涉及“四大攻坚”方面的案件6件。其中国家局2件、省局2件、市局2件,均已办结。区本级排查“四大攻坚”方面的7件案件已全部办结。

构建领导责任体系。“信访工作是老大难,但是老大出面就不难”。区委、人大、政府、政协等主要领导都高度重视信访工作,领导们以上率下,形成了全区上下一把手负总责、党政领导一岗双责的责任体系。区委常委会会议、区人大常委会会议、区政府常务会议、区长办公会议专题听取信访工作汇报,对信访工作进行安排部署,出台了一系列新机制新办法。区、镇两级坚持和运行信访工作联席会议制度,各级各部门严格落实领导接访、领导包案等工作制度,充分履行信访工作主体责任。

构建督查考核体系。对信访工作既抓追责问责,又给予奖励激励。出台《株洲县"三无"单位创建活动方案》等新机制新办法,对重点事项办理工作开展专项督查,对工作成效明显的单位及个人给予奖励,对工作失职、工作不力的进行问责,树立从严治理的鲜明导向,确保工作常抓常管。 (罗 华)

老干部工作

【概况】 2018年,渌口区共有离休干部39人。其中行政单位20人,事业单位9人,企业10人;县级5人,科级34人。县级退休老干部45人,其中曾担任正处领导职务6人,正处非领导职务7人,副处实职15人,享受副处级待遇17人,机构改革中批准享受副处级非领导职务医疗待遇41人。

抓基层党建,提升基层组织力。制定《工委成员联系离退休党支部制度》《支部班子成员联系党员制度》《在职党员联系退休党员制度》。投入60万元对离退休支部进行规范化建设,着力为老干部学习和开展党建活动创造良好便利的条件,助推离退休干部党建阵地建设提档升级。在离退休党支部中开展"支部五化"创建工作,"七一"对10个先进离退休党组织、15名优秀党务工作者、7名党员先锋、46名优秀党员进行表彰,离退休干部党组织建设得到进一步加强和优化。离退休党员干部在政治站位、党性修养和党员素质方面实现了全面提升。

抓管理创新,健全工作机制。一是建立网格化管理机制。对基层离退休干部党组织及党员(包括流动党员)的基本情况、基本制度、基本队伍开展调查摸底登记,建立离退休干部党组织基本情况信息库,实行网格化管理。二是建立考核评议机制。规范双述双评机制和工作季度评比机制,离退休党支部书记既向所在支部的全体党员进行述职评议,还需向党工委进行述职评议。党工委对离退休支部工作分季度安排部署,每季度进行督查评比,对工作任务全程跟踪问效,坚持一抓到底,发现问题及时督促整改,将季度评比结果纳入年终考核范畴。三是建立分类管理机制。根据离退休党员干部特点,实行分类管理。对身体健康、居住在支部所在地的党员进行规范管理,对居住地不在支部所在地的党员进行灵活管理,对年迈体弱的党员进行特殊管理。四是建立经费保障机制。积极争取区委重视、区政府支持,将离退休干部党建工作经费列入财政预算;将离退休党组织负责人工作补贴和离退休干部党组织工作经费按湘办发〔2017〕32号文件要求列入财政预算。

抓平台建设,发挥优势作用。搭建关爱平台,在青少年培养教育中发挥作用。充分发挥"五老"作用,突出抓好对青少年的培育和践行社会主义核心价值观教育。开展"爱学习、爱劳动、爱祖国"主题教育活动、"五小公民"道德教育活动和法制宣传教育活动。投入30多万元建设党史国史教育基地,开设"四点半"课堂,在渌口镇松西子社区进行党史国史教育基地建设，新建渌湘人物展览馆和宣传走廊；在老干局一楼和伏波社区设立“四点半”课堂。搭建活动平台，在丰富老年文化生活中发挥作用。根据老年人的要求和爱好，老年大学开设声乐班、乐器班、书法班、太极拳班、舞蹈班，350余人参加学习，聘请专业老师进行授课。为提高教学质量，投入3万余元添置钢琴等教学器材。积极协调区教育局、文体广新和旅游局，探索实施“老教文共管”格局，创建省级示范老年大学。搭建互动平台，在引导老干部服务社会中发挥作用。开展“我为乡村振兴助力添彩”暨离退休党员进社区活动，近600名离退休党员到社区报到，参与志愿活动。举办“唱红歌·颂党恩”离退休干部合唱比赛，各镇、各系统11支队伍近400名离退休干部参加。开展“纪念改革开放40周年”主题活动，引导离退休党员以摄影、书画、诗歌等形式宣传渌口区经济社会发展变化，收到征文30余篇。支持夕阳红诗联协会、老年书画协会开展“欢乐潇湘”书画作品展。支持老年大学开展送文下乡活动，展示教学成果。组织老干部、老专家到村开展“我为乡村振兴助力添彩”活动。支持老年科协创建4个“百岁健康”村示范点建设和1个科技示范基地建设，举办技术培训，发放技术资料，开展技术咨询，解决技术难题，全力服务“三农”。联合社区共建党员之家，开展志愿者服务。组织开展“金秋助学”活动，近500余名离退休党员自愿捐资4.8万元，为贫困学生排忧解难。

抓后勤服务，做好精准服务。针对老干部工作发展不平衡、不充分的问题，开展“抓重点、补短板、强弱项”专题调研，出台《离休干部医药费报销规范管理意见》。春节和重阳节，受区委、区政府委托对离休老干部进行走访慰问，协调各单位开展老干部慰问工作。共计慰问离休干部、县处级以上退休干部和老干部遗孀300多人次，发放慰问品和慰问金共计60万元。坚持把探望、慰问住院老干部纳入重要工作日程，探望生病住院老干部达52人次。开展“访民情解民忧暖民心，离退休干部大走访”活动，加大困难帮扶力度，帮助有特殊困难的离退休干部解决实际困难，参照《株洲县特困老干部帮扶资金管理使用实施办法》，利用老干部特困帮扶基金，对多名老干部及遗孀实施特殊困难帮扶2万多元。（吴　坤）

机构编制

【概况】 2018年，渌口区委机构编制委员会办公室继续深化机构改革，加快政府职能转变，严格控编减编和优化机构编制资源配置，为区域经济社会发展提供体制机制保障。

推进党政群机构改革。区委编办积极开展调研，做好预案，扎实推进机构改革工作。一是摸清三个情况：按照中央和省、市委编办的工作部署，全面落实机构改革任务，摸清政府工作部门、承担行政职能事业单位、执法事业单位的职责情况。分门别类列出清单，理清问题，建立数据库为改革做好准备。二是抓好三个结合：与

“放管服”改革相结合。党政群机构改革在转职能、转方式、转作风,提效能的同时,结合权力清单,进一步明确界定部门职责,明确权力边界。完善权责清单,将三定方案与权力清单相结合,与事业单位改革相结合。进一步梳理承担行政职能的事业单位,研究承担行政职能的事业单位改革方案,结合机构改革,根据部门职责变化,调整事业单位隶属关系,对公益职能进行优化整合,与问题整改相结合。梳理解决历史遗留问题,推动整合同一领域或相近领域执法队伍,减少执法队伍种类,合理配置执法力量。三是制定三个预案:制定机构改革预案,坚持党的集中统一领导,注重机构改革的协调推进,厘清各类机构定位,明确主体责任,建立机构改革预案;制定事业单位改革预案,分别制定承担行政职能事业单位改革预案和其他事业单位改革预案;制定问题化解预案,结合机构编制问题台账,分门别类地列出清单、提出举措,建立问题整改预案。按照省市要求进度拟定《渌口区机构改革方案》初稿,报送市深化机构改革领导小组审核。

完善放管服改革。取消行政审批事项7项。株洲县“互联网+政务服务”于7月正式上线运行,平台趋于正常运转状态,采用“一号申请、一窗受理、一网通办”模式,实现政务服务系统自动流转、后台高效处理、部门联动办结、流程全程监控,根据事项分类延伸到各镇、村,各区直单位。共梳理出群众和企业到政府办理事项1060项,已公布“最多跑一次”事项930项,占事项总数的87.7%,提前超额完成市里要求的80%目标任务。实现“一次办”事项893项,占84.2%;“马上办”事项446项,占42%;“网上办”事项429项,占40%;“就近办”事项155项,占15%。下放到镇办理的有155项,在村(社区)办理的有46项。房地产项目开工前审批周期由原来的近200天缩短为100天左右,年内审批的美的梧桐庄园项目从立项至施工许可证核发实际用时62天(含节假日),怡景山庄二期项目实际用时105天(含节假日),工业项目开工前审批缩短至50天左右。对政府投资项目审批、企业投资项目核准办结时限由20个法定工作日分别压缩到10个和13个工作日,企业投资项目备案办结时限由10个法定工作日压缩到5个工作日,项目审批提速50%以上。

优化事业单位改革。以两办名义印发《株洲县从事生产经营活动事业单位改革工作方案》,对从事生产经营活动事业单位改革工作进行全面指导。由区委、区政府督查室牵头,对改革所涉及的主体责任单位和领导小组成员单位的工作进度进行专项督查,确保改革任务落实到位。在本轮机构改革中,进一步梳理承担行政职能的事业单位,研究拟定承担行政职能的事业单位改革方案,调整部分事业单位隶属关系,进行优化整合。

整合监察体制改革。印发《关于调整中共株洲县纪律检查委员会 株洲县人民检察院编制的通知》《关于株洲县监察体制改革有关机构编制事项的通知》,在监察体制改革中调整行政编制

12 名，重新核定领导职数，配合做好人员转隶工作。

创新机构编制管理。区委编办严守机构编制红线，创新机构编制管理，获市委编办高度肯定。市委编办专程到渌口区进行调研，将渌口区经验在全市进行宣传推广。一是严格控制机构编制总量。以 2012 年机构、编制、财政供养人员统计数据为基数，按照中央关于“机构、编制、财政供养人员只减不增”的原则，严格按照机构编制基数控制，严把机关事业单位人员入口关。除政策性安置和有计划的公开招考外，没有新增其他财政供养人员，确需设立的机构，采取撤一建一，保持总量只减不增。二是严格规范机构编制台账管理。建立编制总量历史沿革和建立编制分类控制台账，完善机构和人员编制电子台账，包括在编人员台账、人员异动历史台账、单位机构编制台账，预留编制台账。完善电子数据统计台账，在总表的基础上，分类建立各种套表，满足日常控编需求。台账管理实行台账零容错制度，通过即时出入编、动态调整、定期对账三项措施，保证人员台账和统计台账精准无误。三是创新编制分类、分层及超编预警制度。在分类管理上将各类编制分为固定编制、周转编制、集中管理编制三类进行管理。单位固定编制至少要保证在最低控制基数内，各单位超过控制基数的空编数都纳入集中管理编制序列，进行统筹调剂。在分层管理上科学统筹科级领导用编和一般干部用编，将领导用编、副科以上层次管理人员用编、一般干部用编分层管理。领导职数和非领导职数用编必须专用，不得用于一般干部使用。副科以上领导干部调整和一般干部调整的，提前向区委领导和区委组织部进行超编预警报告。区委编办在每月底或一般干部和领导干部调配方案制定前，将各单位编制使用情况和编制控制情况提供给区委领导和组织、人社部门，实现编制消超提前预警，化被动为主动。

完成事业单位登记和域名管理。党政群机关和事业单位注册中文域名 308 家，完成率达 124%。社会信用代码赋码工作完成率 100%。事业单位法人登记 233 家，10 家进行了变更登记，12 家达不到设立要求的单位进行了注销手续。应提交年度报告单位 154 家，已有 151 家完成提交，提交率 98%。

【撤县设区有关机构编制工作】 区委编办根据市委、市政府《关于撤销株洲县设立株洲市渌口区的通知》精神，筹备做好撤县设区有关机构编制工作。一是积极比对区、县机构及编制配置情况。将天元区和荷塘区与渌口区现有机构编制职能情况进行比较，对可能造成的变化进行摸底，形成汇报材料。二是积极与省、市委编办沟通衔接，做好撤县设区、机构改革基础工作和衔接工作，争取机构限额按照县级设置，享受“一改三不改”政策。三是协助区委办做好撤县设区机构名称、印章、牌匾更换的前期摸底和测算工作。四是积极与市委办、市委编办对接，协助做好出台撤县设区机构编制文件。　（谭　孟）

株洲市渌口区人民代表大会常务委员会

【概况】 2018年,渌口区人大常委会认真履行宪法和法律赋予的职责,先后召开常委会会议8次,主任会议12次,听取和审议专项工作报告37项,作出决议决定8项,发出常委会会议、主任会议审议意见10份,为推进全区经济社会又好又快发展发挥了积极作用。

坚决贯彻十九大精神,政治定力更加牢固。坚持党的领导,不断强化人大的政治属性。向区委报告工作28次,请示重大事项9项。常委会党组成员带头讲党课,举办专题讲座,参加机关支部主题党日活动。机关离退休干部党支部先后被授予全市和全省"示范离退休干部党支部"称号。坚持人民立场,不断强化人大的人民属性。促进抓好土坯房整治、农业产业化等工作。对区教育局、食药工商质监局、国资中心、城管局、水利局五个单位开展专项工作评议,均获评满意单位。坚持依法履职,不断强化人大的法治属性。依法作出《关于株洲县撤县设区有关问题的决定》、"十三五"规划纲要部分指标调整、财政决算和预算调整等决议决定14项。审议人事任免事项31人次。

坚决落实区委重大决策,履职实效更加明显。合力打好"三大战役"。多次听取并审议政府性债务管理情况汇报,发布《致全县各级人大代表的环保倡议书》,组织代表到8个镇、77个村开展环保专项督查,开展脱贫攻坚工作效果良好。全力支持"项目建设"。听取并审议贯彻落实《中华人民共和国促进科技成果转化法》情况汇报,推动完善科技成果转化服务体系,推进项目和企业高质量发展。视察并审议园区基础设施和产业项目推进情况,听取并审议重点项目建设情况,帮助企业解决问题和困难,调度项目顺利推进。助力推进"乡村振兴"。听取并审议农业产业化、涉农资金整合等情况汇报,组织代表赴浏阳市永安镇、官渡镇参观考察,到龙船镇堂市村视察调研。

推动执行上级人大要求,各项基础更加扎实。高效率完成规定动作。开展"双联"工作,常委会组成人员年内联系基层区人大代表362人次。对183名人大代表进行培训,组织部分驻区市人大代表赴青岛参加履职培训。对代表建议实施会议交办和联合督办,对建议承办大户开展集中督办,一批建议得到有效落实。高标准完成重点动作。推动打造南洲镇横江村和朱亭镇浦湾村两个村庄规划建设管理示范点。组织开展《渌江保护条例》《株洲市工业遗产保护条例》立法调研工作。高质量完成自选动作。继续推行人大审议事项"四个一"工作法,对9个课题进行立项调研。撰写调研文章22篇,其中《发展完善人民代表大会制度的株洲县实践》获全省人大理论研讨会一等奖。制定《镇人大工作讲评方案(试行)》,区镇人大工作实现良性互动发展。

推动借鉴兄弟县市经验,自身建设更加完善。建立"民生实事票决制"。借鉴浙江省江山市、常山县等地做法,在向区委多次汇报、与区政府有效沟通的基础上,形成《民生实事项目实行人大代表票决制工作方案(试行)》。成立"专业代表小组"。制定《专业代表小组组建方案(试行)》,组建5个专业代表小组,就"平安渌湘"建设、"十三五"规划纲要实施中期评估、乡村振兴和美丽乡村建设、学校调整布局等特色专题开展视察调研。完善"人大代表联系人民群众工作室"。组织各镇人大主席到浏阳市学习建立"人大代表联系人民群众工作室"的先进经验。对全区镇、村两级共24个工作室的建设及运行情况开展督查,畅通人大代表与人民群众的联系渠道。

财政监督。听取和审议2017年县级财政决算草案和2018年预算执行情况的报告,审查批准2017年财政决算和2018年预算调整方案。听取县"十三五"规划纲要实施中期评估及部分指标调整情况的汇报,审查批准县"十三五"规划纲要调整方案。听取并审议2017年度县本级预算执行和其他财政收支审计提出问题整改情况报告,18个被审计单位向县人大常委会报告审计整改情况,推动审计查出问题整改到位。审议批准渌湘大道西部片区(一期)城中村项目政府购买服务费纳入县财政预算、2018年伏波片区棚户区改造项目政府购买服务费用纳入县财政年度预算等议案。深入发改、财政、经科和经济开发区等部门进行调研,县人大常委会听取2018年上半年株洲县经济运行情况报告、涉农资金整合情况汇报,主任会议听取国有资产管理情况汇报。

法律监督。听取并审议《中华人民共和国促进科技成果转化法》《株洲市农村村庄规划建设管理条例》《中华人民共和国人民调解法》贯彻实施情况汇报,开展《株洲市农村村庄规划建设管理条例》《中华人民共和国水污染防治法》等执法检查,确保法律法规有效落实。跟踪督办审议意见落实情况,对2017年县人大常委会会议和主任会议审议议题整改落实情况全面开展"回头看",对各项审议意见进行跟踪督办。组织人大代表55人次参加执行攻坚座谈、听审法院执行庭审案件。对16件规范性文件备案审查。

专项评议工作。坚持问题导向,对县

教育局、食药工商质监局、国资中心、城管局、水利局等五个单位开展专项工作评议。印发《2018年度专项工作评议实施方案》,召开专项工作评议动员大会,对工作进行部署安排。由县人大常委会副主任带队、委办主任任组长的评议调查组,深入各镇、有关单位,以及各级人大代表和基层群众中进行调查,共收到4213份群众意见表,提炼意见141条。评议调查组将评议着力点放在帮助被评议单位查摆问题、转变作风、推进工作、加快发展上,发挥关心支持与监督促进的双重作用。通过专项工作评议整改,93条意见得到解决落实,问题解决率为65.9%,五个被评议单位均获评满意单位。

代表建议办理。出台《关于县十二届人大三次会议代表建议、批评和意见的交办、督办意见》,并向县政府和有关部门交办。督促县政府召开交办工作会议,落实具体办理单位和办理时间。会同县政府督查室,深入承办单位了解建议办理工作情况,督促有关部门加快建议办理进度。由县人大常委会主任带队,对县水利局、公路局、交通局、教育局、住建局等建议承办大户开展集中督办,督办解决有关问题,一批建议得到有效落实。

【县十二届人大常委会第三次会议】 1月11—13日,株洲县第十二届人民代表大会第三次会议在县城召开。会议听取和审查县人民政府工作报告、县人大常委会工作报告、县人民法院工作报告、县人民检察院工作报告;审查、批准株洲县2017年国民经济和社会发展计划执行情况的报告及2018年国民经济和社会发展计划,审查、批准株洲县2017年财政预算执行情况的报告和2018年县本级财政预算;审查、批准株洲县2017年环境状况和环境保护目标完成情况以及2018年环境保护目标的报告;选举谭伟生为株洲县监察委员会主任;补选文伟明、叫秋平、章程为株洲县第十二届人民代表大会常务委员会委员;通过叫秋平为株洲县第十二届人民代表大会财政经济委员会主任委员的任命。

【县十二届人大常委会第九次会议】 1月13日,县十二届人大常委会第九次会议举行,审议通过《株洲县人民代表大会常务委员会关于株洲县监察委员会副主任、委员任免和宪法宣誓程序的决定》;通过有关人事事项;通过有关政府购买服务事项;听取代表有关情况说明。

【县十二届人大常委会第十次会议】 3月20日,县十二届人大常委会第十次会议举行,听取县交通运输局局长报告工作;传达市委和市人大常委会加强和改进代表工作"1+4"文件精神;审议通过《株洲县人大常委会2018年工作要点》《株洲县人大常委会2018年双联工作方案》《专业代表小组组建方案(试行)》;审议通过县十二届人大三次会议代表建议、批评和意见的交办、督办意见,集中交办县十二届人大三次会议期间代表建议;通过有关人事事项。

【县十二届人大常委会第十一次会议】 5月

24 日，县十二届人大常委会第十一次会议举行，听取县信访局局长报告工作；听取和审议城乡社会治安视频监控系统建设工作情况汇报；听取和审议《株洲市农村村庄规划建设管理条例》实施情况汇报；视察并审议园区基础设施和产业项目推进情况；听取市十五届人大代表报告履职情况；通过县人大常委会委员辞职事项。

【县十二届人大常委会第十二次会议】 7 月 30 日，县十二届人大常委会第十二次会议举行，听取县畜牧局局长报告工作；听取并审议 2017 年度县级财政决算情况汇报以及 2018 年 1—6 月财政预算执行情况报告，审查批准 2017 年财政决算；听取并审议审计关于 2017 年度县本级财政预算执行情况的报告；听取并审议县“十三五”规划纲要实施情况中期评估工作的报告；听取并审议上年度审议意见书办理情况汇报；听取 2018 年上半年株洲县经济运行情况报告和县人民法院、县人民检察院上半年工作报告；通过有关人事事项。

【县十二届人大常委会第十三次会议】 9 月 21 日，县十二届人大常委会第十三次会议举行，听取县科协主席报告工作；听取并审议株洲县城市总体规划 2016—2018 年执行情况汇报；听取并审议株洲县农业产业化发展情况汇报；听取并审议审计查出问题整改情况汇报； 听取并审议株洲县贯彻落实《中华人民共和国促进科技成果转化法》落实情况汇报；审议通过《致全县各级人大代表的环保倡议书》。

【县十二届人大常委会第十四次会议】 11 月 21 日，县十二届人大常委会第十四次会议举行，听取县房产局局长报告工作；听取并审议 2018 年 1—10 月财政预算执行情况及预算调整情况的报告，审查批准预算调整方案；听取并审议县“一府两院”关于办理县十二届人大三次会议代表建议、批评和意见情况汇报；审议通过《株洲县民生实事项目实行人大代表票决制工作方案》《关于株洲县人民法院、株洲县人民检察院第二批入额法官检察官职务报备的决定》；听取县政府统筹整合使用财政涉农资金工作情况汇报；通过有关人事事项。

【县十二届人大常委会第十五次会议】 12 月 14 日，县十二届人大常委会第十五次会议举行，审议通过《关于株洲县撤县设区有关问题的决定》。

【区一届人大常委会第一次会议】 12 月 28 日，区一届人大常委会第一次会议举行，通过有关人事事项；通过区人大代表辞职和补选事项；区委书记罗绍昀到会并讲话。 （邓日红）

株洲市渌口区人民政府

【概况】 2018年是渌口区发展史上具有标志性意义的一年,株洲县顺利实现撤县设区,35万人民的城市梦想终成现实。全县上下聚精会神抓发展、持之以恒强基础、全力以赴促和谐,圆满完成县十二届人大三次会议确定的各项目标任务。完成地区生产总值增长7.9%,固定资产投资增长8.1%,社会消费品零售总额增长10.1%。完成一般公共预算收入13.2亿元,其中税收11亿元,税比83.3%,较上年同期提高17.3个百分点。城镇居民人均可支配收入34039元,增长7.9%;农民人均可支配收入18825元,增长8.4%。经济社会保持健康快速发展势头,区域综合竞争实力逐步增强,为新一轮发展打下坚实基础。

狠抓"三大攻坚战",高质量发展行稳致远。打好防范化解重大风险攻坚战。摸清政府性债务底子,厘清平台公司资产负债情况以及偿还能力,理顺区财政与平台公司之间债权债务关系。出台政府隐性债务化解方案,在保工资、保运转、保基本民生的前提下,超额完成年度化债目标,债务风险由二类债务警示区调降为三类债务提示区。打好精准脱贫攻坚战。坚持精准扶贫精准脱贫基本方略,实行因类施策、精准施策、一户多策,推动扶贫项目落地,促进贫困户增收脱贫,实现减贫877户2695人,贫困发生率降至0.59%。开展"脱贫立志、星级创建"活动,对贫困户实施精细化管理和差异化扶持,有效激发贫困群众脱贫致富内生动力,得到省市肯定。打好污染防治攻坚战。全面落实中央环保督察交办任务,所有问题全部整改并销号。开展大气污染综合治理专项行动,空气质量稳步提升。严格落实"河长制",实现河道管理全覆盖。实施城区污水处理提质改造,建成南洲水质净化中心,开工建设龙潭、龙门和龙船镇污水处理厂。在全省率先完成黑臭水体整治。完成朱亭镇文昌组土壤砷污染治理,建成"病死畜禽无害化处理收集转运中心"。

壮大"三次产业",经济竞争力稳步提升。新型工业企稳回升。规模工业增加值增长7%,高新技术产业增加值增长37.5%。轨道交通、合金材料等重点行业强势回暖,产值分别增长50%、52.2%。园区技工贸总收入达64亿元,增长20%,在全市B类园区年度考核中获一等奖。第三产业加快发展。新增14家批发零售、仓储物流、商务服务“四上”企业，引进培育3家电商企业，销售额突破2000万元。房地产建销两旺，新引建美的梧桐、磐石大院、都会中心等项目，助推房地产开发向规模化、特色化和高品质发展。旅游取得新进展，紫涵湖温泉度假区、青龙湾田园旅游新区、花冲航空滑翔基地等景点建设加快推进，成功举办荷花旅游节、葡萄文化旅游节。现代农业提质增效。农业产业增加值增长3.9%。深入推动乡村振兴战略，培育4个农业特色产业集聚镇，加快建设朱亭现代农业产业园，成功申报湘渌宏畅蔬菜产业园为省级现代农业示范园区。

力推“三十项目”，区域新动能蓄势待发。项目引进更优。引进项目92个，实际到位资金42.8亿元。新签约重大项目14个，其中亿元以上项目12个，过10亿元的项目4个，高端PI膜、美的地产项目过30亿元。年内履约项目11个，已开工建设8个，项目履约率达70%。项目进度更快。区级重点项目开工率、竣工率均达100%。株冶锌基、亿杰科技、湘火炬汽车零部件产业园、环保装备产业园等产业项目开工建设，芳纶纤维、兆源电磁、大川电子等项目竣工投产。黄金东路、桑园北路等城市道路延伸工程全面启动，二线船闸建成通航，渌水二桥主跨合龙，东城大道机场大道段已完成路基建设，达到通车条件。如期完成民生实事项目70个，群众生产生活条件进一步改善。项目保障更实。制定《重点项目指挥部管理试行办法》，以“五大行动”为抓手，以要素保障为核心，强力推动项目建设。

深化“三类改革”，支柱性任务落地生根。行政审批改革加快推进。持续深化“放管服”改革，对行政审批事项、公共服务事项进行重新梳理和流程再造，共梳理事项1060项，含“最多跑一次”事项930项，实现办理时限普遍提速50%以上，与群众密切相关办件量大的事项提速达80%。全国基层政务公开标准化规范化试点通过国检验收。财政管理改革稳步推进。出台《部门预算追加管理办法》，建立审批规范、流程清晰、决策科学的部门支出预算追加审批制度。规范项目投资管理，修订《政府投资项目审批及概算管理办法》，推行投资项目在线审批监管，依法做好项目招投标工作。社会领域改革协调推进。推进城管改革，完成市场管理交接，城市管理效能得到提升。推动供销合作社综合改革。集体产权制度改革平稳推进，全面完成清产核资工作。推进基础教育综合改革，教育质量不断提升。医改纵深推进，完善分级诊疗制度。

提升“三项指数”，人民获得感切实增强。提升人民幸福指数，社会保障更完善。开展劳动维权专项行动，追回农民工工资700余万元。社保再次扩面提标，“五险”累计参保52.5万人次，基金征缴7.1亿元。完善社会救助体系，进一步提高城乡低保、残疾人补贴、高龄补贴等“三项补贴”标准。落实双拥优抚安置政策，维护优抚对象权益，按时足额发放抚恤补助金。加强住房保障工作，完成危房改造375户，拆除农村危旧土坯房7994户，修缮1627

户,土坯房整治经验在全市推广。完成通畅工程、窄路加宽、安全防护工程525千米,农村路网进一步改善。继续实施农村饮水安全工程,解决了4.5万人饮水安全问题。提升群众满意指数,社会事业更繁荣。办学条件持续改善,“全面改薄”、教育提质、教师周转房等基础设施建设有序推进,育红小学扩建项目进展顺利。实施城区学位扩容工程,圆满完成大班额化解任务。卫计服务不断优化,重大疾病防控防治有力,无甲类传染病报告、无突发公共卫生事件、无重大传染病流行发生。计生工作连续28年获全省先进荣誉。推进公共文化服务体系示范创建,“两馆”达三级标准,镇综合文化站、村(社区)文化家园基本实现全覆盖。组织参加“书香株洲”“健康湖南”等文体竞赛,获得省市级奖项6项。举办元宵喜乐会、广场舞大赛、端午龙舟赛等文体活动,不断丰富群众文化生活。提升社会安全指数,社会治理更有序。深入实施“落实企业安全生产主体责任年”活动,强力推进重大事故隐患“一单四制”工作,全面开展“强执法防事故”行动,顺利完成堂市煤矿退出任务,安全生产形势持续向好。实施“明厨亮灶”“文明餐桌”行动,开展食品药品餐饮专项整治,食品药品安全得到有力保障。强化特种设备监管,实现特种设备安全运行无事故。扫黑除恶专项斗争深入开展,社会治安平稳可控。办理中央、省委巡视组信访交办件133件,办结率100%。获评株洲市全国“两会”特护期信访维稳工作先进单位,社会治安综合治理连续三年获评省先进,公众安全感测评(综治民调)连续三年位居全市第一。（陈怡希）

区政府办公室工作

【概况】 2018年,渌口区政府办公室以建立高效勤政、为民清廉的机关形象为目标,以搞好服务、参与政务、管理事务为重点,围绕中心,服务大局,扎实工作,取得了良好的效果。

政务公开。牵头成立政务公开试点办,围绕八大试点内容,紧密联系实际,积极探索创新,狠抓工作推进,形成可复制扩面、可借鉴推广的经验模板,代表湖南省接受国办验收检查,并在全省政务公开培训会上作典型经验发言。“一看就懂,一网通办,一查便知”的政务公开“株洲县模式”在中国政府网(中央人民政府门户网站)的基层政务公开标准化规范化试点专题刊发并宣传推介。株洲日报记者对株洲县政务公开标准化规范化试点工作进行专题采访,刊发了《株洲县“1+2+3”政务平台让群众少跑腿》,向全市宣传推介。按照省、市要求,积极做好政府门户网站各项工作。

金融创建。县农信社顺利改制为株洲珠江农村商业银行,以创建金融安全区活动为抓手,信用镇、信用村、信用户创建平稳推进。积极搭建政银企合作交流平台,引导金融资金扶持小微企业,金融业对城镇经济支撑作用明显增强,金融行业实现税收7619万元,同比增长63.5%。扎实推进防范打击非法集资等行为,提前介入,主动作为，积极化解湖南饭饭区块链科技有限公司和湖南航醇养老产业发展有限公司2起涉众型金融风险。全县各项存款余额约171亿元，同比增长8.44%，高于全省4.74%，较年初增长0.32%；各项贷款余额93.17亿元，同比增长26.72%，高于全省13.12%，较年初增长25.12%；存贷比为54.32%，较年初增长11.25个百分点，不良贷款率明显下降，金融秩序明显改善。

法制工作。通过完善制度建设、规范行政执法、强化权力监督等方面持续推进法治建设，充分发挥决策参谋、法制把关、监督协调、行政裁判、法律顾问等职能作用，为加速融城、加快发展提供强有力的法治保障。继续推行“法治联络员”机制，为区政府领导配备“法制联络员”，为领导的决策提供法律保障。及时对规范性文件进行动态清理，共清理规范性文件4次16件。积极探索项目服务模式，形成法制审查前置、分级审查、重大项目风险评估、合同送审、限时审查五项工作机制。

优化工作。紧扣“产业项目建设年”工作主题，坚持以问题为导向，以服务企业为宗旨，积极优化政务、法治、金融、项目投资建设、企业生产经营和人才环境，有力助推经济社会的发展。对25家单位的48项涉企检查进行备案，有效落实“一检查一备案”“检查有反馈”“企业宁静日”等制度。开展“优化营商环境助力项目建设”主题、专栏宣传周活动，《让人民群众拥有更多获得感——株洲县深入推进政务公开优化营商环境》在《株洲日报》专版报道。电子监察系统没有出现任何形式的红、黄牌现象。

综合调研。根据“吃透上情、了解外情、掌握区情、跟紧要情、贴近民情、反映实情”的要求，发扬“精细、精准、精勤”的工匠精神，突出材料的科学性、真实性和针对性，认真完成各类讲话、汇报材料的起草工作。先后形成《马克思主义信仰之真善美》《切实保障人财物认真落实河长制》《精准把握角色定位全力打造法治政府》等30余篇调研报告，为领导决策提供及时、有效、可靠的依据。同时，《以人民为中心推进政务公开》《“他山之玉用以攻石”——学习浙江省“最多跑一次”改革经验，打造株洲县模式》《提升党性修养应当知耻知足知止》《株洲县:加快构建人才强县制度体系》等文章先后在《新湘评论》《决策参考》《株洲清风》《株洲日报》《新华社湖南领导专供》《株洲工作》《每周新闻信息》上发表。

督查督办。夯实督查工作基础，加强督查工作规范化和制度化建设，完善人大建议政协提案、领导批示件等办理工作流程，增强工作可操作性，提高督查权威性。紧紧围绕中心工作，扎实有效地开展各项督查工作，圆满完成领导交办的各项工作任务，较好地履行政务督查职能，共刊发督查通报12期，办理领导批示件40余件，确保政府决策件件有落实，事事有回音。认真抓好人大代表建议和政协委员提案办理的工作，助推区域社会发展。

文秘工作。按照“零差错”“零失误”的标准和要求，压实工作责任，着力压缩发文数量，规范公文处理程序。共办理中央、省、市各类来文来电1314件,以县政府和县政府办名义印发各类文件226件。严格控制会议次数和规模，能整合的整合,能压缩的压缩,大力精简各种会议。高水平完成县政府和县政府办组织召开的80余次会议的服务工作,保证了区政府决策事项及各项政务工作落实开展。严格按照中央八项规定等要求,坚持“热情、节俭、周到、细致”的一贯原则,加大对活动、接待方案事前统筹把关力度,活动组织公务接待水平明显提高。年内共牵头接待各级领导视察113次,特别是参与组织撤县设区等重大活动,取得较好成效。

应急值守。修订完善《株洲县突发公共事件总体应急预案》，并对部门专项应急预案进行整理。坚持工作人员24小时值班、领导带班和县长接待日制度并实现制度上墙,进一步明确责任,规范程序,强化纪律。特别是在重要传统节日和国家、省、市重要会议、活动期间及森林防火、防汛抗旱等非常时期,实行区级领导带班值守制度。下发《关于2018年县长副县长、县直有关单位负责人接听“12345”市长热线的通知》，规定县政府领导每月第一个星期三接听县长热线,确保领导及时倾听群众诉求,解决相关问题。

后勤服务。认真贯彻“为基层服务、为领导服务、为机关服务”的宗旨,不断提高服务水平和服务质量。在进一步削减公用经费支出的基础上,挤出资金,配合“智慧渌口”项目建设,全面更新铺设政务外网线路,更换相关网络设备,保障“OA”办公系统和政务服务工作需要。维护更新办内电脑文印设备，设计制作走廊文化墙,办公条件得到进一步改善。明确专人负责公车的调派与监管，加强与公车办的对接，严格落实公务用车制度,确保区政府领导及办公室的会务接待和外出调研用车。

（陈怡希）

城乡创建工作

【概况】 2018年,渌口区城乡创建工作办公室(简称区创建办)以“提升城市品质、提升幸福指数”为主导,扎实开展各项城乡创建工作,全力服务经济社会发展。在湘江保护和治理第二个“三年行动计划”的收官之年,湘江保护和治理类项目共有15个,已按照要求全部完成。印发《2018年株洲县湘江保护和治理工作要点》系列文件。组织召开湘江保护和治理工作调度会,对湘江保护和治理第二个“三年行动计划”及年内工作任务提出了具体要求。

河长制工作。开展“僵尸船”整治、排污口专项整治工作和河湖“清四乱、清七乱”专项行动,共清理整治“僵尸船”37艘,划定并公布汛期船舶安全停靠水域4个,新建系缆桩43个;完成松本药业、淦田污水处理厂、朱亭污水处理厂排污口整治;发现和处理各类“四乱”现象5处,“七乱”现象9处。按照环保大督查工作要求,完成湘渌江沿岸4处固废清除、渌口电站6家企业关停、渌口电站生活小区污水处理站建设、县一中污水处理站建设、杨梅水闸闸口积水清理、渌江一桥地表径流处置、渌江风光带隔离带设置等工作。完成

“一河一档”基础性基本情况摸底调查,并建立了初级河湖“一河一档”表。

加快生态保护和修复。推动扩大湘江流域退耕还湿还林工作，完成试点面积13.33公顷。4—7月,县畜牧水产局在湘江县段89.6千米开展春季禁渔行动,打击和劝阻各类违法捕捞行为10余起，转交公安机关5人,投入资金15.6万元,在湘江沿岸开展鱼类人工增殖放流活动,共投放鱼苗、鱼种380万尾,保护域内流域的生物多样性,确保湘江流域生态安全,实现湿地生态资源永续利用。

突出饮用水水源地保护。全面清除饮用水水源一级保护区内的畜禽养殖,规范饮用水水源二级保护区内的畜禽养殖,畜禽养殖工程共整治20处。大力推进渌口镇向阳路片区污水收集管网扩改工程,已完成向阳路提升泵站建设,对影响水质的排污口进行截流。

抓紧城市污水治理。积极推进“两供两治”工程建设,共投入资金4500万元分别在龙船、龙门和龙潭镇各新建一座污水处理厂,处理污水规模均为500吨/天,完成渌口镇渔场片区污水收集管网扩改工程,改造渔场1组、2组污水管网,扩建污水管网728米及相应配套设施,启动渌口镇向阳路片区污水收集管网扩改工程。

强化农业农村污染防治。一是规范畜禽养殖污染治理。在区域内湘江沿岸一千米范围内共关停和搬迁规模养殖场104户,颁布实施《株洲县畜禽养殖禁养区、限养区、适养区划分方案》,各镇设立禁养、限养、适养三区标示标牌并报县人民政府备案。二是实施种植业面源污染防治。全县实施农作物结构调整4113.33公顷,新增水稻休耕672.53公顷,重金属污染耕地修复治理666.67公顷,推广绿肥种植面积3733.33公顷，主要农作物测土配方施肥技术覆盖率达88%,畜禽粪便等有机肥养分还田率达62.1%，农作物秸秆直接还田率达67%,有机肥资源得到合理利用,氮、磷、钾和中微量元素等养分结构趋于合理;在水稻、蔬菜、柑橘等主要农作物上,完成测土配方施肥推广面积35.86千公顷,基本实现主要农作物测土配方施肥全覆盖,测土配方施肥技术应用面积达到全域农作物播种面积的85%以上，组织专家、基层农技人员下到村、组、农户、田间地头开展现场技术指导,举办测土配方施肥技术培训班,印发技术宣传资料1.84万份,科技赶集9次,现场观摩9次,发放施肥建议卡14760份,免费为7.62万农户提供测土配方施肥技术服务。三是加强农村生活垃圾处理。完成农村环境综合整治整区推进项目，县环保局为12个贫困村每家每户配置垃圾桶等设备,共6127套,在各个村人口居住点较为集中的地点安放垃圾桶240个,购置12台可卸式垃圾车,配置150可卸式垃圾箱和3730个垃圾桶,新建12个地坑斗,配置3辆摆臂式垃圾车、垃圾自动压缩箱和一体化设备各2套,基本上满足垃圾转运需求,县环卫处定时将每个垃圾池内垃圾转运至垃圾压缩站统一压缩后,送至株洲华新水泥协同窑进行处置，做到了农村垃圾无害化处理,资源化再利用。

重视河道污染治理。通过购买公共服务的形式，投入44万元开展渌江河道保洁,投入35万元开展龙潭水库河道保洁,投入205万元开展湘江河道保洁,共清理打捞各类水面漂浮物和垃圾约7000吨。对148千米岸线保洁由各镇自行负责进行常态保洁,确保垃圾不入河。年内渌江河道水葫芦泛滥成灾,县水利局投入经费75万元,在2个月内采取分段拦截、打捞的方式，于12月8日完成渌口电站大坝前的打捞任务。针对各类砂石违法行为，组织相关部门和沿河各镇组织专人对湘江、渌江河道实行全方位、全覆盖、全天候巡查,确保及时发现、快速处置各类涉砂违法行为,年内共立案查处涉砂违法案件8起,收缴罚款62万元。牵头对湘、渌两江沿岸进行固废清理整治行动。（殷　冰）

接待中心

【概况】 2018年,渌口区接待中心内设办公室、餐饮部、客房部、后勤保障部,有在编员工42人。有客房40间,可接纳入住客人60余人;有大、中、小型会议室4个;餐厅共有大小包厢5个，大厅可容纳500余人就餐。完成营业收入400多万元,上缴税费20余万元。

硬件设施建设。投入资金50余万元，完成一号楼的三楼舞台改造及一至三楼内墙维修、屋面防水工程、外墙清洗等项目;对单位内部消防设施进行整改,更换灭火器、消防水枪水带等老旧消防设备，添置防毒面罩、灭火毯等消防器材;房间卫生间及地板进行了维修;完成花坛花草改造整理,院内整体环境明显改善,单位设施水平和接待能力得到较大提升。

内部员工管理。重新制定和完善员工内部绩效考核办法,从劳动纪律、工作态度、团队协作、本职工作、内部评价、奖励加分六个方面对员工按月进行考核,全面提升员工协作、竞争、责任和创优的意识。强化细节管理,注重服务品质,根据接待对象和服务对象的不同,制定个性化服务方案,打磨服务细节,不断提升服务水平和质量。要求员工上班期间必须统一着装,注重使用文明礼貌用语,着力提升单位整体形象。组织员工参加消防知识、宾馆酒店管理等方面的学习培训,员工素养得到有效提升。（肖　喜）

机关事务管理

【概况】 2018年,渌口区机关事务管理围绕机关后勤“管理、服务、保障”工作重点，不断完善各项规章制度，全力维护区委、区政府机关大院正常工作秩序,确保党政机关工作高效运转。

党政机关办公用房规范工作。3—4月,对党政机关办公用房、业务用房情况进行全面自查,未发现违规新建楼堂馆所行为。全县有县直机关、镇人民政府65家,有工作人员(包括临聘人员)2786人，办公用房2343间,总面积18575平方米，人均办公面积6.67平方米。对检查发现存在的问题,列出清单督促有关单位迅速整改落实到位。进一步完善相关制度,建立有效监管的长效机制，从根本上杜绝党政机关违规建设楼堂管所和违规占用办公用房现象。要求各部门、各乡镇将楼堂馆所建设和维修改造项目实施情况作为政务公开的重要内容，主动接受社会监督。11月，为配合做好机构改革工作，统筹安排各镇及党政机关、事业单位办公用房，再一次对办公用房情况进行全面清理，进一步摸清情况，为机构改革工作顺利推进提供基础依据。

公务用车管理。公务用车实行“六统一”的管理模式，即统一定点停放公务用车、统一聘用司勤人员、统一车辆调派、统一定点维修、统一定点加油、统一定点保险，确保公车平台有效运行。年内共出车7550次，里程735105.3千米。为进一步贯彻落实中央八项规定，严格执行中央关于公务用车“六个不得”纪律要求，切实加强公务用车管理，严格规范公务用车使用行为，县委办公室、县政府办公室制定下发了《关于进一步规范公务用车管理的通知》，从严格执行公务用车统一派车制度、严格执行公车驾驶员管理制度、严格执行公务用车使用管理制度、严格执行公务用车统一封存制度、严肃查处违规违纪行为五个方面提出明确要求，切实推动中央八项规定得到落实，坚决杜绝公车使用违规违纪问题。

积极向上级机关事务部门争取项目，争取机关大院公共照明节能项目1个，帮助古岳峰镇及向阳村各争取1个公共节能项目。向省市争取文体设施设备支持，在渌口镇高泉村文化广场新建价值10万元的健身驿站1个。

机关后勤管理、服务和保障相关工作。开展消防安全隐患排查和整改，联合消防部门在机关大院内开展安全大检查，完善消防安全监控设施设备，在政府办公楼一楼设立了一个微型消防站；完成日常维护工作600余次，深入开展电器设备和线路的安全巡查，保障设备设施的正常运转；10月中旬开展消防培训1次，培训90余人；7月，完成县委办公大楼新建卫生间工作；9月，完成机关大院县委办公大楼南面道路、排水、照明、绿化工程项目，协调县人防办完成人防战备物资储备库建设工作；10月，完成机关大院地下停车场管理系统建设工作，并正式投入使用；开展机关大院环境集中整治，对院内办公楼进行全面的整修，实施全天候保洁，垃圾日产日清，确保院内良好的卫生环境；做好机关大院绿化、美化工作，及时除草、修剪、施肥、更换新盆景，为干部职工提供一个良好的工作环境。

加强综合治理工作，做到管理纵向到底横向到边。不断增强保卫人员的安全防范意识，树立危机感和责任感，克服侥幸心理，努力提高安全保卫人员素质；严格门卫值班和检查登记制度，加强政府大院的巡逻巡查力度，加强来访人员的登记管理和跟踪监督服务，年内外来人员到区机关大院各单位登记8500余人次，平均工作日登记30余人次。认真执行治安保卫条例，切实配合有关部门做好信访、突发事件的稳控工作，确保机关大院秩序井然。

会议会场管理。会议会场管理人员不论上班时间或节假日，始终保持随时在位,做到随叫随到,接到会议通知后及时做好会场布置，会议室设施摆放整齐,环境卫生整洁,管理服务保障到位。年内服务会议3192场,服务参会人数111720人次。不断加强经常性的督导检查,提升管理服务水平,注重服务质量,做到精细化管理,会议室服务保障无一次差错。

【举办公共机构能源资源消费信息管理培训班】 按照国务院机关事务管理局和国家统计局制定的《公共机构能源资源消耗统计制度》要求,进一步规范公共机构能耗统计工作,提高能耗统计的完整性和时效性。1月25日,举办全县首期公共机构能源资源消费信息管理系统培训班,200多个行政事业单位分管节能工作的负责人参加培训。按照省市统一部署和县政府的安排,构建全县公共机构能源资源消费统计信息管理系统,实现网上报送能源统计数据,公共机构节能工作管理迈上了一个新台阶。 （宾玉洁）

政务服务

【概况】 2018年,渌口区政务服务中心全力推进“互联网+政务服务”改革,自7月正式上线运行至年终,“互联网+政务服务”一窗受理云平台总计办件量4840件,权利运行系统总计办件量4840件，不动产总计办件量7100件，证照联办窗口总计办件量2300件，接受群众咨询总计6000件，组织完成38个建设投资项目联合审批,完成收费6816万元。

充分运用信息化手段和互联网技术推进政务服务改革,以 “数据多跑路,群众少跑腿”为改革理念,按照“前台综合受理,后台协同审批”“受办分离”模式进行系统开发,“智慧渌口”一期“互联网+政务服务”于7月16日正式上线运行,办事群众可通过实体窗口、自助一体机、手机APP和门户网站等多种方式查询办事。

与相关部门积极协调配合,梳理出群众和企业到政府机关办理事项共计1063项,其中“最多跑一次”事项901项,占比达85%,下放到镇办理的156项,在村(社区)办理的47项,行政审批时限提速70%以上。

通过精简材料、再造流程、部门联动、逐步推行并联审批,7月，将县食药质监局、交通局、教育局、文广新局等17个部门的35项审批服务事项纳入“证照联办”窗口,申请人只要提交的材料齐全、符合法定条件,即可实行证照联办;12月,区税务局进驻政务服务中心，实现房屋交易、税费缴纳、不动产登记一厅联办,避免企业和群众办事多头跑、来回跑,进一步改善营商环境。

公开招聘21名前台窗口工作人员，并进行技术、业务、礼仪三轮专题培训，镇、村(社区)也初步形成一批以网格员为主体的政务服务事项帮代办队伍。重新制定《株洲县政务服务中心工作制度》,通过抓作风建设引导工作人员立足服务岗位，提升政务服务质量,争做“服务标兵”,争创“红旗窗口”。

【政务服务中心整体搬迁】 结合“互联网+政务服务”改革，政务服务中心于2018年6月整体搬迁至渌湘大厦，一楼大厅500平方米，夹层240平方米，附属楼两层共240平方米。新建的政务服务大厅布局合理、设施先进，一楼设置10个综合窗口、2个发证窗口、1个专窗、2个联审窗口、2个收费窗口、1个导办台、4个自助查询机，配有复印区、填表区、等候区，二楼设置部分单位的审批后台，附属楼设有建设项目联合审批区和婚姻登记专窗。 （唐永红）

人力资源和社会保障

【概况】 2018年，渌口区人力资源和社会保障局坚持以“民生为本、人才优先”为主线，全力以赴做好就业创业、社会保障、人才人事、劳动关系、精准扶贫、公共服务等各项工作，为经济社会发展做出积极贡献。

就业创业工作。完成城镇新增就业2613人，失业人员再就业908人，就业困难对象再就业232人，新增农村劳动力转移就业2153人，新增贫困劳动力转移就业295人，完成新增创业担保贷款1153万元，新增创业主体2191户，扶持200个创业项目，扶持16名高校毕业生微创业，实现“零就业家庭援助”援助率100%，就业创业工作指标任务均足额或超额完成。开展“双十”创新创业带动就业评选活动，评选20个创新创业带动就业优秀个体工商户和优质企业，发放奖补资金112万元；开展首届创新创业人才集训营活动，加强对南洲产业园创业基地、就业困难人员创业基地的管理，丰富基地职能，开展多样帮扶活动；做好困难人员社保补贴工作，累计为300名就业困难人员提供社保补贴250万元；认定就业见习基地10家，开发见习岗位110个，拨付见习补贴资金150万元；组织招聘会5场，其中就业扶贫专场招聘会3场，供职单位112家，提供岗位3500余个，达成就业意向432人。

社会保障工作。全区“五险”累计参保53.9万人次，其中企业养老保险参保单位354家，在职参保21688人（新增扩面人数1030人），离退休人员13871人；机关事业单位在职参保人数6327人；城乡居民养老保险参保人数18.29万人。基本医疗保险共有385家单位参保，参保人数23924人，其中在职职工13954人、退休人员9970人。城乡居民医疗保险参保255571人。生育保险共有182家单位参保，参保人数13637人。工伤保险共有372家单位参保，参保人数21545人。“五险”基金收入共计8.23亿元，其中：企业养老保险基金收入28500万元，机关事业单位养老保险基金征缴20102万元，城乡居民养老保险基金征缴1750万元，城镇职工基本医疗保险基金征缴11690万元，城乡居民医保基金收入17771万元（含中央、省、市、区四级财政补助），工伤保险基金征缴1892万元，生育基金征缴424万元，失业保险基金征缴270.15万元。社保待遇水平持续提升，企业退休人员人均每月增加养老金113元，机关事业单位退休人员人均每月增加养老金150元;城乡居民基本养老险基础养老金最低标准由每人每月85元提高103元;失业保险金较2017年提高到每月1216元,增加153元。加大基金监管力度,重点开展城乡居民社会养老保险基础养老金专项核查行动和医保监管“百日攻坚战”专项行动,联合法院、银行、纪委、镇劳保站等部门进行联合执法,对违规领取待遇人员的银行账户进行冻结并进行追缴。

人事人才工作。始终坚持公务员凡进必考和事业单位进人公开招聘的原则,完成森林公安、司法、财政、乡镇35名公务员的考录、分配工作。组织事业单位公开招聘考试3次,招考121人,其中卫计系统47人、教育系统70人(其中4人因怀孕,未完成录聘工作)、高校直招4人。举办年度初任公务员及事业单位新聘工作人员入门培训班,210人参加。做好2017年度县直行政机关(含参照管理单位)公务员和事业单位人员年度考核工作,参加考核5353人,确定优秀等次721人,占13%;称职(合格)等次4376人,占81%;基本称职(合格)4人,新进不确定等次202人,受处分不定等次29人,不称职25人,占0.04%,其中有721人获得嘉奖,78人获得三等功的荣誉。严格技术职称评审,年内申报中、高级职称102人,其中包括卫计系统22人、农业系统9人、工程(企业)3人;为2017年104名(含卫生、教育、工程)申报中、高级职称人员发放文件及证书,其中高级57人、中级43人;为教育系统、畜牧系统80人审核认定初级职称,为3人(含教育、工程)补办初级专业技术职称证书。

和谐劳动关系工作。累计发放政策宣传资料3200余份,出动人员148人次,与企事业单位约谈85余次;督促用人单位与劳动者补签劳动合同2000多份,补办社保登记8家,对150多家用人单位进行书面审查及守法诚信等级评价;完善农民工劳动报酬保障金制度,农民工劳动报酬保障金累计缴存17家单位,合计金额651.68万元;劳动保障监察累计来访咨询1200起,书面投诉18起,结案15起,涉及人数183人,涉及金额787.8万元,追讨民工工资700万元;处理突发事件5起,回复处理信访件17件,其中市长热线9件、县长热线7件、县长交办件1件。建立实体化的办案机构即劳动人事争议仲裁院(股级),与劳动保障监察大队合署办公;“三室一庭”(立案室、调解室、档案室、仲裁庭)实体化建设全部完成;工作经费全部纳入财政预算。建立基层劳动人事争议调解中心11家,劳动人事仲裁受理案件65起,涉及金额230万元,审理结案的55起,其中裁决9起、调解38起、撤诉7起、不予裁决1起,案外调解4起,调解率达到76%,结案率100%。

50人以上企业已签订工资集体协商合同64家,其中国有、集体及控股、外资企业9家,建制率92%,覆盖职工22974人,区域(渌口镇、南洲镇、渌口经济开发区)和行业(卫生系统、房地产行业)涵盖259家,职工对企业工资集体协商内容满意率达90%以上。

精准扶贫工作。全面落实就业扶贫政

策，积极开展就业扶贫办帮扶行动，出台《株洲县开发公益性岗位支持乡村振兴战略　助力脱贫攻坚实施方案》《关于做好建档立卡贫困劳动力跨区域转移就业交通补助发放工作的通知》《关于开展农村劳务经纪人认定工作的通知》等6个操作文件。共发放交通补助4万元；认定劳务经纪人41人；公益性岗位就业贫困劳动力295人，下拨岗位补贴资金450万元；创建就业扶贫基地13家，其中省级2家，市级1家，区级10家。建立“一把手负总责”的医保扶贫工作机制，实现贫困户居民医保参保缴费个人部分由县财政全额补贴，确保贫困人口100%参保；将建档立卡贫困人口在各级定点医疗机构住院就医的政策范围内费用报销比例提高10%，大病保险起付线降低50%；按照“基本医疗＋大病保险＋扶贫特惠保＋医疗救助＋医院减免＋财政兜底”的模式，8月1日起正式启用健康扶贫“一站式”结算系统；截至12月，全区建档立卡贫困人员住院8323人次，总医疗费用3436.72万元，基本医疗补偿2360.5万元，提高10%报销的部分达到271.61万元，其余各类综合补助708.68万元，区域内贫困人口住院综合保障报销比例达到90%。（陈文茜）

发展和改革

【概况】 2018年，渌口区发展和改革局积极适应经济发展新常态，充分发挥综合部门的职能作用，坚持抓谋划促发展、抓服务惠民生、抓队伍塑形象，为促进区域经济社会平稳较快发展做了大量的工作。

投资管理。依托“一门式”政务服务平台，实现项目网上申报、并联审批、信息公开、协同监管。共核定投资项目148项，总投资182.42亿元。修订出台《株洲县政府投资项目审批及概算管理办法》。积极配合上级部门组织各项督查，对2017—2018年14个中央预算内投资项目建立台账，开展专项稽察，对未按期开工的项目限期整改。认真履行招投标监管职能，依法做好建设项目的招投标工作，核准15个建设工程招标事项。

项目建设。牵头开展“产业项目建设年”活动，深入推进“三十项目”，建立执行指挥长授权负责、挂图作战、“五大行动”的工作制度，制定《株洲县重点项目指挥部管理试行办法》，建立定期调度、督查、通报等机制，项目推进取得实效。在3个省“五个100”项目任务中，已签约1个、开工1个、试生产1个。在12个市重大产业项目任务中，3个已开工建设，2个正在进行开工前准备，7个续建项目进展顺利。

综合计划。经济发展预期目标完成较好，实现地区生产总值增长7.9%，固定资产投资增长8.1%，社会消费品零售总额增长10.1%。完成一般公共预算收入13.2亿元，其中税收11亿元，税比83.3%。城镇居民人均可支配收入达到34039元，增长7.9%；农民人均可支配收入达到18825元，增长8.4%。新增城镇就业2612人，超额完成年度目标任务，万元GDP能耗完成市下达目标任务。“十三五”中期评估工作率先完成，重点对规划纲要确定的27个重点专项规划、29个指标体系进行全面评估测算。牵头组织编制乡村振兴战略等重要规划。

价格收费管理。加强农本调查、成本监审和价格监管监测，完成价格认定64件,总认定价值472.8万元。制定定价目录和定价权限范围之内的价格费用及服务成本,制定政府指导价和政府定价;审定、调整列名管理的商品价格、服务价格及中介服务收费;会同财政部门审定、调整行政、事业性收费项目和收费标准。服务收费和涉企经营服务收费目录清单实现全覆盖。推进按病种收费改革,建立动态调整医疗服务价格机制。调整非居民用天然气销售价格,放开车用天然气价格。价格监管实行“双随机、一公开”,开展教育收费、涉企收费专项检查和省督办专项调查。“12358”价格举报平台受理案件7件,办结率100%。

扎实推进易地扶贫搬迁工作，对30户原址重建、简单位移且有部分超面积的现象，申请调整了全县易地扶贫搬迁计划,清退搬迁对象30户94人,调增2人。调整后确定“十三五”搬迁计划为107户335人,其中2016年23户68人,2017年84户267人。制定《株洲县易地扶贫搬迁后续产业扶持实施方案》，明确采取自主发展奖补和委托帮扶方式进行后续帮扶。进一步完善产业帮扶结余资金使用方案,加快启动后续帮扶工作。（彭　洁）

“两型”社会建设

【概况】 2018年，渌口区深入推进“碧水蓝天”行动,践行绿色发展,稳步推进两型社会和生态文明建设。全面落实《关于全面深化长株潭两型试验区改革加快推进生态文明建设的实施意见》，组织调查研究,召集专家座谈论证,总结提炼,形成《株洲县生态文明建设公众参与机制》《株洲县土地矿产资源节约集约利用机制》《株洲县创新绿色低碳智慧城市治理机制》等案例成果。其中《株洲县创新绿色低碳智慧城市治理机制》申报省级生态文明创新案例。

两型宣传。通过突出主题活动,拓展宣传载体,创新宣传方式等手段,举行专题宣传活动10余次，发放两型宣传资料50000余份,环保购物袋10000余个,制作各类标语3000余幅;以朱亭风电项目、华新水泥窑协同处置生活垃圾为素材撰写的《用新能源讲好渌湘故事》《垃圾变形记》两篇文章入选《两型株洲故事集》；在全市率先开展两型公益宣讲进机关、进乡镇、进社区、进村庄、进企业、进学校活动,组织活动10余场次,参与人数3000余人；将生态文明和两型社会建设专题纳入县委中心组、党校中青班、科干班等干部培训班学习内容,累计培训5000人次。

两型创建。以县政府名义表彰在推进两型示范创建工作中,做出重要贡献的10名两型先进个人及3家两型先进单位。召开了"株洲县两型示范创建动员会",与会人员皆为创建单位及牵头单位的主要负责人,下发创建方案,强调工作职责,全县上下统一思想,主动作为,力求实效。加强对渌口综合示范片区创建的协调指导,通过上门指导,半年督查,年终考核等形式,有效推动了片区各单位的示范创建工作。在加强片区创建的同时,全力推进各类型的两型示范创建工作,并重点培育两型企业、两型机关、两型村庄及农民合作社等类型。进一步充实了两型创建项目库,十四个类别创建实现全覆盖。积极组织申报省市两型示范创建单位。

"碧水蓝天"行动。一是深入开展湘江保护治理第二个"三年行动计划",纵深推进流域环境综合治理。严格落实"河长制",加大对河流保护力度。投资 284 万元,对湘、渌江区段和龙潭水库保洁工作进行常态化、规范化的管理。扎实推进实施湘江保护和治理省政府"一号重点工程",关闭退出湘江沿岸 1 千米范围内规模养殖场。二是切实加强城镇生活污水治理和饮用水水源保护。龙潭、龙船和龙门镇污水处理厂等项目建设进展顺利。南洲新区污水处理厂即将竣工,农村生活污水治理项目基本完成。采取控源截污、垃圾清理、生态修复等措施,完成龙潭镇黑臭水体的整治。三是积极推进扬尘污染防治和油烟污染防治工程。组织环保、住建、公路、城管等部门开展联合执法行动,对区内各工地建筑垃圾运输、乱倒和扬尘污染进行集中整治。建立日常巡查机制,实行网格化无缝管理,对建筑垃圾和渣土运输车实行专人跟踪管理,重点路段和区域 24 小时不间断监管。开展餐饮排污专项整治行动,对 171 家餐饮店下达限期整改通知书,上半年全县空气质量达标天数达到 130 天,优良率达到 79%,同比增长 7%。四是深入推进城乡人居环境整治。投入 1000 万元专项经费用于农村环境综合整治工作,突出抓好农村垃圾的收集处理、水源地保护、污水收集处理、规模化畜禽粪便处理及环境保护的网络化等几方面重点工作。按照"月考核、季奖罚、年终总评"的原则进行考核排名和通报,纳入各单位和领导干部绩效考核。五是推进"碧水蓝天"工程项目。区两型办积极对接区发改局、住建局及项目业主等有关部门,并加强对湘渌江重要区段治理工程、城乡供水一体化项目、农村生活污水治理项目和晨湘环保除尘器生产基地等四个工程项目调度,实时统计建设情况并及时报送市两型办及项目办,"碧水蓝天"工程如期完成各项进度。

(黄 蓉)

审 计

【概况】 2018 年,渌口区审计局认真贯彻各级领导机关对审计工作的要求,各项工作稳步推进、深入展开。一方面,积极参与脱贫攻坚、巡视巡察、案件线索协查等专项工作;主动配合省审计厅做好对区委书记、区长的领导干部经济责任审计和自然资源资产审计。另一方面,统一组织的区级预算执行情况审计、领导干部经济责任审计、自然资源资产审计、政府投资审计、专项审计调查成效明显。在审计执法质量考核评比中,获全省审计宣传通联工作先进单位、全省县级审计机关优秀审计项目等荣誉称号,获评株洲市文明建设先进单位。

同级财政审计。以提高财政资金使用绩效,保障公共资金安全为目标,抓好对区财政局、国土局等5个预算单位的财政“同级审”工作,并延伸调查区农机局、水利局的财政预算执行情况。在加强真实性、合法性审计的同时,针对发现的问题,提出合理的意见和建议,确保财政资金的安全运行,提高财政资金的使用效益。审计发现,区本级财政预算执行总体情况良好,但内部管理和内部控制制度还需进一步加强。

经济责任审计。严格按照习近平总书记“要把权力关进制度的笼子里,要加强审计工作特别是对重大领域、重大项目、重要资金的审计监督”的重要指示精神,将领导干部经济责任审计与反腐倡廉工作紧密结合,积极向纪委监委移交问题线索,勇做反腐“排头兵”。全年共完成审计项目6个,其中任中审计5个、离任审计1个。查出各类问题资金144313.2万元,其中,经济管理方面的问题金额1007.07万元,占比0.70%;政策执行方面的问题金额143306.13万元,占比99.30%;提出审计建议15条。

政府投资建设项目审计。突出抓好重点领域和重要环节,争当现场“勘察员”和项目“复核员”。共接收财政评审中心报送项目及联合审计项目共计307个,财政评审中心送审金额138281.74万元。完成复审及联合审计项目84个,其中预算项目39个、结算项目45个。预结算合计审减金额1941.22万元,为区财政节约资金212.2万元(结算项目),审计发现违规项目2起,移送区住建局处理1起,建设单位自查自纠1起。

【领导干部自然资源资产离任(任中)审计】 首次开展对区林业局局长的自然资源资产离任(任中)审计。具体工作没有先行示例可循。审计前,通过选派业务骨干外出学习、组织召开业务交流会等方式摸索经验。审计中,创新工作思路,除了采取传统的查阅台账、财务资料等方式,还结合现场实地察看、数据比对分析等新模式。该项目已作为创新项目交由市审计局上报省审计厅。（谭　懿）

统　计

【概况】 2018年,渌口区统计局认真贯彻落实国家和省、市统计工作要求,着力推进党建强统、综合治统、依法管统,强化统计职能,全面、真实、准确地反映区域经济社会发展。获评“2017—2018年度中国信息报社统计宣传工作先进单位”“2018年度株洲市统计工作先进单位”。

统计业务建设。全区241家联网直报单位实现了上报率、直报率、审核率和验收率100%。组织开展城乡住户调查、生猪监测、粮食产量抽样调查、全国大中城市劳动力抽样调查等各项统计监测调查的工作任务。组织开展湖南省“乡村振兴”百村万户民意调查工作。认真做好民生100、绩效考核、小康监测、重点项目投资等一系列考核监测相关工作。共完成14个新增“四上企业”、5个“小升规”企业和17个5000万元以上投资项目的申报工作。

统计数据质量。始终以统计法律法规规范化建设为重点，进一步强化统计法制意识，提高统计数据质量。与市统计局法规科、工业科联合对13家工业企业进行执法检查，对服务业、投资项目等20多个企业进行统计巡查，对渌口镇向阳社区经普清查工作进行深入检查，对查出的问题实行清单式管理，督促整改落实率100%。组织局机关普法学习4次，在全国统计开放日开展专题法规宣传活动，以有奖知识抢答方式吸引广大居民群众参与活动。组织悬挂法规宣传横幅200多条，海报宣传5000多份。

统计基层基础建设。落实统计人员备案制度。收集《株洲县统计人员信息登记表》，对统计员信息档案实行建档动态更新、明晰责任、严格管理、杜绝代报，累计登记备案463人。推进统计制度方法改革。完善农业统计、粮食调查、生猪调查工作机制。明确行业部门、乡镇站所、村起报单位的责任及工作流程体系，实行联动管控，优化数据质量。县农业局、畜牧局、林业局、统计局联合发出《关于加强和完善农业农村统计工作的通知》，召开全县农业农村统计工作暨农业农村统计业务培训会，深化农业农村统计体制改革，提升农业农村数据质量和管理。

统计信息服务。共完成GDP、固定资产投资、住户调查、生猪调查等预警报告4期，编发《统计信息》7期，完成统计课题11个、工作动态政务信息51篇。编纂《2018年统计年鉴》，及时印发《统计月卡》、统计快报，完成2017年统计公报、株洲县改革开放40年经济社会发展成就综述报告。

【第四次全国经济普查工作】 全县各级普查机构按照国家、省、市的统一安排部署和要求，普查各项工作有序推进。3月20日、3月30日分别在县政府常务会、县委常委会上对统计有关工作和第四次全国经济普查工作进行专题汇报，对普查工作进行总体安排部署。7月16日，印发《株洲县人民政府关于认真做好第四次全国经济普查工作的通知》，成立经济普查领导小组。8—12月，全县各镇、各有关部门按照《第四次全国经济普查单位清查方案》，结合全县实际，严密组织实施，有序推进清查工作。全县共清查法人单位和产业活动单位2955家，个体户14310户。9月20日，举办“走进四经普”统计开放日宣传活动。12月，开展第四次全国经济普查宣传月活动；区统计局组队参加全市经普知识抢答赛获三等奖。　（彭　辉）

食品药品工商质量监督管理

【概况】 2018年，渌口区稳步推进商事制度改革，营造宽松发展环境。全面推行行政审批制度改革，落实“证照联办”“多证合一、一照一码”和“证照分离”改革，积极推进企业登记全程电子化,形成线上线下功能互补的政务服务模式,全力释放市场活力。新增市场主体2230户,其中企业472户、农专134户、个体户1624户,市场主体累计达13020户。企业名称全部实行网上申报,办理简易注销29户,"证照联办"受理14户,企业开办时间压缩至3个工作日。

全力推进质量强区战略,培育壮大企业品牌。利用株洲市创建全国质量强市示范城市的契机,扎实推进质量强区战略,健全工作机制、明确部门责任、加强工作调度,对质量管理先进企业给予奖补,企业的品牌质量意识不断增强,"华新水泥""福岭木业""创世混凝土""好德塑胶""创林合金"等一大批公司分别获评湖南好产品、株洲市名牌产品。推荐"王十万黄辣椒"申报全国地理标志保护产品。跃达建筑、中南建筑等10家单位被评为"重合同守信用"单位。

深入开展"产业项目建设年"活动。采取政府购买服务的方式,推进质量管理体系认证。天九米业等7家企业提出认证申请,取得了8项质量管理体系认证证书。举办企业管理人员培训3期,邀请北京恩格威质量专家进行授课答疑。与株洲珠江农商行签署"政银携手、服务创业"战略合作协议,利用银行网点多的优势,方便企业就近办理营业执照,通过合作的3家银行办理企业营业执照4家。大力开展"打假护牌"行动,与湘潭县联合打击假冒"振兴建材公司"产品等商标案件得到企业好评。股权出质登记、动产抵押备案开辟"绿色通道",实现当场受理,当场办结。办理股权出质11起、动产抵押9起,帮助企业实现融资2亿元。

安全保障。一是强化食品监管,严守安全底线。以株洲市创建国家食品安全示范城市工作为契机,开展食品安全示范村和示范企业创建,开展食品药品科普宣传等活动。开展食品安全宣传周和食品快检公众日活动,围绕重点产品、重要时段、重点区域开展食品药品餐饮专项整治,开展"明厨亮灶"和"文明餐桌"行动,加强网络订餐、集中就餐点的安全监管,保障"两会"、"三考"、重大活动餐饮绝对安全。开展护苗行动,制定印发《株洲县学校校园及周边"食品安全护苗行动"工作方案》,检查学校130家,学校食堂、商店及周边餐饮食品经营户297家,抽检学校及周边食品77批次,合格76个批次,对1家不合格的食品进行立案调查。举办食品安全培训4期。组织"护工""清网行动""一桌餐、私房菜"及"散装白酒"专项整治等食品药品专项检查,食品及食品相关产品监督抽检163批次,合格率为95.4%;食用农产品抽检452批次,合格率为99.56%;药品抽检102批次,合格率为95%。投入40万元建成6个食品快检室,完成食品快速检测3940批次,合格率为99%。二是强化药品医疗器械监管,规范药品市场秩序。组织开展"全国安全用药月""护老""护康"等宣传活动,做好日常监管,将日常检查与专项检查、跟踪检查、飞行检查相结合,检查药品医疗器械生产、经营、使用单位共258家,确保药械市场秩序规范。三是强化特种设备监管,确保闭环管理。出台《关于进一步加强特种设备安全的意见》等文件,建立联席会议制度,构建齐抓共管工作格局。结合“强执法防事故”专项行动开展快开门式压力容器隐患专项排查、燃煤锅炉环保整治行动,检查特种设备使用单位112家,发现并限期改正安全隐患36处,其中重大安全隐患2处,实现特种设备安全运行无事故。电梯应急救援平台运行情况良好,通过该平台快速处置电梯关人事件2起,湖北省荆州市公安县到区考察学习电梯应急救援平台建设。四是强化重点领域质量监管, 维护市场秩序。开展“红盾护农”“质监利剑”“广告专项整治”“打击食药违法犯罪”“民生计量专项整治”“网络食品清网行动”等系列执法行动,查处各类案件131起,处罚到位101万元。

民生改善。以“12315”“12331”“质量月”“5·20” 世界计量日等活动为契机,开展一系列形式多样、行之有效的宣传活动。依托“12315”“12331”“12365”热线电话和区长热线等平台, 做好消费投诉处理、互动交流和矛盾化解。处理“12315”投诉94起、“12331”投诉49起、区长热线40件,接待各类咨询189人次,全部办结,为消费者挽回经济损失20余万元。开展基层政务服务标准化、规范化建设。对重点工业产品、流通领域商品质量进行抽检,共抽检农资、眼镜、汽油等产品105批次,合格率为94%。将计量惠民作为服务民生的重要抓手,对列入强制性检定的加油机等计量器具实施免费检定,共检定921台件,为企业和使用单位免去计量检定费30余万元。对超市、加油站、医院、液化气站、快递网点等单位开展了计量监督抽查,抽检各类计量器具550台件。

【药品不良反应监测体系在全省推广】 2018年,在建设食品药品“县镇村一所一站一室”三级监管体系的基础上,建立完善药品不良反应监测体系,报告药品药械化妆品不良反应157例。在3月召开的全省和全市的药品安全监测工作会议上,县食药工商质监局作了典型发言。会后,全省食药监战线100余人到县现场参观,该体系建设得以在全省推广。 (沈伟剑)

安全生产监督管理

【概况】 2018年,渌口区安全生产监督管理局深入实施“落实企业安全生产主体责任年”活动,开展安全生产打非治违“百日行动”、安全监管“强执法防事故”、重大事故隐患“一单四制”工作、安全宣传“七进”等工作,确保安全生产保持稳中向好的态势。年内发生各类安全事故7起(含道路交通和铁路事故),死亡7人,直接经济损失536万元,各项安全生产指标均稳控在省市下达的控制范围内,事故总数、死亡人数、受伤人数、经济损失数逐年下降。渌口区获评2018年度湖南省安全生产良好单位, 朱亭镇获评2018年度株洲市安全生产优秀单位。

夯实安全生产基础。认真开展 “智慧渌口”项目建设,依托“12345”热线和村、社区基层网格体系,推动安全监管区、部门、属地政府、村联动机制建设,完善区、镇、村、组四级安全监管和应急体制,建立健全企业和政府对事故灾难的预防预警和应急处置机制。

加大宣传力度,构建全民参与格局。组织开展“安全生产月”、安全生产“七进”和“谁执法谁普法”等活动,深入企业、基层开展安全知识宣传,利用网站、微信公众号等舆论平台不定期发布安全生产新闻和警示信息,营造安全生产宣传良好氛围,提高全社会安全生产意识。全面宣传“12350”安全生产举报热线,动员全社会力量,引导人人关注、人人参与、人人支持安全生产,努力营造共治共建的良好氛围。

对照任务要求,落实工作不走样。一是巩固隐患自查自改月报工作。非煤矿山、烟花爆竹、危险化学品及工贸冶金行业生产经营企业自查隐患451项,整改完成451项,整改完成率100%,企业投入整改资金115万元。二是开展安全监管“强制法防事故”行动。各安全监管部门共组织(包括日常、集中、联合、专项)执法活动1151次,出动执法人员6243人次,检查生产经营单位3275家,立案调查192起,经济处罚512万元。三是推动“企业安全生产主体责任年”活动。结合“谁执法谁普法”工作要求,在执法检查中深入企业宣传安全生产法律法规,督促企业完善安全生产管理制度,加大安全投入,加强人员安全教育培训,使其清醒认识到安全生产的主体责任在企业,牢固树立企业安全红线意识,倒逼企业负责人落实安全生产主体责任。四是强化监督考评机制。区安委办将重大事故隐患“一单四制”、安全生产打非治违和安全监管“强执法防事故”等年度重点工作进行月排名、月通报,同时纳入季度、年度考核重点内容。组织开展安全生产工作督查3次,督促各镇、区安委会成员单位严格落实区委、区政府关于安全生产工作的部署安排。

认真落实重大事故“一单四制”制度。区安委办完善了重大事故隐患“一单四制”制度,对安全生产事故隐患进行分级分类管理,推动重大事故隐患排查治理。各镇和区安委会各成员单位以深入开展安全生产大检查为载体,大力实施重大事故隐患治理“一单四制”制度,全面排查整治各类事故隐患和问题,分级分行业领域迅速建立重大事故隐患清单,并对重大事故隐患治理任务实行交办制、台账制、销号制、通报制管理。区安委办对各单位开展情况进行考评打分,并进行通报。全区共计上报重大事故隐患92条,其中道路交通安全隐患8条、铁路运输安全隐患1条、建筑安全隐患21条、消防安全隐患6条、特种设备安全隐患5条、电力安全隐患11条、危险化学品安全隐患5条、烟花爆竹安全隐患8条、学校安全隐患3条、工贸行业安全隐患8条、水利安全隐患1条、地质灾害1条、非煤矿山安全隐患1条、旅游行业安全隐患1条、农机安全隐患1条、房屋安全隐患2条,其他隐患5条。已完成整改销号79条,销号率85.87%。

(张方志)

中国人民政治协商会议株洲市渌口区委员会

【概况】 2018年，政协渌口区委员会团结带领各参加单位和广大委员，坚持以习近平新时代中国特色社会主义思想为指引，在服务大局中深度融入，在推动发展中主动作为，各项工作得到区委高度重视、区政府全力支持、各方积极配合及社会广泛认同。年内有政协委员168名。

服务大局，增强协商议政实效。一是精审议题资政协商。年初县政协九届三次全会就湘江东岸（渌口区段）项目综合治理、乡村振兴、农村环境综合整治等9个课题组织大会发言。大会收集提案72件，精审立案58件，共收集委员口头建议、微建议等近200条，通过“一号事项”高层协商、重点事项定期协商、同质同类集中协商、民生实事现场协商，开展“回头看”、重点督办或跟踪问效等，促进协商成果转化。二是精选课题调研献策。聚焦服务融城发展、乡村振兴、综合治理、脱贫攻坚等，确保区委、区政府工作推进到哪里，政协工作就跟进到哪里，服务就扩展到哪里，作用就发挥到哪里。选定20余个课题组织大调研，内容涵盖区域发展建设、农业产业结构调整、民营企业发展等领域，形成调研报告及有关提案、建议案，为助推经济发展和社会综合治理发挥积极作用。三是精准命题问案咨政。围绕推进乡村振兴战略以及“三大攻坚”，按大格局、小切入，能议透、可落实原则，将张雄委员“农村环境综合整治亟待升温”的大会发言，列为年度一号提案，以“农村环境综合整治”为题，于4月起推进电视问案，加强跟进助推，促进民主监督和社会公开监督。问案工作调动有关各方及社会各界积极性，并助推工作落实和后续整改。

强化监督，助推各项工作发展。开展重大活动监督，把促进部门改进工作确定为民主监督集体履责重要途径，做到在监督中支持、支持中助推、助推中参与。参加“走进纪委”观摩活动，参与区“四大家”党内外监督座谈协商；推荐30余名委员参加重要会议或担任社会监督员，组织5名委员全程参加农村环境综合整治暗访，20名委员受聘担任行风评议员；组织委员参与法律服务宣传、法院“执行难”集中整治等。组织专题视察督导,坚持视察适时而作、适需而为,助推园区建设、城镇发展、扶贫攻坚、“一门式”政务服务等中心工作。主席会议专项视察“智慧渌口”项目建设、城管执法、工业园区建设、公路工作等,邀请有关党政领导座谈协商,形成视察报告供区委、区政府决策参考。同时,主席会议成员分别视察督导渌水二桥项目建设、精准扶贫、网格走亲等工作,开展过程监督,助推工作落实。推进提案跟踪问效,优化运转流程,突出“提、审、立、办、督”,将提案办理与调研、协商、座谈等有机结合,通过分类交办、集中办理、联合督办等形式,推动提案办理规范化。对年度9个重点提案发文督办,对《力促建筑产业发展,重塑“建筑之乡”美誉》等提案专题协商,231项提案办理基本上实现了“面对面”,综合办结率达98%,委员满意率100%。深化民主评议监督。对职能部门贯彻执行重大方针政策、重大改革举措、重要决策部署、解决群众切身利益问题及工作作风等,开展协商式监督,并促进委员在评议中知情问政,提升履职能力。组织对林业、国土资源、公路等3家单位开展民主评议,通过察实情、听实话、办实事,把问题找准、把建议提实,有效解决了一些具体问题。

凝聚共识,夯实思想政治基础。切实提高政治站位,始终抓牢政治建设,坚持政治组织定位,切实同以习近平同志为核心的党中央保持高度一致。把坚持党的领导贯穿政协工作全过程,对标学习贯彻中共十九大精神这一首要政治任务,落实习近平总书记关于加强和改进政协有关工作的重要思想,组织集体学习、座谈交流40余次,通过专家辅导、专题学习、理论研讨、撰写心得等,不断增进政治认同、思想认同、理论认同、情感认同,增强政治定力,始终与区委、区政府思想上同心同德、目标上同心同向、行动上同心同行。落实区委决策部署,坚持重要工作主动请示报告、重大活动邀请党政领导参加、协商议政成果及时报送;抓好领导批示的落实,全力将党委决策部署转化为政协重要共识,紧扣“加速融城,加快发展”,投身推进“三区一中心、四个一体化”的生动实践中。突出党组核心作用,全面落实从严治党要求,旗帜鲜明、立场坚定地把方向、管大局、保落实,推进思想理论和组织能力建设;抓班子、带队伍,党组成员、主席会议成员及政协常委靠前指挥协调,带头抓好落实;落实党风廉政建设主体责任,切实打造廉洁高效的干部队伍。

建强队伍,提升自身建设水平。坚持履职为民,积极开拓创新。走群众路线,机关党员干部和广大委员走基层、察民意、惠民生已成为常态,各方面意见建议得以及时收集反馈、移办回复,社会各界参与力度在加大,各方责任主体更加注重解决实际问题;着力加强工作规范,健全党组决策、主席会议调度、常委会议协商及定期通报、走访调研、交流联谊等机制,促进协调沟通和联络联谊,构建寓协商、监督、参与、合作为一体的常态化工作格局,政协工作更加亲民和接地气。深入学习教育，强化担当作为。采取“请进来”的方式，邀请市政协有关专家就“协商民主与人民政协”“提案和微建议撰写”等，开展委员轮训；采取“走出去”的方式，实施“红色基因”传承工程，开办骨干委员履职能力提升班，组织赴延安进行强化学习培训；始终贯彻为民理念，扎实推进脱贫攻坚，继续开展委员助力脱贫攻坚“三个一”行动，为贫困户送去生活必需品，组织开展“金秋助学”专项行动。加强基层实践，重视文史宣传。组织各联络组、活动组积极作为，深入基层群众开展提案协商、调研反馈、监督评议、志愿服务、走访帮扶、圆梦“微心愿”等多种活动；组织区作协会员、有关委员及文学爱好者等，深入镇村开展文艺采风及文史资料收集整理；加强信息管理和推送，将重点工作、重大活动、重要经验总结，及时推送上传，加强宣传展示，扩大政协工作知晓度，增强开放性。

【政协株洲县第九届委员会第三次全体会议】 1月10—12日，县政协九届三次全会在渌口召开。县委书记罗绍昀出席闭幕会并讲话。会议听取审议县政协九届委员会常委会工作报告和九届二次会议以来提案工作情况报告；听取黄柳燕等10位委员的参政议政发言；列席县十二届人大三次会议，听取讨论县政府工作报告，书面协商县计划、财政、环保、人民法院、人民检察院的工作报告。围绕打造繁荣宜居幸福文明的株洲城市副中心、建设更高水平的小康社会开启基本现代化新征程的发展主题，就区域经济社会发展中的重大问题和广大人民群众关心的热点难点问题，开展民主协商。

【健全政协委员提案体系】 县政协九届三次会议期间，委员积极履职，提出88条口头建议（立案68条、并案20条）。会后，县委组织召开专题会议，要求县委办公室、县政府办公室认真梳理委员口头意见建议，按正规程序交办，把有关问题解决好。县政协于3月将委员口头建议定名为“口头提案”，由提案委具体负责协调督办，与收集登记交办的“微建议”一并正式纳入委员提案系统，健全以参政议政发言、书面提案、口头提案、微建议为主体的委员提案系统。

【政协年度重点提案电视问案】 年初，县委、县政府部署推进乡村振兴战略，县政协将张雄委员“农村环境综合整治亟待升温”的参政议政发言，列为年度一号重点提案，于4月26日召开“农村环境综合整治”电视问案动员部署会。在党政部署、各方联动、干群攻坚下，全县农村环境综合整治有序开展，问案工作同步推进。9月13日，县政协召开问案大会，县委书记罗绍昀及有关县领导，县有关职能部门和各镇负责人，及受邀列席的群众代表共200人现场参与。整个问案通过前期“背靠背”视频暗访、现场“面对面”咨政答疑、当场表态及后续整改，实现对全县中心工作跟进助推，促进政协民主监督和社会公开监督。问案大会全程直播，在“掌上渌口”同步互动。

【政协年度民主评议】 4月19日,召开民主评议动员部署会,就《县政协2018年民主评议工作方案》作说明,部署对县林业、国土资源、公路局开展民主评议,要求参评委员、被评单位坚持问题导向,把切实解决突出问题、促进务实履职落实到评议监督全过程。11月12日,召开集中评测会议,听取被评单位工作情况汇报及各评议组评议意见,组织参会委员投票测评,并引入社会公众代表开放式评分,现场统计公布测评分数。被评议的3家单位均获评优秀。

【“金秋助学”助推脱贫攻坚】 8月起,组织广大委员积极参与政协“三个一”扶贫行动,开展扶贫助学专项活动。10月底至11月上旬,县政协组织机关干部及委员代表分赴全县8个镇12个村,集中开展助学捐赠活动,通过简单召开座谈会、赴村走访入户等形式,开展集中捐赠,及时将爱心款48700元全部发放至79名贫困学生。

【骨干委员履职能力提升班赴延安学习培训】 9月25—30日,开办年度骨干委员履职能力提升班,组织骨干委员赴延安学习培训。紧扣“延安十三年革命史”“延安精神”“梁家河精神”三大主题,从历史启示、精神力量、领袖智慧、延安记忆等方向,按延安干部培训学院课程体系,接受专题教学、现场教学、激情教学、互动访谈和体验教学。学习培训组织有序、务实节俭、严谨高效,其真实的历史、真挚的互动、真情的渲染、真诚的合作、真心的交流,给予参训学员思想洗礼和教育启迪。

(杨　霞)

社会团体

渌口区总工会

【概况】 2018年,渌口区总工会以工会改革为抓手,健全基层工会组织,全心全意为职工群众服务,竭诚维护职工权益,弘扬劳模、劳动、工匠精神,各项工作取得较好成效。获株洲市工会工作先进单位称号。

工会组织覆盖面更广。全区共有工会组织532家,发展会员33358人,25人以上企业建会率达94%,职工入会率100%。劳动权益得到更好保障。推动行业区域工资集体协商,促进工资集体协商提质增效。已建会50人以上企业共签订工资集体协商合同70家,其中国有、集体及控股、外资企业12家,建制率92%,覆盖职工22974人,区域(渌口镇、南洲镇、渌口经济开发区、新元工业园)和行业(卫生系统、房地产行业、建筑行业)涵盖259家,职工对企业工资集体协商内容满意率达90%以上,覆盖企事业单位322家。

“民生100”工程任务全面超额完成。整合帮扶资源,在做好2项区民生100工程的基础上,办好服务职工10件实事,着力推动帮扶项目精细化、帮扶对象精准化、帮扶程序规范化,把有限的工会资金用到最需要的职工身上。积极做好困难职工帮扶工作。区总工会针对困难职工开展一系列帮扶活动:打造“环卫工驿站”,服务户外劳动者;大病救助139人,发放大病救助金22.7万元;生活救助242人,发放救助慰问金17.5万元;春节送温暖看望慰问困难职工72人,发放慰问金、物资4.5万元;“送清凉”活动慰问高温作业职工1000名,发放8万余元防暑物资;金秋助学63人,发放助学金25.79万元;加强劳模服务管理,走访劳模156人次,向困难劳模发放慰问金3.5万余元。帮扶救助困难职工442人次,发放救助金42.13万元,完成年度目标105%。全力抓好职工医疗互助工作。全区参加职工医疗互助12386人,完成年度目标130.37%,共发放互助金65.32万元,职工群众医疗保障持续增强。

深化工会系统改革。贯彻落实各级党委群团工作会议精神和省、市《总工会深化改革实施方案》,围绕强“三性”去“四化”主线,以“强基础、强素质、强作为”为目标,先行先试、勇于创新,出台具有区域特色的《株洲县总工会深化改革实施方案》,把全县工会组织建设得更加充满活力,更加坚强有力,让“职工之家”“娘家人”的称号名副其实。

职工之家建设顺利推进。继续实施示范“职工之家”建设工程,把“职工之家”示范基地建设成为服务职工的主阵地。突出职工这个主体,围绕服务这个核心理念,配齐相应的活动室、图书室、健身房等场所,做到机构健全、组织规范、制度上墙、档案完善。时代电气绝缘公司工会、供电公司工会、南洲镇工会联合会、株洲跃达公司工会、新元实业公司工会联合会、国土局工会、畜牧兽医水产局工会、公路局工会、龙船镇中学、龙门镇中学获评市级模范职工之家。评选表彰一批工会组织、工会干部和工会会员。全方位、多层次彰显工会组织的战斗力,扩大工会工作的影响力。

活动竞赛有序开展。3月,组织职工参加“新时代、新蓝领、新作为——使命与风采”全省职工摄影大赛;4月,组织职工参加“学习十九大·逐梦新时代”株洲市职工演讲和征文比赛,株洲县有4名选手获优秀奖;5月,组织职工参加株洲市总工会第一届“石峰”杯轨道交通产业暨全国和省第六届职工职业技能大赛选拔赛,各行各业开展劳动竞赛的激情越来越高、参与面越来越广;3—5月,开展2018年株洲县五一劳动奖章、工人先锋号评选工作;5月,组织开展“扶贫助学·大爱渌口”第二届职工毅行活动和“健康关怀·与美同行”暨第二届教职工八段锦比赛;11月,与县文体广新旅游局、教育局联合举办“健康关怀·与美同行”暨第二届教职工“八段锦”比赛;开展“送文化·惠职工”活动,向劳模赠送200张电影票;扎实开展“渌湘情缘·爱在七夕”婚恋交友活动。

实施“一户一产业工人”培养工程。通过专车接送、送课下乡、课后跟踪等一系列“保姆式”服务,使困难群众学到专业技术,掌握致富手段,让越来越多的群众从“一户一产业工人”培养工程中得到帮助,实现就业创业,走上脱贫致富之路。全年先后举办培训班38期,培训2079人。

【开展2018年株洲县五一劳动奖章、工人先锋号评选工作】 3—5月,通过基层工会民主推荐、县总工会严格考察、纪委等部门审查并签署意见和评审小组评审等一系列评选程序,戴学文、方厚良、周湘波、何群、宋辉军、罗政、文争强、刘义、刘恺、郑楠、蔡凤美获得“株洲县五一劳动奖章”荣誉称号,株洲创林合金有限责任公司助剂部、县征地工作协调管理办公室集体征收股共2个车间/班组获得“株洲县工人先锋号”荣誉称号。“掌上渌口”和株洲县电视台分别对以上先进个人进行了跟踪报道。 （刘东琼）

共青团渌口区委员会

【概况】 2018年,渌口区共有基层团委14个,团总支22个,团支部301个,团员

6672 人，新发展团员 1005 人。共青团渌口区委员会开展了“红领巾相约中国梦”“争做新时代好队员——集结在星星火炬旗帜下”“学雷锋·渌湘志愿服务我先行”“美丽渌湘·我是行动者”“健康人生·绿色无毒”及团员离队入团示范仪式等主题活动，不断凝聚信念共识，引导青少年听党话、跟党走。利用“五四”青年节、“学雷锋”等节日和纪念日，组织开展五四“学习宣传十九大·不忘初心跟党走”知识抢答赛、总结表彰等一系列教育实践活动，培育选树一批青年典型，坚定青年对党的政治认同、思想认同和情感认同。

强化服务。常态化开展“一元捐”等扶贫助学活动，共募集爱心善款 29111 元，助力贫困学子完成学业。关爱留守儿童，开展“爱在渌湘·春暖童心”慰问活动，“六一”前夕，为偏远山区的留守儿童们送去文具、体育用品等爱心礼物。开展“关爱留守儿童·助力精准扶贫”活动，株洲电视台、株洲新闻网均有报道。积极维护青少年合法权益，组织开展“送法进校园”“远离毒品　珍爱生命”等系列普法活动，青少年法律意识得到进一步增强、成长环境得到进一步优化。贴力推进创业就业。发挥“面对面”活动品牌优势，充分与县人社局就业指导中心合作，深入开展“春风行动”，推进“互联网 +”模式，积极寻求资源对接平台。加强宣传阵地建设，整合利用官方微博、微信、QQ 群和“青年之声”等网络交流平台，定期编创传播内涵丰富、形式时尚的网文、图片、微视频等网络文化产品，用丰富的内容吸引青年，用正面的宣传教育青年，努力建设思想政治工作新阵地，引导团员青年传播正能量、弘扬主旋律。

自身建设。坚持党建带团建，始终维护区委权威，严格落实区委指示，扎实推进从严治团。加强团干部教育培训，举办全区青年团干培训班，进一步提升团干业务能力水平，推进一大批年富力强的年轻人才充实基层团组织队伍，不断提升团组织影响力、凝聚力。（李　杏　戴婵婵）

渌口区妇女联合会

【概况】 2018 年是中国妇女第十二届全国代表大会召开之年，也是妇联组织改革发展的关键之年，渌口区妇联突出“巾帼心向党·建功新时代”这一主题，聚焦妇女和儿童“两大群体”，创新巾帼脱贫行动、妇女创业就业和“她代表”工作室“三大载体”，各项工作取得较好成绩。

全力抓好妇建服务党建，坚持“党建带妇建，妇建服务党建”，纵深推进妇联组织改革，团结带领妇女群众坚定不移听党话，跟党走。举办庆“三八”暨“巾帼心向党·建功新时代”主题演讲比赛，展现渌湘女性的精神风貌和责任担当，号召引领广大妇女干群深入学习宣传贯彻中共十九大精神。举办以学习贯彻中共十九大精神为重点，以妇女工作业务知识为主的“株洲县基层妇联组织区域化建设和网络化管理工作培训班”，镇村妇联主席和区妇联执委共 160 多人参加。深化基层妇改。在全省率先出台《株洲县妇联关于深化妇联组织改革工作的实施方案》和《株洲县妇联关于深化妇联组织改革工作责任分解表》，明确深化妇改工作实施步骤和任务要求，确保工作有章可循。启动非公妇建工作，对335家“两新组织”进行全面摸底，已在条件成熟的“两新组织”成立妇联3家、妇女之家13家、妇女微家20家。开展女性人才调研，完善县镇村三级执委信息，推进女性人才库信息采集工作，女性人才库得到进一步完善。

助推妇女创业就业。开创“妇联+妇女之家+妇女、妇联+合作社+妇女”模式，引导妇女创业，为其架起创业桥梁。积极推荐妇女参与“春风送岗位”招聘会，成功实现就业的女性295人，其中农村妇女156人。组织送课下乡护理班培训4期，开展3期 “红娘子绣手工”手鞠球班等各类培训，促进182名女性成功就业。帮助妇女特别是贫困妇女用好、用活国家扶持政策，宣传小额贴息担保贷款，拓宽“合作社+妇女”领域，发放妇女小额担保贷款28笔，总额280万元。

服务创新与宣传。立足“一个人带领一帮人服务一群人”的理念，运用联系妇女群众的新模式，积极建立微信“她代表”工作室，成立“她代表”工作室1340个，直接联系服务妇女群众4.7万余人，有效打通了服务妇女群众 “最后一千米”。利用APP软件“渌湘女性”“掌上渌口”和妇联系统QQ群、微信群，宣传、落实妇联各项工作特别是中国妇女十二次代表大会精神，做到线上线下“一呼百应”。加大妇联工作宣传力度，在潇湘女性网、《今日女报》等省级妇联媒体发稿10篇，其中《株洲县:党建带妇建，激活半边天》在6月25日的中国小康网上发表。

积极维权保稳定。从信访接待、法律宣传和阵地建设着手，不断健全区镇村三级维权体系。认真做好信访维权工作，全年共受理来电来信来访86件次，调处率、满意率均为100%。加大法治宣传力度，依托禁毒妈妈联盟等志愿者组织开展“三八维权月”“健康人生、绿色无毒”“‘6·26’禁毒日”“建设法制渌湘，巾帼在行动”“不让毒品进我家”等宣传活动，发放各类宣传资料1万余份。牵头开展平安家庭创建工作，并联合区综治办对“平安家庭”进行确认授牌，评选镇级“平安家庭”5456户，区级“平安家庭”1042户。

关爱妇女群体。关注“两癌”护健康，举办“两癌”健康知识讲座、“守护青春·为爱改变”的生殖健康知识公益讲座，组织开展“为了姐妹们的健康与幸福”公益活动，普及“两癌”防治知识。扎实推进农村适龄妇女“两癌”免费检查工作，加大宣传力度，落实农村适龄妇女“两癌”免费检查民生实事项目，为7598名农村适龄妇女免费提供宫颈癌和乳腺癌筛查服务，年度目标完成率达100.11%。加大资金筹集力度，向省市妇联争取“两癌”救助基金9.8万元，自筹爱心款2.65万元，资助贫困“两癌”患者55名。启动惠民项目“湘女关爱保”，采取自愿形式个人参保，购买女性防癌保险的妇女有2015人。

关注儿童成长。组织开展庆“六一”系列活动，区镇村各级妇联共走访慰问贫困儿童163人次。继续实施“有爱不孤单”成长陪伴计划，并实行动态管理，组织多次形式多样的亲子活动，搭建亲情交流平台。联合区老干局开展金秋助学活动，资助大一寒门学子和贫困家庭儿童16名，资助金额3.24万元。继续做好品牌项目“稻花香”读书会，在各镇成立“稻花香”读书会学习小组，坚持每周集中学习制，普及经典诵读，倡导亲子伴读，传播传统文化。在中小学层层选拔，选送10名选手参加全市第二季“少年讲坛”擂台赛复赛、总决赛，取得副坛主1名、讲师2名的成绩。推进“知心屋”建设，为留守学生提供心理健康指导、法律法规咨询65人次，选送心理情景剧参加展演，以地区复赛第一名进入全省决赛。

家庭文明建设。启动“最美家庭”评选和“一封家书”征集活动为主的家庭家风家教系列活动，征集家书190封。承办全市“最美家庭·幸福株洲”主题巡讲活动。11月底，承办全县“弘扬好家风，传承好家训”座谈会，以身边每个家庭的良好家风，传播正能量，正社风，纯民风。（罗 春）

渌口区科学技术协会

【概况】 2018年，渌口区科学技术协会认真落实“四服务”职能，引导科技工作者积极投身区域经济发展的各项工作中。利用农产品展销中心的位置优势，建设科普宣传街，配备科普宣传大屏2块、宣传展板10块，突出农产品安全知识的宣传和新产品的推介。在渌江风光带和伏波广场，建设科普宣传画廊和科普小广场。结合农村环境综合整治工作，为139个村（社区）配备以垃圾分类为主要内容的科普宣传展板。以县政府办的名义下发《关于印发〈株洲县全民科学素质行动计划纲要实施方案（2018—2020）〉的通知》。在“5·12”防灾减灾日活动中，立足“行动起来，减轻身边的灾害风险”主题，准备展板，印制科普宣传资料，共发放科普宣传资料2000余份。发挥社区在科普宣传中的重要作用，指导其结合居民健康、生活科学开展科普知识讲座和宣传。渌口镇接龙桥社区结合平常的科普宣传资料，编印《科普知识宣传手册》1本；向阳社区承办了由县科协主办的“全国科普日”活动。

青少年科技创新。一是流动科技馆成效明显。自2017年延续到2018年1月结束的“流动科技馆株洲县巡展活动”让青少年感受到了科技的魅力，激发了科学兴趣，为培养科学思维奠定基础，实现了预期目标，获湖南省科技馆最高奖补资金8万元。二是科技教师培训针对性强。4月，组织4位科技老师到益阳南县观摩省科协组织的青少年科技创新大赛作品评选活动。11月2日，组织32名科技老师参加由市科协和市教育局组织的“2018年中小学科技教师与科技教育组织工作者培训班”。11月9日，县科协和县教育局联合，再次组织县内科技老师培训，探索创新科技教学的手段和方法，为指导青少年开展科技创新活动培养了高素质的老师。三是学生参与科技创新热情高涨。在科技老师的指导下，青少年科技创新的积极性明显增加,动手能力增强。年底向市报送各类参赛作品86件。

科协改革工作稳步推进。《株洲县科协系统深化改革工作实施方案》快速出台,10月,县委常委会听取了县科协系统深化改革工作情况汇报,原则通过改革实施方案。针对科协机关工作人员紧张、科协基层组织建设缺失和科普经费短缺等多方面问题,县委常委会上给出了解决方案,并对做好科协工作提出更高要求。

科技助力产业有成效。围绕农业产业发展开展系列活动,为解决农产品销售难的问题,与有关单位一起建设农产品展销中心,中心既是农产品展示与销售窗口,也是农业技术交流的平台,于2月8日正式对外营业。指导农技联合会与深圳珉豪食品有限公司成立湖南珉豪生态农业发展有限责任公司,主要从事农产品销售。为解决农业结构调整、老百姓种什么的问题,组织相关人员于4月初赴广州、深圳的主要农产品市场考察,寻找销售渠道。10月,组织10位农场主到江西泸溪县参观现代农业庄园。积极争取产业发展项目,共申报科普基地3个,科普教育基地2个,农技协2个,科普带头人2人。

【渌口镇向阳社区获评“湖南省科普示范社区”】 2018年,经省科协专家组评审,县科协组织推荐申报的向阳社区获评“湖南省科普示范社区”,并获得“基层科普行动计划”省级专项资金10万元。继2017年接龙桥社区获评“全国科普示范社区”后,株洲县共有2个社区获此称号。

近年来,株洲县科协以提高居民科学文化素养为目标,积极整合资源,发动社会各界力量,推动社区科普工作有创新、有突破。抓住小区出新、共建合作等时机,指导向阳社区建立200米科普画廊和10多个科普宣传栏,与辖区单位合作,制作文明创建、垃圾分类、节能环保、反邪教宣传等内容丰富的科普知识,方便过往行人和居民学习科普知识。在指导社区做好常规工作的基础上,积极融合上级科协工作要求,拓展科普渠道,发挥志愿者骨干作用,针对不同人群需要,开展政策法规、健康卫生、反对邪教和文明创建、绿色低碳等教育活动,组织辖区居民开展计生知识、艾滋病防治知识和崇尚科学、关爱家庭、珍惜生命、反对邪教咨询讲座等群众性科普文娱活动,为社区科普工作开展注入生机和活力。

【艾玛斯特儿童城获批省级科普教育基地】 艾玛斯特儿童城规划面积2300平方米,场馆分为中华文化、国防教育、公共事业、制造产业、现代科技五大类型,共有21个体验馆,27种职业,倾力打造“职业体验+教育体验”教育特色项目,是目前为止渌口区规模最大、最专业、设施最齐全、辅助功能最完善的“青少年社会实践教育基地”。8月16日,艾玛斯特儿童城获批省级科普教育基地。

【琦艺特色种养殖基地获评市科协“科普示范基地”】 琦艺特色种养殖基地建立

于2015年3月，位于龙船镇堂市村，通过土地流转发展规模达200公顷，主要经营品种有三红蜜柚、沃柑、淡水小龙虾，带动村内两个农业专业合作社加入，并与省外1家专业养殖大户、1个合作社展开合作经营。基地按照“科技兴农、科普惠农”发展思路，以“推广科技、开发人才、科技兴农、科技富农”为宗旨，大面积推广果木培育、种植、淡水小龙虾养殖技术，多次组织专家、技术人员下村下组进行技术推广、指导，致力引导农户改变农业产业结构，走绿色农业发展之路。11月2日，琦艺特色种养殖基地获评市科协“科普示范基地”，获得10万元项目资金支持。 （蔡 芸）

渌口区工商业联合会

【概况】 2018年，渌口区工商联（总商会）有正式职工7人。区工商联（总商会）执委45人，区工商联（总商会）主席（会长）、党组书记缺席，专职副主席（副会长）2人，兼职副主席（副会长）14人。基层商会9个，其中8个镇商会、1个异地商会。区工商联（总商会）着力服务非公经济发展，获评区招商引资工作先进单位。

服务非公企业。一是开展专题调研，召开银企对接座谈会。对部分上规模的涉农企业发展状况的进行专题调研，调研组通过多次走访企业和召开座谈会，整理大家反映的问题和意见建议，形成专题报告呈报市工商联和区相关部门。4月27日召开政企银座谈会，会议邀请了县中小微企业服务平台、县工商银行、邮储银行等部门负责人对各自的金融产品进行介绍，与会企业老板对银行的服务工作提出意见和建议，并就融资贷款事宜进行接洽。二是加强会员单位基层组织建设。共发展新会员31名。全面完善基层商会会员台账，对台账进行及时的更新。三是抓好非公党建工作。按照县委“两新”党工委要求，抓实所属4个非公企业支部的日常管理，组织非公企业党支部书记进行专门的培训，指导党支部加强阵地建设和党员管理，充分发挥党组织在非公企业的战斗堡垒作用和党员的先锋模范作用。按照县委“两新”党工委要求，成立3家非公企业支部，新发展非公企业党员3名，并打造非公企业“五化”党支部示范点1个。

招商引资。年内落地项目2个。一是引进渌湘智慧星创天地项目，落户渌口镇新城村，计划总投资2000多万元，占地13.33公顷，已完成前期投资480多万元。二是2017—2018年，引进湖南红美生态果业有限公司，落户朱亭镇浦湾村，主要种植红美人柑橘，建立自由采摘休闲基地，计划总投资3000万元，总占地66.67公顷，已种植16.67公顷，投入资金800万元。

教育培训，联谊联络。共组织7批次100多人参加省、市、区各类业务培训，推荐3名企业会员参加市工商联举办的非公经济代表人士培训班；组织2名企业家参加市工商联在浙江大学组织的民营企业经营管理人才接力研修班，2位企业家参加由长株潭三市工商联举办的“长株潭商会合作交流暨项目推介”投资会;选送4名非公企业党员参加“两新”党工委组织的“习近平新时代中国特色社会主义思想”的学习培训班。“三八”期间,组织女性会员参加的“庆‘三八’智慧女性,幸福人生”为主题的联谊座谈会;组织会员参加市工商联举办的市工商联系统2018年第二届气排球联谊赛。组织全体执常委及园区有关企业会员学习习近平总书记在11月1日民营企业座谈会上的重要讲话精神。

光彩事业。一是引导会员企业在各条战线参与社会扶贫活动,引导和鼓励非公经济人士积极参与脱贫攻坚工作,共有22家企业联系结对帮扶17个村,投入项目帮扶资金72.5万元,安置就业贫困户人数810人,在企业务工518人,实现贫困户每年增收1500元左右。二是组织开展“同心圆梦·扶贫助学”活动,广东省湖南株洲县商会爱心企业共筹集善款15.8万元,为30名贫困大一新生面对面每人发放5000—10000元助学金。（谭智伟）

渌口区文学艺术界联合会

【概况】 2018年,渌口区文学艺术界联合会下设作协、书协、美协、音协、舞协、民协、剧协、诗协、摄协、石协10个协会,有会员1804名,其中市级会员195人,省级会员40人,国家级会员15名。组织编印《渌湘》杂志4期,开展“文艺进校园、进社区、进乡村”等大中小型采风活动10余次,接待20余名省市艺术家到区采风创作。各类会员创作作品1000余篇(幅)。被评为株洲市文联系统优秀集体。

县美协、书协、诗协组成文艺小分队开展送文艺下基层活动,1月11—15日,在株洲领秀时代为业主送书画,共送出书画作品60余幅。1月24日,到淦田镇梓湖学校开展文艺进校园活动,赠送价值6000余元的书法用品共计80余套,艺术工作者们当场传授书法基础知识,向参加活动的120余名师生现场写春联送祝福。2月5日,开展“文艺惠民送春联下乡活动——走进古岳峰镇”,为村民现场创作诗词楹联作品400余幅,全部免费赠送。到渌口镇开展送春联、送字画等活动,让文艺惠民真正落到实处。3月25日,株洲县作协换届会召开,特邀请湖南省作协主席王跃文作《向上向美的文学》讲座,500多名文学爱好者听课学习。

8月8—14日,县文联、县作协两次开展关注民生、关注美丽乡村系列采风活动。先后到松西子剑煌葡萄山庄采访葡萄园种植户彭建房身残志坚的感人故事;到凤凰山林场感受风力发电、凤凰古寺的魅力。两次采风共创作作品30余篇,在《渌湘》杂志择优刊登,在县作协公众号分批推出,为宣传和推介株洲县作出一定的贡献。县作协全年开展进乡村、进社区大小采风活动10余次,创作采风文学稿以及宣传稿累计100余篇,作协公众号推出采风文章及会员代表作26期。12月25日,有8人加入市作协,是区作协成立以来发展市级会员最多的一次。

协助承办“欢乐潇湘”“清风株洲”活

动。开展“欢乐潇湘·幸福渌湘”群众美术、书法、摄影活动的作品征集、展览、上报等工作，7月底，共收集三个门类的作品600余幅，旨在展示改革开放40年来株洲县的自然风光、民情风俗、文化传统以及人民群众的美好生活，7月13日、18日，邀请中国书协会员、湖南省青年书协副主席、株洲市书协副主席蒋冰针对参赛作者开展了两次授课，并现场点评作品，其中63幅书法作品、22幅美术作品、43幅摄影作品通过初审，统一装裱后在伏波公园文化馆一楼展厅集中展出，并在展出结束后择优报送省市参赛，有3人入展省级展览，其中1人获省级摄影类三等奖，14人获市级奖项。做好第二届“清风株洲”文化创作活动的宣传发动、作品征集、上报等相关工作，从6月初至8月底，在广大会员中开展书法、美术、文学、诗词四个类别的作品征集工作，在征集到的4个门类300余件作品，评选出美术类15幅、书法类40幅、诗词类59首、文学类13篇，并报送到市纪委进行统一评选，其中，美术作品入展6幅，获优秀奖1人；书法作品入展6幅，获三等奖1人；文学类、诗词类皆有奖项。

【《株洲县域文化》出版】 为了更好地开展地域文化研究、整合地域文化资源、熔铸地域文化特色、打造地域文化品牌，让社会各界更多人了解株洲县，由县文联编著的《株洲县地域文化》一书正式出版。该书共6章，计19万字，堪称地域文化简明辞典、渌湘大地风情画卷，也是株洲县六千年历史缩影、五十年文化镜像的生动写照。在建县五十三周年之际，特别是在撤县设区工作启动之时，出版这本浓缩株洲县文化历史、记载株洲县奋斗历程的“创业史”“文化史”，具有十分重要的意义。

【市重点扶持作品《守望民间》出版发行】 民间散文集《守望民间》由株洲县文联组织申报，获株洲市2017年度文艺创作重点扶持作品，由团结出版社于2018年1月正式公开出版发行。（段淑芳）

渌口区残疾人联合会

【概况】 2018年，渌口区残疾人联合会内设办公室、计财股、组宣部、康复部、就教部、维权中心、就业中心，履行“代表、服务、管理”职能，协调和推动全区残疾人事业的发展。区残联深入乡镇、社区、居委会和村组，与残疾人朋友交流，了解残疾人需求，提升为残疾人服务的水平，创造良好的残疾人事业发展环境。

基层残疾人组织建设。村、社区（居委会）残疾人协会普遍建立，147名残疾人专职委员活跃在残疾人工作一线，完善以区残联为主导、镇残联为骨干、村、社区（居委会）残协为基础的基层残疾人组织建设。4月，举办了一期乡镇残联理事长和乡镇残联专职委员培训班。选送优秀残疾人专职委员参加湖南省“五星残疾人专职委员”评选活动，有10人获此荣誉。

残疾人工作者和残疾人培训。积极

推荐员工外出参观、培训,学习别人的经验,有效增强业务能力。开办残疾人各类培训班,其中专职委员培训147人、康复协调员培训8人、残疾人实用技术培训90人、职业技能培训30人、自主创业培训30人。

第二代残疾人证办理和下乡办证。截至2018年12月31日,全区新增办证人数937人。按残疾类别,视力残疾64人,听力残疾48人,言语残疾9人,肢体残疾608人,智力残疾49人,精神残疾109人,多重残疾50人;按残疾等级,一级残疾155人,二级残疾399人,三级残疾206人,四级残疾177人。1月,新修订的《湖南省残疾人证管理办法细则》出台,县残联会同县纪委、卫计局、财政局、人民医院等部门深入研讨,交换意见,完善《株洲县残疾人证管理实施办法细则》,将下乡办证确定为助推残疾人精准扶贫工作的举措之一,受到残疾朋友的欢迎。年内下乡办证310人,其中上户79人,扶贫户、五保户和低保人员67人。为减轻残疾朋友的负担,区残联和区人民医院通过协商,免除残疾朋友鉴定残疾等级的30元/人的费用。对精准扶贫对象,区残联协调帮扶单位为其全程服务,把残疾证送到他们手上。

残疾人动态更新。根据中国残联等12部委通知要求,县残联成立残联动态更新工作小组及办公室,对各乡镇相关工作人员进行培训,对动态更新工作进行全面部署。8月底,全县残疾人基本服务状况和需求信息数据动态更新工作全面完成。共调查残疾人8041人,入户调查率达96.02%,手机APP录入率达99.7%。另外调查村、社区(居委会)139个,完善专职委员信息147人,死亡注销383人,完成率100%。

志愿助残服务。组织志愿者们着眼于残疾人的生活救助、潜能开发,在残疾人康复健身、就业培训、扶贫开发、文化体育、权益维护等方面,开展形式多样、内容丰富的系列活动。尤其是博爱义工联、株洲海明湘爱公益联合会和各镇志愿助残服务站工作尤为出色。

文化体育宣传。利用各种节假日、活动日多渠道宣传残疾人事业,营造良好的社会氛围。选送优秀的文艺作品参加“残疾人文化周”活动。抓好残疾人体育运动员的筛选与集训工作,3名残疾人运动员组队到株洲市代表队参加湖南省第十届残疾人运动会,夺得4银1铜5枚奖牌。

残疾人精准康复服务。按照2017年4月初联合卫计局、人社局、扶贫办下发的《关于印发〈株洲县残疾人精准康复服务行动实施方案〉的通知》,确定株洲县2018年度有需求的残疾儿童和持证残疾人接受基本康复服务的比例达到70%以上。年内本级精准康复任务数2570人,按70%完成,任务数为1799人。其中辅助器具服务数为597人,康复服务数为1202人。

残疾人扶贫工作。一是“连千村帮万户”扶贫救助工程。区残联帮扶点为淦田镇横岭村15名残疾人,通过摸底调查,量体裁衣做方案具体帮扶。二是组织残疾人托养服务工作。根据上级文件要求,残疾人居家托养对象为120名,由机构上门服务,做到让残疾人满意。三是根据实际情况,及时与区民政局和扶贫办联系,将符合低保、五保、精准扶贫和兜底扶贫的对象纳入到政策范围内。四是进一步落实对残疾学生和贫困残疾人家庭子女扶残助学机制。落实贫困残疾家庭大学生助学措施;根据湘残联字〔2015〕17号关于印发《湖南省高中阶段残疾学生和高中阶段贫困残疾人家庭子女资助管理办法》的通知,及时与县教育局衔接,录入系统,并根据上级文件,按时发放;落实残疾人教育扶助政策,帮助残疾人子女上学,将其作为关系残疾人家庭真正脱贫的战略重点来抓。同时,在全社会大力开展和倡导扶残助学活动。年内完成残疾人阳光增收项目80人。

残疾人法律维权工作。落实残疾人机动车燃油补贴数据的上报和录入,将资金通过银行发放到位;完成残疾人家庭无障碍改造25户,并通过验收;进一步完善无障碍社区(村)基础设施的建设;接待来访残疾人75人次,临时救助360人次。

组织第二十八次全国助残日系列活动。继续开展区直机关单位"一对一"帮扶贫困残疾人活动;围绕"全面建成小康社会,残疾人一个也不能少"的主题在渌口镇中央时代广场举行第二十八次全国助残日活动。区残联在现场设立政策咨询台,解答残疾人朋友提出的问题,发放有关残疾人政策宣传资料800余份;现场免费发放拐杖10副、轮椅20辆、盲人手机10台、盲杖10根。MC影城为残疾人朋友准备了专场电影,赛奇游乐场为湖塘小学特教班的孩子们组织了丰富的游乐节目。

（张翠薇）

渌口区红十字会

【概况】 2018年,区红十字会大力弘扬"人道、博爱、奉献"的红十字精神,以"创新思路、弘扬人道"为工作目标,大力促进三救三献、扶贫攻坚等能力的提档升级,充分发挥政府人道事务工作方面的助手作用,持续开展救灾、帮困和送温暖活动。建立健全红十字应急救援体系。将县、镇两级医疗卫生机构和8个镇政府吸收为红十字会员单位,层层压实责任。将全区卫生计生系统工作人员和热心慈善事业的人员吸收为红十字会员,全区有红十字会员单位29个,会员2000余人。

建立健全由专业医疗机构医务人员和社会爱心人士为主体的红十字志愿服务队、红十字应急救灾服务队伍各2支,志愿者队伍在各种自然灾害和突发公共事件应急处置中发挥了积极作用。通过加强红十字会网络建设,为全区红十字事业发展提供了组织和人力保障。

开展应急救护培训,普及应急救护、防灾避险。为提高公民的自救、互救能力,开展救护培训工作,为华新水泥(株洲)有限公司的100余名企业员工进行了专业的救护培训。在朱亭镇双江村为40余名村民进行了高血压、心脏病、脑卒等突发病、慢性病预防知识培训,提高了村民的救护知识和急救技能,并送去棉被、红十字救护生活包等物资。

参与、推动无偿献血、遗体和人体器官捐献工作。区政府主要领导亲自安排调度红十字会工作,主管领导担任区无偿献血领导小组组长,并多次组织调度开展无偿献血工作,确保该项工作的顺利开展和落实。顺利完成“博爱家园”“博爱广场”“博爱卫生站”等建设项目。通过展板、户外广告以及微信、网络媒体等多种形式开展无偿献血以及干细胞捐献宣传,普及献血和干细胞捐献知识,积极推动无偿献血工作,在全区形成了良好的无偿献血氛围。在渌口镇向阳广场新建1所献血屋,全区共有1450人成功参与无偿献血,献血量42.6万毫升,保证了全区临床用血的正常供应。采取多种形式宣传遗体和器官捐献工作,动员志愿者捐献遗体器官,并通过各种宣传日活动,向群众宣传遗体器官捐献知识。全年办理逝后遗体器官捐献登记3人,组织各级各类宣传活动20余次,发放宣传资料10万余份。应急救援、培育红十字志愿者、兴办红十字健康服务产业等一系列工作稳步推进。

开展人道主义服务工作。积极筹措基金,救助因病致贫、身患重大疾病的群众共20余人,救助金额达2万余元。在省级贫困村中遴选出100名贫困留守儿童,为他们分别送去了1000元爱心款和书包、笔记本等学习用具,并联系了心理救援志愿者团队为他们做一对一的心理疏导。组织“红十字义诊医疗服务队”深入贫困村开展健康咨询、宣传、免费义诊等活动,共接待贫困群众1400余人次、赠送药品价值10万余元。 (谢 俊)

法　治

政法及综治

【概况】 2018年，渌口区政法战线认真贯彻落实党中央决策部署和区委“建设更高水平平安幸福渌口”的工作要求，在安全稳定、扫黑除恶、社会治理、司法体制改革、队伍建设、服务发展等项工作上展现新作为，取得“三无四降两上升”的新进步。没有发生大规模群体性事件、重特大交通事故、重特大火灾事故，实现刑事案件、治安案件、交通事故、信访总量“四下降”，公众安全感、满意度“两上升”，维护了社会稳定，促进了经济持续健康发展。社会治安综合治理获评省先进，公众安全感测评排名全市第一。平安建设工作经验多次在市委政法综治工作会议上作交流发言，获评全省“十大平安县(市区)”创建示范单位。

政法机关以学习宣传贯彻习近平新时代中国特色社会主义思想作为首要政治任务，纳入政法机关党委(党组)中心组、党组织“三会一课”学习，广泛开展大宣传、大学习、大培训活动，引导广大政法干警学思践悟，树牢“四个意识”、坚定“四个自信”、做到“两个维护”，用新思想指导、推进政法工作理念思路、体制机制、方法手段创新，强化党的绝对领导，促进严格执法，公正司法，防范化解矛盾风险，有力维护政治安全、社会安定、人民安宁。

政法机关紧紧围绕区委的发展思路，立足自身职能，开展“两进两联两创”〔政法干警进集市集中宣传、进重点村走访；联系企业(项目)、联系基层群众；争创“人民满意政法干警”“人民满意政法服务窗口单位”〕活动。区法院积极化解金融债务风险，审结金融单位借贷纠纷149件，标的3175.8万余元，审结房地产、商品房买卖合同等案件56件，执结执行案件1129件，标的14亿余元。区检察院严厉打击制假售假、非法经营、信用卡诈骗、非公职人员职务侵占、挪用资金等经济犯罪，批捕6件6人，起诉7件13人。渌口公安分局开展“护航项目企业发展”攻坚行动，办理企业(项目)周边环境刑事案件4起，行政案件5起，刑事拘留5人，取保6人，移送起诉1人(待诉10人)，行政处罚5人，罚款3人，警告1人。区司法局积极调处生产经营纠纷58件,合同纠纷25件,劳动争议纠纷6件。

开展平安建设有新成果。全力开展扫黑除恶专项斗争,共摸排线索57条,抓获涉恶犯罪嫌疑人85人,侦办涉恶团伙6个,破获涉恶案件35起,批捕27人,起诉并宣判2案9人。认真组织“七大”系列平安创建活动,评选出区、镇两级平安家庭9000余户,平安校园、平安小区、平安医院、平安单位、平安企业、平安村(社区)48家,营造“平安渌湘人人参与、渌湘平安人人共享”的浓厚氛围。扎实开展“六大”系列巡防活动,开展巡逻1800余场次,确保刑事发案率连续五年持续下降。积极参加“两进两联两创”活动,走访8个镇、260个网格、36个农村集市、42个重点企业和项目,宣传法律政策,共提供法律咨询1200余场次,发放宣传资料20万余份。依托智慧渌口平台,全面推进区镇村三级综治中心(网格化服务管理中心)建设,探索建立“1+5”(网格+大数据+雪亮工程+联动处置+便民服务)的社会治理新模式。积极推进“一村一辅警”工作,136名驻村辅警全部上岗。

维护社会稳定有新业绩。积极推进社会稳定风险评估工作,共开展项目稳评6个,行政执法稳评4次,重要活动稳评3次,从源头上预防社会矛盾发生。开展“信访积案清零”活动,以交办、督办为抓手,强化“领导包案”“五包一”等化解稳控工作措施,解决各类涉稳问题12个。认真组织办理中央、省委巡视组交办的信访件及群众身边突出问题133件,有效降低积案存量,遏制问题增量。积极组织开展安保维稳“百日会战”,全面开展“大巡防、大排查、大管控、大整治”活动,分化瓦解处置群体性集访11起。对无理闹访、缠访对象依法打击,其中行政拘留4人次,训诫12人次,确保了全国“两会”和“中非论坛”等重要节点、重大活动期间的安全稳定,被评为市全国“两会”特护期信访维稳工作先进单位。

保障司法公正有新举措。认真开展执法监督工作,开展专项执法检查3次,评查案件160起,纠正瑕疵案件32起,未出现因审核错误导致的冤假错案。进一步理清员额法官、检察官职责权限,强化以员额法官、检察官为主体的办案责任制,队伍逐步实现专业化、精英化,办案质效得到明显提升。进一步深化司法公开,裁判文书上网2927份,采取网络直播形式公开开庭审理各类案件181件。进一步推进轻刑快办办案机制,提升办案效率,共办理轻刑快办案件28件28人,判决24件24人。完善人民监督员制度,组织开展“代表委员走进政法机关零距离监督”专项活动。建立健全执法档案,推行办案质量终身负责和错案责任倒查问责制度,办案人员责任感不断增强。

加强队伍建设有新突破。突出思想政治建设,坚持以习近平新时代中国特色社会主义政法思想为指导,扎实开展“两学一做”和“强意识、守规矩、严队伍、比作风”的专题教育活动,干警“四个意识”明显增强。广泛开展专题培训、网络学习、岗位练兵、业务竞赛等各类培训1000余人次，政法干警的职业素养和专业水平不断提升。

【渌口区获全省“十大平安县(市区)”创建示范单位】 2018年，全区各级各部门深入推进社会治安综合治理，深化平安建设，推动形成共建共治共享的社会治理格局，有效防范和减少违法犯罪，提升人民群众的获得感、幸福感、安全感，开创新时代社会治安综合治理新局面。省综治委授予渌口区“2018年度全省‘十大平安县(市区)’创建示范单位”荣誉称号。（陈弈栋）

公 安

【概况】 2018年，株洲市公安局渌口分局内设“5室9队8所”共22个二级机构。“5室”分别是办公室(指挥中心)、政工监督室、纪检监察室、警务保障室、法制工作室；“9队”分别是交通警察大队、国内安全保卫大队、刑事侦查大队、治安管理大队、禁毒大队、人口与出入境管理大队、经济犯罪侦查大队、巡特警大队、网络安全保卫大队；“8所”分别是看守所、拘留所、渌口派出所、淦田派出所、朱亭派出所、河西派出所、南洲派出所、水上派出所。先后获评“株洲市公安机关工作绩效与队伍建设评估优秀单位”“株洲市公安机关政治建警工作先进单位”“株洲市公安机关扫黑除恶专项斗争成绩突出单位”。

政治大局持续平稳。一是安保维稳工作有力度。落实安保维稳“百日会战”大巡防、大排查、大管控、大整治“四大”工作举措，完成重要节点、大型活动、重要会议的安全保卫任务40余次；上报涉稳类预警性情报信息72条。二是重点人员管控有作为。强化风险防控，加大对2591名重点人员的管控力度，在控率达57%。三是矛盾纠纷化解有成效。对18种突发警情进行专项训练，稳妥处置堵门、堵路等群体性事件20余起，办结中央、省委巡视组交办件14起，及时办结各类信访事项61起，查处涉访类治安案件8起，治安拘留8人，非侵财类治安案件的结案率达到75%。

治安秩序持续井然。坚持“命案必破”和严打暴力犯罪，破获23年前的命案积案1起。严打黑恶势力犯罪，共计摸排线索43条，抓获涉恶犯罪嫌疑人85人，侦办涉黑涉恶犯罪团伙6个，破获涉恶案件35起；以集打斗争为契机，破获系列电信诈骗案等一批有影响的案件。通过定人、定车、定时、定点的“四定”巡逻法，巡特警和派出所将巡逻足迹遍布大街小巷和山村田野。完成平安城市视频监控系统三期建设任务，在五区(市)中率先新建人脸识别探头50路。发生刑案621起(连续五年持续下降)，刑事拘留205人、执行逮捕119人、移送起诉278人，行政处罚345人，强制戒毒41人、追回网上逃犯32人，收缴各类枪支107支，查处行政案件621起，破刑事案件322起，破案率达51.8%。

安全形势持续向好。一是交通事故的总量下降。共查处交通违法行为75547起，道路事故实际死亡人数同比下降25%，连续十年没有发生死亡3人以上的特大道路交通事故,无校车、客车发生重大以上交通事故。二是消防监管的质量提升。对各类单位场所组织开展消防安全监督检查3240次,下发整改通知2196份;无消防安全事故、无亡人火灾事故。三是监所收押的容量冲顶。看守所、拘留所在警力没有增加的情况下,根据市局要求接收市区羁押对象,日均关押量达249人,超容量极限;通过进一步调整勤务模式,坚持严格管理和人性化管理相结合,未发生监所安全事故。

为民服务持续推进。一是窗口便民。"110"台共受理报警49652起,派出所和交警等实战单位共处理有效警情8957起,通过"12345"热线分流警情228起;办理身份证19949人次,出国境护照3904本,港澳通行证3991本,为群众上门办理二代身份证46人。二是改革惠民。以"信息化"简化流程,共梳理公安行政审批事项102项,并在"智慧渌口"平台上线。推进基层政务公开标准化规范化试点工作,制定完善方案与制度,切实做到"让信息多跑腿,让群众少跑路"。

基层基础持续夯实。积极推进"两车"物联防盗系统安装,共登记安装9797台次,完成总任务的25.7%,完成比率在五县(市)排名第一。136名驻村辅警的上岗履职,补齐农村治安防控基础薄弱的短板。公安负责项的民调成绩连续三年蝉联全市第一。协助查处涉砂、违规开采行政案件120余起,侦破非法捕捞案件4起,刑事打击处理6人。在"项目攻坚年"行动中,破获刑事案件4起,查处行政案件5起,刑事打击11人,行政处罚9人。

【在全市率先启动自助报案查询工作机制】 8月31日,株洲县公安局正式挂牌成立自助报案查询室,在全市率先启动自助报案查询工作机制。该机制集合自助报案、自助查询、行政救济、投诉建议等功能,充分利用人工智能、互联网络等方式,敞开大门服务,接受报案投诉,当场接受群众报警、当场录入证据材料、当场打印报警回执。受立案自助报案查询工作机制的推行给人民群众提供更多的选择,有效防范解决公安队伍执法不作为、乱作为的问题,倒逼执法规范,让人民群众在每一起案件办理中都能感受到公平正义。

【侦破省督"2018—116"团伙贩毒案】 10月,株洲县公安局专案组经过为期4个月的侦查,侦破跨株洲、衡阳二市的省目标(湖南省)"2018—116"案,彻底摧毁跨两个地市的贩毒网络。该案抓获贩毒犯罪嫌疑人21人,缴获冰毒、麻古1044.81克。

5月,县公安局在办理一起吸毒案件时,经吸毒人员举报,经过近三个月的侦控,通过前期的摸排侦控工作,专案组基本掌握该贩毒网络的构成,该贩毒团伙有成员20余人,涉及株洲市和衡阳市,贩卖毒品团伙人数多,贩卖量大,为彻底打掉该团伙,株洲市公安局决定由市局禁毒支队负责指导,县公安局负责主办该案,由县局成立专案组进行专案侦查。8月14

日，该案被省公安厅禁毒总队确立为省级目标案件，编号 2018—116 号。经过两个多月的侦查，专案组对该团伙的组织结构、交易方式、活动轨迹等全面掌控，经请示市局禁毒支队主要领导同意，在不影响全案侦破的前提下，根据案情发展，分批对团伙成员展开收网，先后抓获犯罪嫌疑人 21 人，均移送起诉至检察院。（苏 乐）

交通警察

【概况】 2018 年，株洲市公安局渌口分局交通警察大队担负辖区 10.6054 万名驾驶人、8.7122 万辆机动车、1614.426 千米城乡道路的交通安全管理任务。确保道路在车流、人流大幅增加的情况下，实现交通安全、畅通、有序。截至 12 月 31 日，累计保有机动车驾驶人 10.6054 万人、机动车 8.7122 万辆。道路交通安全形势始终保持平稳可控，发生统计上报道路交通事故 165 起，死亡 10 人，受伤 311 人，直接财产损失 148.38 万元，同比分别上升 1.23%、下降 28.60%、上升 12.27%、下降 30.99%，连续 10 年未发生死亡 3 人以上的较大道路交通事故。共查纠道路交通违法行为 10.1534 万起，酒驾 168 起，醉驾 45 起，暂扣驾驶证 420 本，吊销驾驶证 75 本，行政拘留 86 人，刑事立案 60 起，刑事破案 60 起。涌现了一批先进集体和先进个人，其中国家级先进集体1 个、省级先进集体 1 个、市级先进集体 2 个、区级先进集体 5 个、公安分局先进集体 3 个，获省、市级先进个人 12 人次、8 人次受到上级嘉奖，获评株洲市 2018 年度“政法先进单位”“车驾检管理工作先进集体”等荣誉称号，区交警大队松西子小学护学岗被评为湖南省文明交通优秀护学岗。

交通管理综合治理。按照“一单四制”工作要求，排查隐患路段 7 处，治理 4 处。南洲大道新建电子警察 2 套，渌水大桥新建测速卡口 1 个，施划标线 1 万平方米，增加标志标牌 300 余块。每月深入运输企业开展安全大检查，发出限期整改通知书 20 余份，督促企业落实主体责任。大中型客车、重中型货车综合检验率达 82.42%，全市排名第四。完善考场设施，从严把好车辆登记和驾驶人考试关口。共受理道路交通事故报警 3387 起，其中简易程序事故 1174 起，一般程序事故 165 起。发生交通肇事逃逸案件 14 起，侦破 14 起，侦破率 100%。

道路交通安全整治行动。1 月 1 日—3 月 31 日，组织开展“冬春攻势”整治行动，共查纠各类交通违法行为 17208 起，其中现场纠违 1962 起。4 月 1 日—7 月 9 日，组织开展农村道路交通秩序百日集中整治行动，共查纠各类交通违法行为 28266 起，其中现场纠违 6872 起。9 月 21 日—12 月 31 日，组织开展城市交通秩序集中攻坚行动，共查纠各类交通违法行为 32090 起，其中现场纠违 3553 起。

警务效能增强。坚持推行早勤由机关民警、职工和一中队警协人员守点，晚勤由一中队警协人员负责的措施。继续落实平峰巡线、民警护学、市场维护和高速公路联络线、节假日及重大活动应急处置等路面勤务制度,完成了元旦、春节、春运、元宵节、全国和全区“两会”、清明节、高考、端午节、中秋节、国庆节等活动的交通安全保卫工作,确保在人车路大幅增长的情况下,较好地维护城区和主干道道路畅通有序。

为民服务情况。全面落实“放管服”改革和“最多跑一次”改革,车管所等窗口单位购买自助服务机等“放管服”配套设备,落实申请材料四个减免、18类简单业务一证即办、普通业务一窗通办的服务举措,建成启用城区交通事故快处快赔中心,共为群众办理摩托车注册登记5570辆、汽车注册登记823辆、摩托车驾驶证1269本、汽车科目一考试4430人,快处快赔中心处理交通事故178起,利用道路交通事故调处“超市”成功调解事故1000余起,利用社会救助基金实施救助35户,事故处理无上访上诉案件。加强“两微一短信”平台建设,发布路况、安全预警、告知提醒等信息3万余条。为本地车主处理异地和高速公路交通违法事件2万多条。办理人大代表建议、政协委员提案9件,满意率100%。

交警队伍建设。扎实开展政治建警和区纪律作风专题教育活动,完善队伍建设考核细则等相关制度,开展常态化督查10次,观看系列警示教育片,无民警、职工违法违纪案件发生。制定《2018年度执法质量考评细则》,建立执法记录仪使用情况通报制度,规范吊销驾驶证、网上办理行政拘留案件和刑事案件的流程,开展酒驾、醉驾未办结案件清理和“买分卖分”自查等工作。参加交警网校培训和考试3期及普法考试,组织规范执法培训6次。新招录一批协警,为基层部门更换5台执法警车。

【车辆管理所被公安部评定为“全国一等县级车辆管理所”】 6月10日,公安部下发《关于2016—2017年度车辆管理所等级评定情况的通报》,株洲县车辆管理所被评定为全国一等县级车辆管理所。车辆管理所成立于1987年5月。2009年开展等级车辆管理所创建工作以来,大队一直把创建工作放在重中之重的位置,管理水平与服务质量不断提高,2009—2010年被省公安厅评定为二等车辆管理所,2011—2013年被省公安厅评定为一等车辆管理所,2014—2015年、2016—2017年两次被公安部评定为“全国一等县级车辆管理所”。2018年,共办理机动车业务32464起,机动车驾驶证业务11514起、机动车驾驶人科目一考试6374人。 (田小红)

消　防

【概况】 2018年,渌口区消防大队全面推动提升队伍建设水平和社会整体防控火灾能力,确保社会面火灾形势和队伍内部“两个稳定”,为社会经济发展和人民安居乐业创造了良好的消防安全环境。大队党委被评为“湖南省消防部队先进基层党组织”,株洲市消防队伍被评为“安全工作先进大队”“全面建设先进中队”“消防执法质量先进大队”。

强化执勤训练,进一步增强灭火救援能力。围绕“能打仗、打胜战”的目标,以实战化训练比武和支队“三大活动”为抓手,加大训练强度,创新训练模式,科学统筹制订各类灾害事故预案,组织开展执勤训练和各类实战演练,切实加强队伍的火灾扑救、应急救援和实战能力,加快了消防救援队伍向“主力军、国家队”的转型升级。共接警出动51次,出动消防车89台次、人员621人次,抢救疏散被困人员448人,挽回经济损失数百余万元。

坚持依法治火,优化消防安全环境。大队把预防重特大火灾作为衡量消防工作成效的根本标准,深入剖析辖区火灾形势,先后开展今冬明春消防工作、消防产品专项整治、电气火灾专项治理、敬老院消防安全专项整治、文物古建筑消防安全专项整治等一系列专项治理行动。深入推进消防安全管理创新,74家消防安全重点单位重点落实“六加一”措施,全力开展消防安全“户籍化”管理,消防安全管理能力明显增强。联合安监、民政、教育、房产、文物、工商质监等部门,对易燃易爆危险品场所、福利养老机构、学校、物业小区、文物古建筑等场所联合执法20余次,形成火灾联防联控的良好局面。共检查单位3240家,发现并整改火灾隐患4968处,下发《责令改正通知书》2196份,行政处罚单位26家,临时查封单位43家,责令“三停”单位25家,罚款55.33万元,整改销案重大火灾隐患单位2家,拘留2人。

普及宣传教育,提高全民安全素质。围绕贯彻消防宣传“七进”,全面铺开宣传服务“外包”,利用“全国中小学生安全教育日”“防灾减灾日”“安全生产月”“119消防宣传月”等重要节点集中组织开展消防宣传活动;分层级开展党政干部、公务员、国企、重点单位、乡镇等人员的消防安全培训。共举办各类培训班30余期,开展各类宣传活动40余次,发放消防宣传资料10万余份。

加大投入力度,完善消防基础建设。全面推进“消防规划、市政消火栓、独立式感烟报警器、微型消防站”四项建设。新增市政消火栓51个,实有数305个;安装报警器275个;在朱亭、淦田和龙船镇建立专职消防队的基础上,新建松西子等6个社区微型消防站;定期组织开展联合演练、实战调动和学习交流等活动,辐射带动区域基层消防组织力量整体提升。

(郭　俊)

检　察

【概况】 2018年,渌口区检察工作围绕“讲政治、顾大局、谋发展、重自强”的新时代检察工作总要求,各项工作在转型改革中取得新进步。

助力重大风险防控。严厉打击非法吸收公众存款、集资诈骗、传销等扰乱金融管理、破坏市场经济秩序的犯罪,依法办理涉案金额达3.5亿余元的马万鹏非法吸收公众存款案,逮捕起诉6人;办理涉案金额近亿元的伍威贷款诈骗案;对公安部督办的“3·15”特大维卡币跨国网络传销案第二批34名被告人依法提起公诉,该案获评全省检察机关优秀公诉案件。服务保障重点项目建设,依法对垄断砂卵石供应的晏代劲等5人寻衅滋事案,以及许赛飞、张伟破坏生产经营案快捕快诉,保障了东城大道、渌水二桥等重点项目的顺利进行。

助攻环境污染防治。聚焦生态环境和资源保护,开展“饮用水水源地保护”“打击非法捕捞水产品”等专项监督活动,在环保领域办理行政公益诉讼案件15件。及时对“松本药业”超标污水偷排湘江事件启动公益诉讼程序,避免湘江水质受到持续侵害。办理饮用水水源保护公益诉讼系列案,推动区自来水厂投资600万元整改废水处理系统,该系列案被省检察院作为公益诉讼典型案例在全省推介。积极推进生态修复补偿机制,起诉6件非法捕捞水产品刑事附带民事公益诉讼案件,10名被告人在接受刑事处罚的同时,还承担对湘江生态修复补偿责任,放流鱼苗5万余尾。

深入推进扫黑除恶专项斗争。坚决贯彻落实扫黑除恶专项斗争部署,依法从重从快查办涉黑涉恶案件,共批捕涉黑涉恶犯罪嫌疑人28人,监督立案2件2人,追捕2人,起诉12人,追诉1人。办理全市首例由检察长出庭支持公诉的扫黑除恶案件。对肖小勇等人重大涉黑恶势力团伙犯罪系列案提前介入公安机关引导侦查取证,已批捕12人。

依法严惩各类刑事犯罪。贯彻总体国家安全观,维护社会平安稳定,共受理审查逮捕178人,依法批准逮捕123人,同比上升48%;受理审查起诉303人,依法提起公诉293人,同比上升18%。严厉打击故意杀人、故意伤害、强奸、抢劫等严重暴力犯罪,依法批捕11人,起诉19人。严肃惩处涉枪、涉黄赌毒等严重扰乱社会治安犯罪,依法批捕29人,起诉34人。贯彻落实宽严相济的刑事政策,决定不捕50人,不诉35人。实行未成年人犯罪案件双向保护机制,在保护被害人的同时,帮助挽救5名涉罪未成年人回归校园、回归社会。

切实做好职务犯罪检察工作。贯彻落实国家监察体制改革部署,确保职务犯罪侦查部门人员转隶工作平稳有序进行。建立完善办理职务犯罪案件衔接办法,受理区监察委移送职务犯罪案件3件6人,决定逮捕3件3人,起诉8件14人(含上年度未结案件),职务犯罪生效裁判3人,职务犯罪检察工作名列全市检察机关第一。依法对渌口镇政府相关工作人员滥用职权案,王鸿彬、曾庆玖等人贪污受贿案提起公诉,为巩固反腐败压倒性胜利贡献检察力量。

积极参与社会综合治理。认真做好检察环节矛盾化解,接待处理群众来信来访28件32人。落实检察长接待日制度,检察长接待上访群众12人次。打造“12309”检察服务中心,提供一站式服务,让“数据多跑路,群众少跑腿”。结合“网格走亲、党群同心”大走访,扎实开展“两联两进两创”活动,共走访群众逾千人次,走访企业10家,进集市宣传80余次,发放宣传资料

5000余份，接受法律咨询150余人次，帮助困难群众解决问题16件。推进国家司法救助工作，为2名贫困户刑事被害人发放救助金3万元。民调工作名列全市检察机关第一名。

加强法律监督，维护司法公平正义。强化刑事诉讼监督，对侦查机关应当立案而不立案的，监督立案13件；对应当逮捕而未逮捕的，追加逮捕7人；对应当起诉而未移送起诉的，追加起诉14人。监督纠正侦查活动违法21件次，监督纠正刑事审判活动违法4件次，提出抗诉3件。依法办理新刑诉法修改后全市首例认罪认罚从宽案件，对118件案件建议适用简易程序，有效提升诉讼效率。强化刑事执行检察监督：纠正刑罚执行和监管活动违法事项110次，提出检察建议74件均被采纳。对在押人员开展羁押必要性审查，提出变更强制措施或释放建议22件，被采纳20件。开展财产刑执行专项检查，办理财产刑检察监督案件8件，提出纠正意见均被采纳。开展社区矫正“防脱管漏管”专项整治活动，确保各社区矫正服刑人员无一人脱管漏管，对2名严重违反监管规定的社矫人员，提出收监执行检察建议，均被法院采纳。强化民事行政检察监督，办理各类民事行政检察案件185件，办案数量居全市第一。坚决捍卫司法公正，保护当事人合法权益，办理民事生效裁判监督、民事审判活动违法监督、民事执行活动监督等案件6件，办案数量同比上升200%。办理督促行政机关履职案件27件，发出检察建议25份，均被行政机关采纳。加强民生权益保障，通过支持起诉，帮助152名农民工追讨拖欠工资180余万元。

创新发展，推动检察改革落地见效。一是全力深化司法责任制改革。持续推进以司法责任制为核心的司法体制改革，按照公平公正公开的原则，遴选第二批员额检察官。健全办案组织，强化以员额检察官为主体的办案责任制，坚决执行入额领导必须办案，入额领导直接办理各类案件312件，并带头办理疑难复杂案件，有效发挥履职示范作用。落实省以下检察院人财物统一管理改革，完善司法体制综合配套改革，不断激发工作活力。二是全面推进公益诉讼工作。以维护国家利益和社会公益为目标，紧紧依靠党委领导、人大监督、政府支持，与6个行政职能部门会签《关于加强行政公益诉讼工作协作的意见》，努力构建“双赢多赢共赢”监督格局，办理公益诉讼案件78件，均与行政机关通过诉前程序解决问题。开展食品药品安全领域公益诉讼专项监督，切实保障千家万户舌尖上的安全。坚持监督与支持并重，制定《人大代表、政协委员、人民监督员参与公益诉讼案件办理工作办法》，主动将公益诉讼工作置于广泛监督之下。三是积极落实检察工作机制改革。成立扫黑除恶、公益诉讼、未成年人检察等5个专业化办案小组，探索建立专业化办案机制。积极推进重大监督事项案件化办理，以“案件化”方式办理重大监督事项4件，进一步提升监督效能。积极推进轻刑快办办案机制，有效提升办案效率，共办理轻刑快办公诉案件31件31人。积极探索增强检察建议刚性,提升检察建议的强制力和约束力,更好地履行检察监督职责。

坚持规范司法。全面从严治检,坚持阳光司法,自觉让检察权在阳光下运行,以公开促公正,公开法律文书195份、案件程序性信息334条、重要案件信息39条。常态化开展案件质量评查,累计评查案件317件,对案件质量问题坚持小题大做,定期通报。树牢监督者更要接受监督理念,主动接受人大代表、政协委员和社会各界监督。专题向区委常委会、区人大常委会报告检察工作,建立完善代表、委员常态化联络机制,定期开展"检察开放日"活动,通过微信、短信推送工作信息500余条,采取走访、座谈、参与执法、案件评议等方式,联络代表48人次。

打造过硬队伍。以问题为导向,围绕"补齐短板、练好内功、自我提升"的要求,着力提升队伍规范化、专业化、职业化水平,营造创先争优的浓厚氛围。共有17个集体、27人次受到市级及以上表彰。以检察人员分类管理为契机,广泛开展各类培训488人次,坚持检察文化的凝心聚魂作用,积极开展健康向上的检察文化活动,获评全省检察机关"检察文化活动"先进单位、市文明单位。

【信息被中共中央办公厅和高检院采纳】 广大干警联系工作实际,积极撰写论文,先后有2篇亮点工作信息被中共中央办公厅和高检院采纳,2篇调研论文在省级及以上论坛获奖。（文斯佳）

法　院

【概况】 2018年,溧口区人民法院共受理各类案件3216件,审(执)结3034件,结案率为94.34%。司法质效年度考核在全省法院系统排名第四。

刑事审判。审结刑事案件196件303人。扎实推进扫黑除恶专项斗争,已受理涉恶案件3件12人,从重从快审结2件9人。审结的晏某等5人寻衅滋事涉恶案件入选全省法院扫黑除恶典型案例,并在《人民法院报》《法制周报》等媒体予以报道。重点整治涉毒、"两抢一盗"等犯罪,审结贩卖毒品、容留他人吸食毒品案11件、盗抢案37件、故意伤害案15件、交通肇事案14件、危险驾驶案31件。继续保持反腐高压态势,审结贪污贿赂、挪用公款、渎职等职务犯罪6件7人。严厉打击破坏生态环境犯罪,审结非法捕捞水产品刑事附带民事环境公益诉讼6案10人。

民商事审判。审结民商事案件1613件,调解结案708件,撤诉233件,调撤率达58.33%。审理婚姻家庭类纠纷375件,促进家庭、社会的和谐稳定。开展涉民生案件专项审判活动,确保该类案件权利人尽快实现权利。审结追索劳动报酬、农民工工资、赡养费、扶养费、抚育费、交通事故损害赔偿等涉及人民群众基本生活的案件450件。主动依法服务金融单位清欠工作,审结金融单位借贷纠纷149件,标的3175.8万元。服务供给侧结构性改革,维护市场经济秩序,审结房地产、商品房买卖合同等案件56件。充分发挥破产审判在优化资源配置、缓和社会矛盾、规范市场秩序中的积极作用,稳妥审理了松西子系列合并破产清算案8件。

行政审判。审结行政案件17件,审查非诉行政执行案件25件。推动行政机关负责人出庭应诉制度化、常态化,行政机关负责人出庭应诉率100%。依法推进征地拆迁司法强拆工作,为征地拆迁攻坚工作提供优质的法律服务,积极配合有关部门在晶密电子项目、高家湾棚户区、渌枫大道、青龙湾中央小镇等项目中,签订征拆协议40户,拆除房屋36栋(套)。

执行工作。依法用好、用足、用活执行惩戒措施,将191名被执行人纳入失信人名单,对1072名被执行人限制高消费,司法拘留42人,罚款5人,以涉嫌拒执罪移送公安机关立案调查7案7人,判决1案1人,以非法处置查封的财产罪移送公安机关调查1案1人。规范网络查控、网络拍卖、"一案一账号"案款管理、执行悬赏保险等执行措施。网络查控2480次,网络拍卖被执行人房屋、土地、车辆等财产案件177件,已成功拍卖46件,成交额3277.71万元,溢价率9.24%。开展"规范执行年"、拖欠农民工工资案件集中执行专项活动以及"三反""三涉"专项整治行动,执结执行案件1129件,标的14亿余元。执行工作年度考评在全省法院系统排名第一。

司法改革。提请区人大常委会任命报备第二批入额法官。制定《法官业绩评价办法》,构建权责清晰的司法责任和考核体系,细化院长、庭长、员额法官、法官助理的职责权限。在繁简分流、多元化纠纷解决机制建设等重点改革上下功夫,逐步破解审判执行发展难题。简易程序适用率、上诉率及上诉发改率等绩效指标一直稳居全省法院前十位。坚持院庭领导带头办案常态化,逐级压实责任,充分发挥示范效应作用,院领导人均结案54件。

司法公开。认真办理区人大交办的意见建议及督办事项5件。通过走访、座谈、见证审执工作、短信推送工作情况等形式,全面开展三级人大代表的结对联络工作。组织开展"代表委员进法院零距离监督"专项活动,邀请人大代表、政协委员视察法院、听审评议、见证监督执行78人次。进一步完善审判流程、裁判文书、执行信息和庭审公开四大司法公开平台建设。在审判流程平台及时公布所有案件流程,在中国裁判文书网公布已经生效的裁判文书2927份,在中国执行信息公开网公布801件执行案件的流程节点信息,在中国庭审公开网直播181件刑事、民事案件庭审情况。加强互联网宣传阵地建设,实现网站、微信、微博全覆盖全公开。

审判管理。建立健全案件流程管理制度、评查制度、重点指标月通报制度、审判态势分析制度。强化"网上办案",规范办案节点流程,有效防止案件"带病归档"、法律文书"带错出门"。积极运用大数据思维强化审判运行态势分析,及时准确完成司法统计工作。出台员额法官业绩动态管理考核机制,对员额法官和执行法官办案质效坚持一周一公示、一月一通报一讲评，及时分析审判执行工作运行状况，监控案件流程节点信息，督办临近审限案件，定期印发《审判管理简报》《法官个人绩效排名通报》24期。各项审执绩效动态均衡、稳步提升。

法庭建设。加快推进智慧法院建设，着力在业务办理网络化、司法公开阳光化、司法服务智能化等方面实现更大提升。加强基础设施软、硬件建设，逐步实现案件立案、审理、执行、归档全流程电子卷宗随案同步生成，逐步建立智能辅助办案系统。实现科技法庭建设全覆盖，完善诉讼服务大厅信息化建设、窗口单位和关键岗位视频全覆盖建设以及电子签章建设。

便民诉讼。进一步完善诉讼引导、立案释明、风险提示、立案登记、案件查询、信访咨询、网上立案、判后答疑、多元调解、裁速确认等“一站式”绿色立案通道，让参与诉讼的群众感到更便捷、更顺畅。坚持巡回办案，深入田间地头、农家院落巡回审理案件8件。坚持送法下乡进村镇、入农户，进行法制宣传82场次，发放普法资料9600册。为伤残人员、进城务工人员等困难群体依法缓、减、免诉讼费42.74万元。为信访、执行、刑事被害人提供司法救助100余万元。推进电子档案建设，新收案件实现电子卷宗同步生成，增强司法透明，让“死档案”变“活资源”。开设法律援助服务台，建立法律援助律师值班制度，为当事人提供法律帮助。

涉诉信访。畅通信访渠道，处理群众来信来访136人次，办结涉诉信访案件6件，办结中央巡视组及省委巡视组督办案件13件。

(谢　燕)

司法行政

【概况】 2018年，渌口区司法局以打造公共法律服务体系为抓手，以推进平安渌湘、法治渌湘建设为目标，取得了较好的工作成绩。南洲司法所被评为“全国先进司法所”；南洲镇人民调解委员会被评为全国优秀人民调解委员会；龙门镇龙门村获评省级“民主法治示范村”。

筑牢维稳第一防线。组织开展社区矫正重点对象“防脱管、漏管和重新犯罪”专项排查活动，8个司法所联合彩虹社工对社区服刑人员进行全覆盖式走访，随时掌握社区服刑人员动态，防止脱管漏管。每季度召开一次安全形势分析会，定期开展清查比对，及时排查消除安全隐患。截至12月底，共接收社区矫正人员144人，解除矫正118人，在矫196人。广泛开展“人民调解解民忧、防风险、促和谐”和“四查四防化纠纷、千乡万村创四无”专项调解活动，各级调解组织共开展矛盾纠纷排查748次，排查出各类矛盾纠纷968起，调处968起，调处率100％，调处成功965起，调处成功率达99.7%，没有一例因矛盾纠纷调处不及时或处理不到位而引发群体性械斗、非正常死亡、集体性上访、民转刑”案件。

拓展公共法律服务体系。全面完成三级公共法律服务实体平台建设。拓展法律咨询、法律援助、公证、人民调解等多项服务职能，让有法律需求的群众“一个门进来、一个窗口受理、一站式服务”。公共法律服务站点以人民调解委员会、1390个“法润三湘”志愿点等资源为依托，切实打通法律服务群众“最后一千米”。结合“如法网”网络平台和“12348”法律援助热线，实现“最多跑一次”改革，让群众“少跑路”，进一步提高法律服务水平。法律援助中心共接待法律咨询326人次，办理法律援助案件253件，完成“民生100”工程所列任务的148.8%　。

拓展法治宣传教育受众。抓住领导干部、青少年、农民工等“关键”，以宣传《中华人民共和国宪法》为重点，大力开展“送法下乡”、5月农村法治宣传教育月、9月青少年法治宣传教育周、“12·4”国家宪法日集中宣传等活动，共组织宣传队员150余人次，出动宣传车辆20余次，发放各类宣传资料5000余份，为群众提供法律咨询600余人次。全面落实“谁执法谁普法”责任制，多家执法单位认真履行本单位的普法责任，形成了“大普法”格局。

公证工作。公证处积极服务经济社会发展和城市建设。在棚户区改造、拆违控违过程中，积极办理违章建筑现状及建筑内物品的证据保全公证；在东城大道、渌枫大道、南洲新区骨干路网建设、工塑耐膜等项目征地拆迁过程中办理有关文书、资料的送达证据保全工作，助推项目建设，共办理803件国内民事、经济公证，公证案件无一例假案。

扫黑除恶工作。加强对律师队伍的监督管理，律师事务所建立涉黑涉恶案件管理制度，建立律师办理涉黑涉恶案件接案审查、请示报告和检查督导制度，建立涉黑涉恶案件快速绿色法律援助通道。对在矫社区矫正人员进行全面排查，开展社区服刑人员警示教育活动。结合“法律六进”和“网格走亲”活动，综合运用传统媒体和新兴媒体，全力做好“扫黑除恶”宣传工作。

【设立“法润三湘”志愿点】 在全区设立1390个“法润三湘”志愿点，为139个村（社区）各配备一名法律顾问，并在各村悬挂律师公示牌。通过积极推广实体平台、“如法网”和“12348”公共法律服务热线，越来越多群众知晓公共法律服务功能，让群众享受到方便、快捷、高质量的免费法律咨询。

【选任人民陪审员66名】 11月，启动人民陪审员选任工作。县司法局会同法院和公安局于11月20日向社会发布人民陪审员选任公告，经县纪委（监委）、人民法院、公安局、司法局和有关群团组织及各乡镇的密切配合，按程序完成报名、资格审查、随机抽选等各项工作，确定人民陪审员任命人选66名。　（文　静）

军 事

人民武装

【概况】 2018年,渌口区人民武装部坚持把思想政治建设摆在首位,作为强基固本的工程狠抓落实。认真抓好"加强党的领导党的建设"学习教育、党的纪律教育和各项制度落实,拓展丰富学习教育方式方法,自身建设不断加强,"四个意识"树得牢,落实民主集中制好。

思想政治工作富有成效。主题教育方面,狠抓"传承红色基因,担当强军重任"主题教育,充分利用"掌上渌口""渌口发布"等手机终端,推送学习内容,扩大覆盖面;广泛开展心得体会交流和讨论发言,主题教育经验做法被光明网、新浪网、搜狐网等国内主流媒体网站转发;专题教育教案《让爱国奉献焕发时代光芒、用接力奋斗赓续光荣传统》在《中国民兵》杂志上刊发。国防教育方面,在古岳峰中学、金台小学建立2个功能齐全的标准化国防教育室,组建一支由抗美援朝老战士和优秀退役军人组成的国防教育课外辅导队伍,指导开展经常性国防教育活动。宣传工作方面,在省级及以上刊物、媒体上发表新闻稿件58篇,省军区刊登要讯5篇;协调区委组织部在S211省道30千米沿线悬挂国防教育宣传路牌,在城镇显要位置张贴国防教育标语。为军服务方面,坚持"八一"建军节、"春节"走访慰问军属和优秀复退老兵,为患病军属捐款,协调处理部队来函反映军人家属涉法维权事项10余起,为军属挽回经济损失30余万元,协调处理复退军人反映问题50批100余人次。

战备训练水平明显提升。牢记强军目标,坚持按照打仗的标准搞训练、抓战备,首长机关和民兵预备役队伍"能打仗、保障打胜仗"的能力有效提升。民兵整组工作扎实开展。通过民兵组织整顿,完成基干民兵和普通民兵的整组任务。整组中,部领导分片深入基层进行指导帮带,投入专项经费加强基层阵地建设,逐分队组织集结点验,有效促进整组备案工作落实,在各级检查中受到好评。军事训练工作落实到位。以首长机关训练为牵引,坚持体能训练,定期组织军事理论和业务知识学习。注重抓实民兵队伍训练,按照"四落实"的标准要求,完成2期基干民兵训练任务。组织区应急连在渌江进行冲锋舟训练,邀请专家进行专业授课,组织实地保交护路演练。在株洲军分区组织的民兵“四会”教练员骨干集训中获综合成绩第一名,基干兵兵、专武干部年度军事比武综合成绩前三名。注重在使用中强化管理、锻炼队伍,不断提高民兵分队实战能力。组织区人武部机关带民兵应急分队进行紧急出动演练,参演人员训练有素,展现良好的战备水平。

圆满完成征兵任务。严格按照征兵“五率”指标体系考评要求,做好征兵各项工作。采取多种形式和手段,加强兵役法规、征兵政策宣传和舆论引导,形成踊跃报名应征的浓厚氛围。坚持“三到、三用、三讲清”,把征兵宣传工作落到实处。严把体格检查关,选准配强体检工作人员。按照初步考查、联合考核、走访调查、综合结论的步骤组织政治考核。严格落实集体审批定兵、全程录像、公开公示的要求择优定兵。召开入伍批准大会,现场发放入伍通知书和光荣军属牌,组织入伍教育。组织双合格预定新兵进行役前训练,规范新兵一日生活制度,从严管理,从严训练,提前适应部队生活。新兵入伍后,及时到兵员比较集中的部队进行回访,掌握新兵思想动态,协助部队做好思想稳定和教育管理工作,确保他们安心服役。

参建参治作用明显。在支援地方经济建设、执行急难险重任务、助力精准扶贫、党建帮扶等工作方面积极作为。为各村组织指导抗旱抢险。为古岳峰镇向阳小学、金台小学解决实际困难折合人民币 8 万元。脱贫攻坚做法被解放军报南部战区分社微信平台和省扶贫网刊登。

安全稳定局面持续巩固。坚持党委统管,主官主抓,建立健全领导机构,明确责任分工。重点落实“七查”和“六抓”制度,真正做到安全工作时时处处有人查、有人管。坚持把人员、车辆、武器弹药、涉密载体等作为安全防范重点,按照规定的制度和内容,制定整治实施方案,查摆问题隐患并及时整改。坚持依法从严治军,常抓不懈,保持安全稳定的良好发展势头,确保部队安全稳定。

后勤保障更加有力。坚持党委集体理财和主官联审联签制度,完善了经费预算、集中采购、食堂接待、油料保障和车辆维修等管理制度,提高后勤建设的制度化、规范化和标准化水平。对照财务新政新规,严格执行财经纪律,坚决按标准保障,按程序审批,按规定核报。先后投入 30 余万元,铺设食堂天然气管道,完善营院绿化喷灌系统,改造民兵和物业管理人员宿舍,加强营院政治氛围建设。(张桑桑)

人民防空

【概况】 2018 年,渌口区人民防空办公室“结建”(结合民用建筑修建防空地下室)管理,落实人防前置审批机制,从严控制易地建设,共受理审批建设项目 34 个。参加市人防办组织的跨区机动指挥通信系统拉动训练;组织在职人员进行林地穿越训练、实战化条件下的负重越野训练。规范审批流程,便民利民,服务经济社会建设大局。加强人防行政执法监督,及时追缴易地建设费。被评为“株洲市单建式人防工程建设先进单位”。

宣传教育。主动与区教育局对接,将人防疏散演练纳入中小学生安全教育课目中,各学校半年组织一次学生应急救援和人防疏散演练,并进行应急救援和安全逃生的知识培训。在渌口镇向阳广场放置展板、分发资料、现场答询方式向市民普及推广全民防空防灾知识和避灾自救互救技能;组织社区居民进行防空演练,快速安全进入防空地下室,增强全民防空袭意识。把房地产开发企业作为人防宣传教育的重点对象,有效提升人防工作影响力。 (漆　丹)

经济

工业·科技

综 述

【概况】 2018年,渌口区工业经济受全国大环境影响,面对经济下行压力不断加大的复杂局面,区委、区政府切实加强对经济工作的领导,推动经济社会发展保持良好态势。渌口区科技和工业信息化局获评省规范行政执法示范单位,保留规范行政执法示范单位、省中小企业运行监测工作先进单位称号,获评市防震减灾工作优秀单位。

工业经济运行稳中向好。实现规模工业总产值55.3亿元,同比增长18.4%;规模工业增加值同比增长7%。新增规模工业企业2家。

工业结构进一步优化。高新技术产业、园区规模工业占比稳步提升,高新技术产业实现增加值13.2亿元,占规模以上工业增加值比重的34.3%;园区规模工业占全部规模以上工业的76%。

产业项目建设有序推进。规划引领有序推进。规划引领行动中,纳入修编计划的8个产业规划全部完成。项目推进速度加快。推行重点项目“一单四制”,强化项目调度督查,项目建设速度全面加快。省“五个100”重点项目进展,时代华先——轻质高强纤维蜂窝材料研究及产业化项目完成投资8500万元,为年计划的114%。引进成立韦凯切削工具有限公司,株洲大川电子智慧型开关电源及无线通信模块产业化项目完成投资600万元,为年计划的100%,实现产品小批量生产。

企业服务亮点纷呈。推行领导联企机制,健全企业服务体系,建立惠企政策“干货”清单。运用企业服务群、微信群、短信、微信公众号、门户网站等向企业管理人员及科级以上干部精准推送,共发送各类信息80000余条。编写发放《惠企政策汇编》读本,县平台于11月顺利通过省工信厅及省平台验收。CRM系统,“渌湘云企服”系统正式上线运行。开展各类主题活动,组织承办“创客中国”中小微企业创新创业大赛株洲县初赛,推选的5个项目均入选株洲市复赛,华冉科技获得全省三等奖。

招商引资成果显著。派驻招商专干参与市驻外招商小分队,对接国内500强和集团性企业,包括玉环汽车、吉利汽车、颐高集团、富春江集团等。玉环汽车、吉利汽车已提交投资意向书;颐高公司实地考察渌枫大道韶塘片区项目地块,并与城发集团进行洽谈。

污染防治全面铺开。清理整治“散乱污”企业。成立渌口区“散乱污”企业清理整治领导小组,建立“散乱污”企业的名单及问题清单。按照淘汰取缔、搬迁入园、升级改造要求进行清理整治。严格履行清洁生产工作职能,组织企业开展自愿性清洁生产审核工作,湖南洁宇日化——氧净生产线提质技术改造项目于12月通过审核。组织企业创建绿色工厂和绿色产品,株洲兆能机电科技有限公司、株洲金韦硬质合金有限公司通过省市经信部门验收,被拟定为省级绿色工厂。

安全稳定稳中有进。开展“打非治违百日行动”,督促整改重大电力安全隐患,检查企业63家,发现并立即整改3起擅自挂钩用电违法行为,发现并督促整改16处生产安全隐患;配合开展工贸企业执法检查,发现并督促整改各类安全隐患50余处;落实安全主体责任,建立安全隐患自查自改长效机制,及时排查消除安全隐患。落实行业责任,采取“预防为主,防控结合”的方针,对涉军涉稳等重点问题、重点人员,实行“五包一”措施,重点做好“两会”等特护期的稳控工作,没有出现反弹和越级上访、闹访现象,杜绝非法上访事件的发生。

重点行业建设卓有成效。轨道交通:有轨道交通配套产业相关规模以上企业7家,轨道交通配套产业完成总产值14.9亿元,同比上升50%。株洲兆能机电科技有限公司实现产值8.7亿元。汽车配套:有汽车配套产业相关规模以上企业2家,汽车配套产业完成总产值0.96亿元,同比下降56.4%。株洲悠进电装有限公司实现产值0.55亿元。合金材料:有合金材料产业相关规模以上企业7家,合金材料产业完成总产值10.7亿元,同比上升52.2%。株洲创林合金有限责任公司实现产值5.7亿元。

科学技术创新发展。科技工作将创新驱动发展作为首要战略,以科技成果转化为引领,加大科技投入,激发创新活力,着力提升自主创新能力,加快培育新增长动能。

科技成果转化成效显著。实现科技成果转化项目6项,获批项目资金50万元。科技项目集中在新材料、硬质合金、现代化农业等技术领域,其中新材料类项目有株洲兆能机电科技有限公司的新型潜油电机用高端端环及铜导条产业化项目;硬质合金类项目有株洲金韦硬质合金有限公司的硬面加工用硬质合金黏结片研制及产业化项目、株洲韦凯切削工具有限公司的年产500万片高性能数控刀片研制及产业化项目等具有高、精、尖特征,具备完整的自主知识产权、较高的经济社会效益,可有效填补国内空白或是替代进口。

高新技术产业平稳发展。高新技术产品增加值同比增长37.5%,占规模工业增加值比重为41.1%,占GDP总量4.8%。新增高新技术企业6家,高新技术企业达到17家。

科技人才引进顺利。新引进科技创新人才3人，争取了2名省派科技特派员、8名市派科技特派员(其中1名为工业特派员)、32名区派科技特派员，组织开展省、市、区三级科技特派员技术培训200余次，培训6000余人次，召开科技特派员座谈会，引进新品种、新技术推广37项，指导进行申报专利3项，向各级部门争取项目15项，争取项目资金296.7万元。

知识产权工作来势较好。专利申请量156件，其中发明41件，完成假冒专利案件立案33件，调处专利纠纷案件立案3件，都在规定的时间内结案，结案率100%，完成专利权质押融资1000万元。

创新平台建设亮点频现。集中力量完善“渌口区中小企业公共服务平台”。共开展各类咨询、培训会议10余次，受训企业家500余人。以“科技创新体系建设”“惠企政策推进服务”“企业上云”等为主题，举办活动6次，服务企业超过200家，4月23日联合株洲珠江农商银行举办银企对接暨金融产品发布会，株洲珠江农商银行与多家参会企业进行了授信意向签约，共计1.48亿元。

开展“4·26”知识产权日、“5·12”防震减灾宣传周、科技下乡、科技进社区等活动10余次，发放相关宣传教育读本2000余册，参与人数达5000人次；地震工作继续深入学校、社区，全力推进防震减灾示范社区、示范学校建设，其中育红小学成功申报为市防震减灾科普示范学校。科技创新工作成效凸显，时代华先材料科技有限公司有1人入选2018年度省级科技创新人才。

【“渌湘云企服”系统打通政策落实“最后一千米”】 12月7日，在株洲县惠企推送服务大会上，向企业发放《惠企政策汇编》读本，上线发布“渌湘云企服”系统，为下一步企业抢抓政策机遇，用活用足用好政策提供有力支撑，有效破解政策落实“最后一千米”。

【县服务平台顺利通过省工信厅及省平台验收】 10月29日，县服务平台顺利通过省工信厅及省平台验收，健全企业服务体系，搭建好政府、服务机构和企业之间的沟通桥梁，为下一步更好地服务中小企业对接资本市场创造了机会、打好了基础，有效推动晨湘环保湖南股交所新四板挂牌、明扬农业在湖南股交所四板挂牌。

（石　新）

园区建设

【概况】 2018年，渌口经济开发区完成技工贸总收入64.5亿元，同比增长20.6%；规模工业增加值10.4亿元，增长19.2%；固定资产投资26.4亿元，增长9.5%；高新技术产品产值22.5亿元，增长55.7%；上缴税金2.1亿元，增长19.7%。

稳步推进调区扩区，优化布局。按照“产城一体、园城共建”的理念推进调区扩区工作，将渌口经开区核准面积调整至5.2平方千米。完成南洲新区产业规划、城市设计中期报告，核心区控制规划编制已经启动。优化城市规划,推进“城规、土规、生态评价”三规合一,提升南洲新区发展品质。以“生态新城”建设为契机,推进园区绿化、亮化、美化工作,规范标识标牌设立,努力提升整体对外形象。

加快建设重点项目,集聚实力。加大项目调度力度,推行“挂图作战”,实行“周调度、月小结、季考核”,对项目建设中发现的问题实行“销号制”。充分借助项目执行指挥长制度调度项目优势,提升项目建设实效。园区新开工项目11个,实现投资19亿元,包括亿杰电子、晨湘环保、西海岸鞋业、湘火炬汽车零部件、兆源机电、大川电子、鑫诚硬质合金、牧世材料、韦凯切削、长江特种材料、新奥燃气储配站。新竣工项目10个,包括芳纶材料、兆能电磁线、兆源机电、大川电子、鑫诚硬质合金、牧世材料、韦凯切削、长江特种材料、新奥燃气储配站、水质净化中心。

大力开展招商引资,扩大总量。按照区委提出的“一主一特”产业定位,紧扣株洲市主导产业配套区的定位,大力开展补链、强链、延链招商。创新“广撒网”和精准招商相结合的招商方法,通过商会、职业招商公司等延伸招商“手臂”,开发招商资源。开展“乡情招商”,引老乡、回故乡、建家乡,挖掘好在外成功人士的人脉优势。通过精准招商、创新方式抓招商,新引进项目16个,总投资53.15亿元。其中单独供地项目6个,包括高端PI膜项目、雪宝智能家居项目、华升雪松项目、湖南时代工塑项目、广祥电子项目、兆源机电项目;过5亿元项目3个,包括高端PI膜项目、雪宝智能家居项目、华升雪松项目。入驻标准厂房项目10个,包括大川电子项目、鑫诚硬质合金项目、牧世材料项目、环保科技项目、咖啡制品生产项目、宏达精密锻造项目、天合天颐项目、宸果科技项目、韦凯切削项目、长江特种材料项目。

积极抓好改革创新,释放活力。推进产业公司转型发展,走市场化运作道路,增强公司自我发展能力,筹资到位3.7亿元。成立项目入园审批领导小组和园区建设领导小组,建立高效的园区项目引进和开发建设的领导和协调机制,园区工作推进得到加强。成立园区企业服务中心,加强为项目的“保姆式”代办服务,为各个项目的用水、用电报装等做好代办手续,在提升项目建设效率方面发挥了重要作用。

(彭　莱)

园区产业

【概况】 2018年,株洲渌口经济开发区产业发展有限公司(简称产业公司)属渌口经开区管委会国有独资企业,总资产50.66亿元,下辖株洲渌南置业管理有限责任公司、株洲渌兴水利开发有限公司、株洲渌建新材料有限公司3个子公司。

启动转型升级。一是全力推动政企分开,厘清政企关系,坚持市场化导向,逐步去平台化,实行独立运作的公司主体,明确园区开发建设的政企关系和合作关系,对重大项目的实施、公司与政府签订项目建设合同,确定合作方式和资金来源。二是推动公司走向市场,拓宽经营性业务,着手建设预拌混凝土搅拌站和碎石场，扩大公司经营范围，增加经营收益。三是实现多元化经营，在拓展自营业务的同时，采取股权投资的方式，投资一些发展前景好，经济效益高的项目，拓宽公司的发展模式，增加经济收益。

优化管理体系。通过着力于软环境的创新，吸优秀人才、强队伍建设，优人员结构。通过加大公司员工绩效考核力度，形成有效的约束激励机制。通过规范财务管理，对资产进行清理和核算，理顺债权和债务关系。通过开源节流，非生产性开支较上年度节约80%。同时，对项目实行收支平衡测算，加大对收支平衡的管理，实现新增融资3.69亿元；土地报批征拆有序进行，全年批回土地23.34万平方米，拆迁房屋2栋。

严格工程管理。通过创新项目管理举措，对重点项目实行分管领导负责制，明确分工、压实责任，形成严格的管理机制，增强相互监管和沟通。通过外委对重点项目进行全程跟踪审计，节约了投资成本；对于项目变更，依法依规依程序办理。通过对在建项目进行认真评估，充分论证项目的可行性和必要性，严控投资规模。年内实施重点续建项目5个，新开工项目4个，其中竣工项目6个，累计完成投资0.5亿元。（胡金华）

农　业

种植业

【概况】　2018年，渌口区粮食播种面积31040公顷,较上年调减5186.67公顷,减少14.31%。其中水稻播种面积28346.67公顷，较上年调减6340公顷，减少18.28%。粮食作物每公顷产6997.5公斤，粮食总产达到21.72万吨，较上年减少3.65万吨,减产14.38%。其中水稻每公顷产7114.5公斤，水稻总产20.16万吨,较上年调减4.5万吨，减产19.12%。早稻12913.33公顷,调减3606.67公顷,早稻单产438公斤,总产8.48万吨,中稻(一季稻)1366.67公顷,增加506.67公顷,中稻(一季稻)单产508公斤,总产1.05万吨，晚稻14066.67公顷，调减3286.67公顷，晚稻单产504公斤,总产10.63万吨,旱粮播种面积2693.33公顷，较上年增加1153.33公顷,增加69.76%,旱粮每公顷产5772公斤，总产1.56万吨，较上年增产0.73万吨。优质稻播种面积18000公顷，占水稻总播种面积的63.5%，较上年提高2.07%。蔬菜种植面积为9633.33公顷,总产量30.25万吨,总产值7.56亿元,其中商品菜种植面积5833.33公顷，总产量24.28万吨,总产值6.17亿元,建成66.67公顷南洲、田园、宏畅等5个蔬菜基地。水果总面积3100公顷,总产量4.38万吨。柑橘、梨、桃、李、葡萄、西甜瓜面积形成规模。蛋白桑、蚕桑、花卉苗木等经作产业进一步发展壮大。

农产品加工企业发展到70家，规模以上25家,省级龙头企业3家,市级龙头企业22家，总产值21亿元，同比增长19%，销售收入19.5亿元，同比增长20.37%，利税0.441亿元，同比增长60.271%,出口创汇500万美元,建立基地面积45333.33公顷,带动农户15万多户。休闲农庄和农家乐85家，规模以上休闲农庄19家,其中国家级1家、省五星级1家、省四星级2家、市五星级2家。接待游客52万人次，实现营业收入8135万元，创造利润1835万元，带动7000多户农户,解决2100户农民就业。

实施《新增粮食产能规划田间工程项目》,项目已开工建设,建成后可改善排灌面积333.33公顷，改善排涝面积266.67

公顷，建成“集中连片、旱涝保收”高标准农田600公顷。申报2018年农田水利建设改革试点项目，被省发改委列入全省8个改革试点项目之一。项目建成后可新增耕地1.47公顷，改善灌溉面积133.33公顷，改善排涝面积200公顷。建成333.33公顷高标准农田示范区。朱亭镇农村一、二、三产业融合发展农业产业强镇项目，通过省级专家评审，已列入了2018年项目库。项目入库后，采取“以奖代补、先建后补”相结合的方式，已投入955万元。对接世界五百强企业绿地集团，积极推进招商引资工作，引进项目9个，落实社会资金和民营资金31380万元。

美丽乡村共开工项目60个，累计投资6000余万元，其中基础设施类35个，以水、电、路、讯、房为主。启动村级服务平台新建、改扩建和维修工程，便民服务中心、党员活动室、村民大舞台等配套设施不断完善。启动农村人居环境整治三年行动，生活垃圾和污水定期清扫，及时清运；通过划定秸秆（垃圾）禁烧区域，开展空气质量“百日攻坚”等专项行动，农村垃圾、秸秆露天焚烧现象得到有效遏制，农作物秸秆、畜禽粪便综合利用率提高。在开展文明节俭操办婚丧喜庆事宜推进移风易俗活动，努力推行“婚事新办、丧事简办、其他事项不办”的村规民约，开展丰富多彩的乡村民俗文化活动，乡村文明呈现新风尚。

坚持日常监管与执法整治相结合，实现农产品质量安全监管常态化。农产品例行检测范围扩大到全区的农贸市场、22个主要农产品基地，检测范围覆盖100%的面积。坚持在节假日、“双考”期间进行以农产品质量安全为主要内容的安全检查联合行动。重点对农产品生产记录、农业投入品购入与使用、农药使用安全间隔期执行情况、产地环境、检测准出和产品溯源等情况进行检查与整治。共抽检农产品样品18215个，其中蔬菜生产基地8943个样，农贸市场6030个样，超市1058个样，其他2184个样。通过酶抑制法农残快速检测，所抽检蔬菜、水果样品中检测结果合格18194个，农残检测合格率为99.9%。成立农资打假专项治理行动小组，开展春季农资专项执法检查，保障种子、农药、肥料的安全使用。新建立13家种养殖标准化农产品生产基地，并通过株洲市农产品质量安全标准化基地认证，完成“三品一标”新认证数10个，“三品一标”认证农产品累计达59个。开展农资质量抽样执法检查，出动执法人员524人次，检查各类农资经营门店316批次。立案查处3起肥料违法案件，已结案并归档，在渌口区政府网站进行公示。共接受各类涉农投诉8起，均给予及时回复和调解处理，挽回农民直接经济损失20余万元。

完成种植结构调整任务4410公顷，建成26个33.33公顷以上示范片，其中66.67公顷以上的示范片12个，通过种植花卉、湘莲、建立水产养殖基地等方式带动休闲、观光农业发展迅猛，推动农业和旅游业的深度融合，促进农村一、二、三产业融合发展，为经济发展注入新活力。全面推进重金属污染耕地第三方治理模式及第三方监理模式，采用淹水灌溉、施用石灰、有机肥和土壤调理剂等措施完成修复治理面积666.67公顷。重金属污染耕地治理式休耕任务672.56公顷已全部完成。

完成水稻、蔬菜、柑橘等主要农作物测土配方施肥推广面积35860公顷，其中早稻测土配方施肥推广面积12086.67公顷，中稻测土配方施肥推广面积800公顷，晚稻测土配方施肥推广面积13466.67公顷，柑橘测土配方施肥推广面积773.33公顷，蔬菜测土配方施肥推广面积5733.33公顷，油菜测土配方施肥推广面积3000公顷。测土配方施肥技术应用面积达到全域农作物播种面积的85%以上。推广配方肥10280吨，配方肥施用面积17666.67公顷。

绿肥种植面积3733.33公顷，推广商品有机肥4648吨。积极推广水稻秸秆腐熟还田技术，稻草还田面积38266.67公顷，还田量180700吨。完成水稻、蔬菜、柑橘等主要农作物测土配方施肥推广面积4.38万公顷，推广配方肥10320吨，举办测土配方施肥技术班48期，印发技术宣传资料2.7万份，培训技术骨干141人，培训种植大户、科技示范户和新型农民5700人次；发放施肥建议卡1.84万份，免费为7.62万农户提供测土配方施肥技术服务。

发挥科技示范辐射带动作用，共遴选技术指导员55名，技术指导实行包村联户，联系10户科技示范户，组织示范户培训及现场观摩5期，下村下户10次。科学培育科技示范户550户，覆盖8个镇100多个行政村，辐射带动周边农户1.1万户。扩大示范基地成果运用，建立健全南洲镇农业科技试验示范基地、渌口镇农业科技试验示范基地、朱亭镇农业科技试验示范基地3个，在8个镇精选再生稻示范基地，并进行技术指导，组织3期再生稻生产技术培训和1期农民田间学校培训，选取40多人次参加省农技推广体系建设培训，科技成果推广应用水平全面提升。

加大产业扶贫力度，截至12月底，有建档立卡贫困户3239户，9617人，贫困村12个，重点推进村10个，重点指导村13个，协调指导村95个。新增发展产业贫困户207户，697人，实施省重点产业扶贫项目1个，帮扶188人，实施区重点产业扶贫项目3个，帮扶1520人。拨付贫困村、重点推进村、重点指导村扶贫资金570万元(其中60%用于产业扶贫)。区本级用于重点产业扶贫项目资金380万元，生产奖补资金34.001万元。 （邓　红）

农村经济管理

【概况】 2018年，渌口区农村土地确权登记颁证工作全面完成，农村集体产权制度、农村土地流转、农村财务管理以及农民减负、农民专业合作社和家庭农场的引导扶持等工作有序开展。土地承包仲裁工作获省级优秀等次；区农村经济管理服务站获省先进单位。

有区、镇级农村土地流转管理专职工作人员13人，聘任区、镇两级监管员23人，村有土地流转服务站130个。农村土地承包经营权流转总面积累计38186.67

公顷，其中流转耕地11380公顷（占总耕地面积的46%）、流转林地25120公顷、流转其他1753.33公顷。

农村集体产权制度改革涵盖129个行政村，1个社区，3158个组，74201户农户。所有村的清产核资任务全面完成，清理账面资产总额29137.87万元，核实资产总额42821.85万元，核增资产13683.98万元，取得阶段性的成效。

县减负办印发《株洲县减轻农民负担工作考评验收方案》和《株洲县2018年农民负担监督管理工作要点》。县人民政府与8个镇、25个涉农部门签订《年度减轻农民负担工作目标责任状》，发放各类惠农补贴资金43个大项，共计41377.21万元。通过"一事一议"项目共筹资51.44万元，筹劳9.3万个，受益人口10.21万人。

【成功创建"省级家庭农场示范县"】 成功创建"省级家庭农场示范县"，争取扶持资金100万元，创建30家县级示范家庭农场，落实发展培育资金80万元，2017年度省级示范农民专业合作社和中央财政重点培育合作社项目扶持资金40万元。湖南省农业农村厅确定龙船镇堂市村为重点培育村，古岳峰镇白壁村和龙门镇太湖村为集体经济强村，龙船镇迎春桥村、渌口镇杨梅村、淦田镇南塘村、南洲镇大观村为集体经济进步村，以促进村级集体经济加快发展。

【土地确权登记颁证工作优质通过省级验收】 11月15日，经全面评价，株洲县土地确权登记颁证工作以93.5分获得省级验收优秀等次，完成8个镇、129个村、74340户农户、20970.45公顷耕地的确权任务，颁发证书67481本。（文利君）

扶贫开发

【概况】 2018年，渌口区投入专项扶贫资金4809.5万元，完成减贫877户2695人，贫困人口减少至1820人，贫困发生率降至0.59%。

不断增强脱贫攻坚的凝聚力和战斗力。区委常委会会议、区政府常务会议先后9次专题研究部署脱贫攻坚工作，出台《脱贫攻坚巩固提升实施意见》等指导性文件，以政策再入户、脱贫质量大督查等"七个行动""五个活动"为抓手，集中力量抓重点、补短板、强弱项，向"最后一千米"进军。全面落实"三走访、三签字"要求，区委书记走访调研21次，解决问题18个，区长走访调研20次，解决问题17个。其他区级领导主动履职，一线落实。11名区委常委、区人大常委会主任和区政协主席联系贫困村，37名区级领导包镇联点，108个企事业单位包村，2270名干部职工包户。同时，派出22支驻村帮扶工作队、13个指导组、95名指导员，做到全方位精准覆盖。

不断创新扶贫举措，拓宽增收途径。产业扶贫方面，投入1469万元扶持发展一批"好、快、实"的扶贫项目，其中省重点产业扶贫项目1个，带动贫困户188人，区重点产业扶贫项目3个，带动贫困户

1520人，实现年人均增收200元以上；举办各类农业产业技术培训26次，累计培训1755人。就业扶贫方面，创新开展公益性岗位扶贫，为贫困户劳动力提供公益性岗位295个；培育扶贫领域创业创新人才171人，完成贫困家庭两后生技能培训40人次；认证就业扶贫爱心企业13家，开展春风行动、助残帮扶等专场招聘会5场，提供就业扶贫专岗246个，新增贫困劳动力就业295人。生态扶贫方面，聘请130名建档立卡贫困人员为生态护林员，累计发放工资55.5万元；发放退耕还林补助75.5万元，惠及贫困人口1336户4338人；27家农林公司、合作社安置建档立卡贫困劳动力378人，带动100余户贫困户增收。

突出强化政策落实，让贫困户共享美好生活。住房保障方面，坚持应改则改，应搬则搬。危房改造开工617户、竣工380户，开工率100%，拨付补助资金971.6万元；易地扶贫搬迁对象106户331人，已全部搬迁入住。教育扶贫方面，全面落实各项教育扶贫政策，对义务教育、普通高中建档立卡贫困学生分别实施“四免一补”和“三免一补”政策，以“选拔培育、减贫带贫、跟踪考评”为抓手，推动创业致富带头人培育工作纵深发展。累计发放各类助学金162.18万元，惠及贫困学生2479人次，实施创业致富带头人培训27人次，补助11.7万元。健康扶贫方面，将基本医疗保险、大病保险、医疗救助、特惠保全部纳入“一站式”结算，全面实行送医上门、家庭医生签约、先诊疗后付费等系列服务，贫困户建档率、签约服务率均达100%。域内救治贫困人口7977人次，农合及特惠保等六重保障后综合补偿达2740.5万元，贫困人口综合补偿率达95.25%。

广泛调动社会各界力量参与扶贫开发，构建大扶贫格局。兜底保障方面，不断加强农村低保制度和扶贫开发政策有效衔接，将农村最低生活保障标准提高至290元/人·月、农村低保月均补差提高至172元/月。兜底对象553户1439人，共发放兜底资金461万元，完成临时救助2138人次，救助金额118.3万元。关爱残疾人方面，全面落实贫困残疾人社会保障政策，开展“关爱贫困户、温暖残疾人”活动，送政策上门、送服务上门。累计为贫困户残疾人发放辅助器具26件、提供精神病药物治疗49人次、实施家庭无障碍改造9户。社会扶贫方面，继续发挥“一张网、一个基金、一个联盟”的抓手作用，有效利用社会力量解决贫困户难点问题4788个。组织开展“扶贫助学，大爱渌口”和“10·17”国家扶贫日等募捐活动，募集资金200余万元，表彰脱贫先进个人、优秀扶贫工作者和扶贫济困爱心奉献人物30人。

持续加大投入力度，推动贫困村与非贫困村均衡发展。交通扶贫方面，投入近1亿元，完成畅通工程100千米，窄路加宽50千米，安防工程353千米，通自然村公路提质改造25千米，通自然村通畅79千米，建制村实现村村通客车。农村居民安全饮水方面，投入1107.13万元，解决农村安全饮水 4.43 万人，其中贫困人口 0.68 万人，贫困群众安全饮水基本解决。农村电网方面，投入 680.2 万元，完成 12 个贫困村的农网改造升级工程，贫困村农网改造完成率 100%。探索扶志方式，激发内生动力。创新开展“脱贫立志、星级创建”活动，对标社会主义核心价值观和乡村公序良俗，设置爱党爱国、勤劳上进和创业致富等 10 项评星内容，对贫困户评星定级，实施精细化管理、差异化扶持和规范化奖补，破解贫困户内生动力不足、干部帮扶抓手不多、边缘户情绪不满等问题。这一创新举措，被省委办公厅推广，省委副书记乌兰作出重要批示。县委领导在 10 月 24 日全省非贫困县非贫困村脱贫攻坚工作推进会上作典型发言。12 月 7 日，新华社刊发《湖南株洲县：用“星”说话，扶志脱贫》，国务院扶贫办予以转发推介。

（刘爱平　熊　伟）

林　业

【概况】 2018 年，渌口区林业用地面积 57694.7 公顷，占国土面积 54.71%；有林地面积 54673.9 公顷；森林蓄积量 117.8954 万立方米；森林覆盖率 51.84%；省级龙头企业 3 家，市级龙头企业 3 家，林业总产值 212600 万元。

造林绿化。完成造林 1440 公顷，其中林业重点工程造林 506.7 公顷，完成面上造林 933.3 公顷。无林地和疏林地封山育林 400 公顷，中幼林抚育管理 5600 公顷。加快裸露山地和村庄绿化，共完成村庄绿化 200 公顷，“五边”造林 84 公顷，裸露山地造林 67 公顷。大力倡导义务植树，完成义务植树 80 万株。

森林防火。完善护林员巡查制度，从 129 个村各聘请 1 名贫困劳动力为生态公益林护林员。全区森林防火形势平稳可控，森林火灾发生率为 0.07‰，远低于 0.9‰的控制指标。

林业执法。开展“春雷 2018”“绿剑 2018”等专项行动，打击涉林违法犯罪，共立涉林行政案件 25 起，行政处罚 19 人，行政处罚涉案单位 6 个，罚没款收入 80 余万元；立涉林刑事案件 3 起，已侦破 3 起。

生态公益林保护。落实生态公益林补偿，发放国家级公益林补偿 670 万元，县级公益林补偿 140.42 余万元。

林业资源管护宣传。利用“环保日”“植树节”“森林防火特护期”等特殊时段，先后开展《中华人民共和国森林法》《中华人民共和国森林法实施条例》《中华人民共和国野生动物保护法》《湿地条例》《森林防火条例》等法律法规的宣传活动 20 余次，发放各类宣传资料 10000 余份。

林业经济方面。油茶产业稳步增长，近年新造油茶面积 1985.4 公顷，油茶面积达到 24763 公顷，年内产茶籽 33800 吨，产油 8450 吨，产值 40520 万元，较上年增长 0.2%，主要企业有湖南中联天地科技有限公司渌口区分公司及湖南森龙林业开发有限公司。种苗花卉产业粗具规模，观赏苗木产量 342 万株，产值 8400 万元，较上年增长 21%，主要企业有湖南楚丰园林建设有限公司。林下经济发展迅速，林下养殖和林下种植面积迅速扩大,野生绿色无公害的蕨类产品远销韩国,林下经济产值7200万元,较上年增长32%,主要龙头企业为湖南湘春农业科技开发有限公司。生态旅游产业稳步增长,实现森林旅游收入800万元,以龙门镇的“神龙林下”基地和两个国有林场为主。 (陈柱波)

养殖业

【概况】 2018年,渌口区养殖业工作坚持以推进绿色生态养殖主线,着力推进畜牧业供给侧结构性改革,大力发展“名特优”特色养殖,养殖继续保持良好发展态势。发展生猪94.3万头,出栏61万头,同比增长3.5%;发展菜牛0.72万头,出栏0.24万头,同比增长3.6%;发展羊7.5万只,出栏6.1万只,同比增长3.8%;发展家禽220万羽,其中出笼160万羽,同比增长5%。出水水产品9676吨,同比增长3.2%。病死畜禽收集转运体系建成投产,渔政码头项目建设完成,被评为株洲市畜禽水产品质量安全工作先进单位。

全面落实“双责地毯式”的免疫机制,畜禽强制免疫病种群体免疫密度90%以上,免疫抗体水平长年保持在70%以上;严格执法,严厉打击养殖、运输、屠宰加工等各环节违法行为,为养殖业保驾护航。强化政策扶持和支持。母猪保险全覆盖,规模场肥猪与价格保险稳步推进。再获全国生猪调出大县,充分发挥奖补资金引领作用,调动社会资金,大力推进“公司+农户”合作新模式。

发展草食动物和特种养殖。发展存栏50头以上的黄牛养殖大户5户,存栏200只以上的黑山羊大户20户,并为其做好大户指导和技术服务。水产养殖进入生态养殖,特色养殖发展迅速。青蛙养殖27户,面积20公顷。小龙虾养殖30多户,达到233.33公顷。

渔业资源保护。渔政执法大队共出动渔政车、船巡查75次,没收电鱼升压机8台,立案处罚3起,移送公安机关5起,打击湘江流域违法捕捞行为。同时,在龙船镇湘江朱亭河西码头组织人工放流活动,共投放青、草、鲢、鳙等鱼苗、鱼种380万尾;在湘江区段菜码头处投放8000组鲴鱼亲本和400万尾鲴鱼夏花,维护了湘江生态平衡,确保湘江资源的多样性。

畜禽质量安全工作检测。始终坚持“以防促检、以检促防、防检结合”的原则,实行生猪检疫与生猪“瘦肉精”检测同步进行,全面实行产地检疫,及时做好“瘦肉精”排查与抽样检测登记。共抽取兽药产品11批次,兽用生物制品4批次,饲料产品12批次,水产品32批次,猪肝5份,猪肉14份,牛羊肉4份,禽肉12批次,禽蛋7批次,猪尿10批次,检测结果合格率100%,强化畜禽水产品质量安全。

非洲猪瘟防控。区畜牧兽医水产局制定了强化宣传、加强排查、严防死守确保高风险区生猪及猪肉产品流入本地的防控措施,8月起,8个镇的防疫员全面投入疫情排查,共计排查600多场次,累计排查50万多头生猪,没有发现疑似非洲猪瘟疫情。 (易　潭)

水 利

【概况】 2018年，渌口区始终以农村水利建设为重点，加强前期项目包装工作，加大与省市及区相关部门的衔接力度，推进一批项目工程的建设实施，水利基础设施不断完善。获得河长制工作考核全市优秀荣誉，在2017—2018年度全市水利建设质量工作检查考核中被评为A类单位。

水利建设。开展堂市保护圈建设、荷包保护圈治理工程，治理河道2.1千米，对老塘、雷塘、端心塘3座小二型水库进行除险加固。开展农田水利建设，投资1201万元，修复渠道13条，修复长度8千米，修建河坝2座，修复山平塘27口；建设高效节水农田134.8公顷，开展农业水价综合改革项目建设；投资400万元，完成3口山坪塘、3.45千米渠道的建设。开展农村饮水安全项目，总投资1456.33万元，在8个镇兴建集中供水工程14处，解决了4.43万人饮水不安全问题。对省级贫困村淦田镇毛坪村2处灌溉坝进行修建，保障13.33公顷农田的灌溉。

防汛工作。立足“防大灾、抗大灾、救大灾”，完成“五个确保”（确保遇设计标准内洪水时，不溃一堤一垸，不垮一库一坝，城区不出现大面积长时间积水，保证重要城镇和交通干线安全；确保遇超标准洪水时，保证上型水库、重点堤垸、重要交通干线安全；确保暴雨山洪发生时，避免群死群伤；确保遇中等程度干旱时，城乡居民生活、工农业生产和生态环境用水不受大的影响；确保遇严重干旱时，城乡居民生活用水基本有保障，工农业生产损失降至最低程度）的工作目标，全区安全度汛。按照要求严格落实各项预案、物资、抢险队伍等工作，压实各项防汛抗旱责任，开展12天防汛演练。12月，对区防汛抗旱指挥部成员单位的70名工作人员开展了山洪灾害讲习班暨防汛抢险培训。开展汛前汛中的各项安全排查并对发现的安全隐患做好处置，投入2500万元对97处水毁工程进行修复。制定全区《抗旱工作方案》，成立抗旱工作领导小组，明确责任和工作重点，投入抗旱资金500余万元、劳力0.15万人次、抗旱设备0.04万台套，开设临时泵站100多余处，利用机电井抗旱100余眼。

河长制。严格落实各级河长令的工作要求，做到守河有责、护河担责、治河尽责，各项河长制工作方案、考核方案、工作机制全面建立，工作不断深化。建立三级河长制。确定区、镇、村三级河流（河段）河长227人，全面建立三级河长制各项工作机制，确保每一条河流、每一座水库都有人负责。设立187块三级“河长公示牌”，明确确权划界范围，在全省率先设立“人民检察院驻县河长办检察联络室”。开展“僵尸船”整治工作。清理“僵尸船”37艘，其中拆除1艘、安全系泊36艘，划定公布汛期船舶安全停靠水域4个，新建系缆桩43个。“一河一策”编制。梳理28条区域境内河流的基本情况，完成朱亭港、昭陵港、澎陂港、龙船港、建宁港5条水量较大、具有代表性的河流的编制工作。开展河湖

“清七乱”专项行动。对乱占、乱采、乱堆、乱建、乱排、乱搭、乱种突出问题开展专项整治行动，完成湘渌江沿岸4处固废清除，累计清除河道固废垃圾1万多平方米,复绿面积2万多平方米。

水污染防治。一是强化河道保洁。通过购买公共服务的形式，投入经费44万元开展渌江河道保洁，投入经费35万元开展龙潭水库河道保洁,投入经费205万元开展湘江河道保洁,共清理打捞各类水面漂浮物和垃圾1.5万余吨,投入经费75万元打捞水葫芦2.5万吨。148千米岸线保洁由各镇自行组织保洁员进行常态保洁,确保垃圾不入河,保障湘、渌江的生态环境。二是加强饮用水源地保护。整治排污口3个、关停企业6家、清退钓鱼船(平台)22艘(个)、完善4千米的生态隔离带设置、完成渌江大桥地表径流整治、新建1处污水提升泵站。三是强化污水治理力度。配合区住建局采取PPP模式新建污水处理厂3座、污水处理站25个,提高截污纳污和污水处置能力。

水资源管理。建立完善的节水及水资源管理工作体制,继续推进区域节水型社会达标建设,以机关单位、学校为突破口大力改善节水设施,继续推行最严格的水资源管理制度,重点整治无证取水和取水许可审批不规范等问题,加强水资源费的征收。（陈　婉）

渌口水电站

【概况】 2018年，渌口电站内设生技股、办公室、综合股、行财股、党建办5个部门,有在职员工66人,有中级技术职称10人,初级职称6人。

渌口水电站建于1976年,于1978年正式投产发电,为河床式发电站,总装机容量为3900千瓦(6×650千瓦)。电站为一座发电为主,兼顾防洪、灌溉的中型水利电力工程。年内发电量为1310万千瓦时,实现发电收入431万元。（曹　慧）

农机管理

【概况】 2018年，渌口区农机总动力达53.78万千瓦。拥有各类农业机械12.67万台(套),同比分别增长6%。水稻综合机械化作业水平与上年同期相比提高两个百分点,达到79%。

民生工作。坚持推进合作社建设按照“五有”标准新建6家达标社,其中3家入选省级现代农机合作社。着力解决农机“行路难”问题,通过开展调查研究摸清底子,打好部门协作、政策引导、目标考核、示范带动“组合拳”。新建维修改造机耕道600千米。

农机补贴。共使用补贴资金247.289万元(含在湘潭九华农机市场购买的农机具补贴94.1710万元),销补贴农机具166台套(含在湘潭九华农机市场购买的农机具48台),其中耕整地机械69台、收获机械20台、动力机械55台、种植施肥机械9台、农产品初加工机械8台、中央创新产品2台、收获后处理机械(烘干机)3台,财政结算率100%。

开展农机教育培训工作。共培训农机技术人员826人，其中新增驾驶员培训96人、农机管理人员120人、农机合作社机手安全培训农机操作人员28期610人。扎实开展“机手安全教育年”活动，印发宣传资料，2月初印发《致全县农机手的一封信》2000份在各镇、各村及市集上发放、张贴。6月15日，举办的“安全生产月”咨询日活动，共发放宣传资料300份、《农机事故典型案例分析》手册200份。7月3日，组织农机服务站管理人员、各农机生产经营组织（合作社）理事长、农机手百余人进行专场农机安全生产法规宣讲、农机安全生产知识学习和农机事故警示教育。

农机安全生产。一是建立包片负责的农机安全生产监管机制，落实检查农机安全生产工作制度。二是与各镇签订农机安全生产责任状，制订《2018年农机安全生产工作计划》，并在阶段性的安全生产专项工作调度会上对机关股室、二级站校、镇农机服务站明确相关工作和规范执法、文明执法等具体要求。三是建立健全事故隐患排查长效机制。四是扎实开展专项行动，认真组织农村道路联合执法。

（郭正伟）

商贸服务

商务和粮食

【概况】 2018年，渌口区引进内资项目102个，合同引进区外资金160.58亿元，到位46.384亿元。社零总额完成40.9亿元,增速10.1%。外贸进出口完成1093万美元,同比下降19.8%,完成年任务2000万美元的54.7%。获评湖南省市场秩序工作先进单位，获得株洲市商务和粮食工作、商务和粮食(内贸)工作、商务和粮食(外经)工作、商务和粮食(招商引资)工作、商务和粮食(粮食)工作先进等荣誉称号。

招商引资。外出对接招商项目30余次,对接企业、中介机构(商会)150余家。重点在谈项目30多个，成功引进产业项目19个,计划总投资190亿元。一是聚焦优势产业。根据高质量发展要求,围绕市重点发展产业,突出抓好亿元以上产业项目,尤其是制造业项目的招引。制造业及生产性服务业项目18个,占比95%,投资量占比达84.3%，其中亿元以上项目15个。二是突出招大引强。在“产业项目建设年”活动的大背景下,以对接500强、上市企业为主导,锁定“央字头”“国字号”及行业百强企业，实现6个500强企业/上市企业投资项目的签约,分别是“美的·梧桐庄园”项目(投资30亿元)、中国五矿·株冶锌合金项目(投资3.2亿元)、湘火炬火花塞汽车零配件产业园项目（投资2.5亿元)、时代华昇·高端PI膜项目(投资30亿元)、大唐华银株洲电厂搬迁项目(投资80亿元)、华新水泥(株洲)新材料产业园项目(投资10亿元),其中前三项已开工建设。三是用活平台资源。依托“沪洽周”等平台,成功引进潮创集团空调压缩机及机器人项目(投资16亿元)、大川电子智能通讯模块与智慧型开关电源产业化项目(投资2亿元)、深圳牧世复材生产基地项目(投资1亿元)。利用株洲异地商会等各类湘商资源及借助株洲·中国动力谷驻外招商联络处力量,招商小分队前往“珠三角”“长三角”“京津冀” 拜访企业110次，吸引100余家企业赴区考察并成功引进深圳嘉正欣电工材料生产基地(投资5亿元)、华升雪松高档苎麻面料生产基地(投资2.6亿元)、深圳牧世复材生产基地(1亿元)等项目落户区内。在谈项目包括中粮包装控股有限公司、新城控股集团、吉利汽车台州生产基地，重点跟进东莞鸿亿导热新材料有限公司，积极加强与深圳市压铸行业协会的考察对接，筛选一批附加值高、有科技含量的优质项目落户南洲新区。四是延伸招商“手臂”。通过政府采购服务方式，与深圳华盈城市股份有限公司签订中介招商服务合作协议，形成对接珠三角的前沿阵地和承接产业转移的快捷通道。

内贸流通。完成株洲丰硕联合贸易有限公司等13家批发、零售、服务业“个转企”“小升规”新增任务，超额完成市对县考核指标。电商销售达2000多万元，其中株洲绿净农业电商平台销售1000多万元。建立五个贫困村的电商服务站，方便贫困户将自己种的农产品在网上售卖。如有订单，贫困户将农产品送至服务站点，进行统一收集发货。新培育2家电商企业，分别是渌口区农泽晟物流贸易有限公司和渌口区星微生态农业发展有限公司。

外经外贸。完成破零2家、倍增1家。召开银企座谈会、国际电子商务、出口信保培训暨商务工作经济形势分析会。银企座谈会为锦华灯饰等企业贷款500万元，解决企业融资难问题。向马来西亚、阿酋联、新加坡、捷克等国家和地区输出海员、厨师、建筑、护士、电子、纺织、机械等工种共计580人，外派劳务规模居株洲地区各县市区前列。

粮食流通。收购农民余粮3.06万吨，其中国有粮食企业收购1.864吨。成功申报渌口区粮油质检站项目和株洲军粮配送中心项目，争取资金1348万元。完成放心粮油店建设2家，配合省粮食局推动智慧粮库湘渌米业示范库建设。按照一规定两守则抓好个储粮管理和行业安全，确保仓内储粮安全和行业不发生安全事故。

（张　辉）

石油经销

【概况】 2018年，中国石化销售股份有限公司湖南株洲县石油分公司有在营加油站16座，销售成品油2.89万吨，完成销售收入2.27亿元，上缴税费171万元。

做实做优成品油经营管理。全面改善服务软环境，坚持“眼睛向内、改善内涵、练好内功、挖好内潜、发好内力”。全力抓好“优质服务竞赛”“现场环境达标考核”等系列竞赛活动，按照“服务提级管理”的要求，全员筑牢“客户服务零投诉”“发生投诉等同发生事故”的红线底线意识；加快提升客户消费体验七项措施落实落地，进一步完善加油站服务功能；努力打造非价格竞争的“人无我有、人有我特、人特我优、人优我精、人精我新”比较优势新目标，切实为车辆和客户做好服务。

扎实推进非油品转型升级。株洲石油开展油非互促营销，着重选取受欢迎程度高、客户消费欲望强的商品，做到让客户满意，致力品牌打造，做精做优节日营销，持续提升易捷平台的影响力，强化汽车生活驿站的理念。

率先推行油品升级置换。根据《国务院关于印发打赢蓝天保卫战三年行动计划的通知》要求,为持续改善空气质量,中国石化率先垂范,践行央企责任,创建绿色企业,切实做好油品升级置换工作,12月底,已全面供应符合国Ⅵ标准的车用汽柴油,为客户提供质优量足的油品,践行“每一滴油都是承诺”的企业理念。

(陶　浩)

供销合作

【概况】 2018年,渌口区供销系统稳步推进项目建设,申报市级系统内农民专业合作社示范社2家,综合星级服务社1家。走访项目单位,调研企业的发展现状、存在的问题与困难,形成有价值的调研报告。指导督促系统内企业、农民专业合作社每月按时上报企业财务报表和统计报表相关数据,把统计工作做真、做实。积极向上争取资金,供销合作社为区落实株洲市深化供销合作社综合改革专项资金48万元,严格履行资金监管程序,在资金下拨前赴各项目单位进行走访核实。

加快发展惠民服务中心(社)建设。重点走访调研南洲、朱亭、龙门、淦田镇,对服务社选址进行信息采集,详细登记场地面积、主要服务功能、其他经营性服务、其他公益性服务等情况,基础工作扎实。各镇明确一名分管农业的副职领导负责惠民服务中心(社)的建设工作。每个服务社由村委会主任负责日常管理和行政管理,指定一名专管员联系日常工作,区供销社负责业务指导。建成28个服务中心(社)。其中,服务中心4个,服务社24个。

土地托管服务“三农”。成立土地托管服务工作领导小组,依托村级组织、农业发展有限公司、农民专业合作社、种粮大户等做好土地托管服务。采取全托或半托服务方式,分别与村、组、农户签订《土地托管服务合同》,规范制定土地托管服务制度、流程细则,村委会负责监督合同的实施与兑现,接受社会监督。8家机构负责开展土地托管服务,已完成订单式土地托管服务682.67公顷。

耐心细致做好信访接待工作。共接待来访群众70余人,做到来信来访有回复,想方设法解决上访职工提出的合理要求,把相关政策落实到基层。

【筹备成立惠农公司】 12月10日,县委常委会审议通过供销综合改革三个重要事项:同意成立株洲县供销惠农服务有限公司(以下简称惠农公司);将供销社办公楼及一楼门面收益返还区社;县财政设立深化供销合作社综合改革专项配套资金,年内拨付配套资金100万元,2019年和2020年根据工作任务的增加在100万元的基础上递增,纳入财政预算。会后,县供销社按照资产返还规定流程履行手续,聘请有资质的资产评估公司对社有资产进行评估,办理公司注册相关事项。12月18日,公司正式注册成立,推进供销综合改革进程。

(黄姝梓)

烟草专卖

【概况】 2018年,渌口区烟草专卖局(分公司）销售卷烟1.51万箱，同比增长6.03%；实现毛利1.49亿元，同比增长14.19%；上缴税收3206.69万元，同比增长14.16%。新办证301户，延续637户。获得湖南省烟草商业系统“品牌培育十佳县级分公司”称号。

卷烟执法。查获案件86起，包括1起销售假冒卷烟网络案。先行登记保存数量222.12万支，较上年同期增长448%，涉案金额117.47万元，较上年同期增长581%，实现罚没收入6.8万元。

烟草专卖管理。加强全面管控，违规大户治理有力。在“春雷8号”等专项行动中，联合公安、交警大队、工商等部门开展6次专项集中联合执法整治行动，以及多次临时检查行动，共计出动执法人员200人次。通过加强检查、集中约谈、上门教育等方式严格管理大户，营造良好的卷烟市场秩序。确定3个重点区域，纳入重点监管大户103户，依法取缔违法违规大户8户，经执法人员宣传主动劝退3户，有效解决大户控制小户和重点大户不规范经营的问题。开展随机抽查12次，检查户数1300余户，检查覆盖率达到95%。每月召开四线联席会议，针对卷烟经营中零售户各种异常和案件线索，采取各种形式，及时通报，达到信息共享，多方查证，及时突破，营造全员参与、共同治理的良好氛围。

卷烟营销工作。自律互助小组覆盖面在全市率先达到100%，建设小组之家9个、“容诚”新终端11家，小组运行和管理探索了“两会一赛一考核”“多层级培训”“专销零协作机制”等方式方法在全市系统推广运用，6月，承办全市系统卷烟零售自律互助小组现场会的观摩会场。创新使用“5S”品牌培育推荐法，1390户零售客户参与到新品培育活动中。开展自律互助小组长品牌知识培训7场，打造3个重点培育新品示范小组，建设80家新品特色陈列店、6个新品旗舰店作为卷烟消费体验店，开展2场重点零售客户新品品鉴会、22场自律互助小组新品宣讲会，通过零售客户海选找到12位最美新品代言人，在汽车站、集市等人流密集的地区开展6场集市导购、56场驻店导购。辖区客户盈利水平从8.68%提升至11.23%。（朱　莉）

财税·金融

财 政

【概况】 2018年,渌口区完成一般公共预算收入13.17亿元，其中税收完成10.97亿元，同比增长15.67%；税比达到83.31%,较上年提高17.31个百分点。地方收入7.51亿元,地方收入税比为70.76%,较上年提高20.34个百分点。税收的增幅全市排名第二,地方收入税比在五县市中排名第一。实现非税做实,没有混库、虚增等现象。

收入组织有新成绩。协税方面,坚持把引进总部经济摆在突出位置,通过用活政策,提供优惠条件,成功吸纳平安产险、华新水泥物流、东方明珠人力资源、紫金保险等多家总部经济进驻渌口,有效拓展收入来源。财源培植方面,华新水泥、珠江商行税收增幅较大。砂石行业收入较多。实现税收3500余万元,成为全市典型。

支出保障有新成绩。坚持“尽力而为、量力而行”的民生保障理念,将有限的财政资金用到“刀刃”上。着力支持“民生100”工程,完成对教育、医疗、社会保障等群众最关心、最贴身的主要民生领域的支出达到20.61亿元，占到一般公共预算支出的71.4%，对促进广大人民群众更多共享改革发展成果起到积极作用。有效促进“三农”事业的发展，支持打赢脱贫攻坚战,农、林、水支出4.14亿元。推动打赢环境保护攻坚战,安排环保支出4576万元。撤县设区顺利实现,干部津补贴实现与市区同标。

中心工作有新成绩。债务化解降低风险。坚持“全口径、全覆盖、实事求是”原则,摸清政府性债务底子,厘清平台公司资产负债情况及偿还能力,理顺财政与平台公司之间债权债务关系。“停、缓、调、撤”项目27个,调减年度投资11.2亿元,调减总投资64.3亿元。出台政府隐性债务化解方案,在保工资、保运转、保基本民生的前提下,化解政府隐性债务3.7亿元,超额完成年度化债目标,债务风险由二类债务警示区调降为三类债务提示区。撤县设区作出了财政贡献,成功争取了五年过渡政策。农业综合开发获评省先进，获得1000万元项目资金。

财政管理有新成绩。建立年度涉农资

金项目库。坚持“资金跟着项目走”的工作思路,形成“多个渠道引水、一个龙头放水”的涉农资金整合使用新格局。加强政府采购管理。累计完成政府采购金额2.57亿元,节约资金470万元。出台《部门预算追加管理办法》,实现预算严格、规范、有序。深化财评管理改革。制定《株洲县财政性投资项目变更管理细则》,规范财政性投资项目管理。乡镇财政稳中求进。各镇财政所协税护税力度进一步加大,累计完成地方财力9200万元,对财政收入的圆满完成做出贡献。以镇、村财务管理为抓手,加强村级财务管理,完善财政所管理制度,成功举办湖南省基层示范班培训,出台《株洲县“村账镇代理”管理办法》。村级财务业务管理得到加强,各镇村级财务按时做好账务处理,及时整理归档,村级财务管理水平不断提升。村级公益事业普惠制“一事一议”项目达到62个,争取省级财政奖补资金329万元,项目受益人口51883人,筹劳人口12973人,项目总投资达到1675万元。人员素质不断提升,镇财政所实现人员业务培训268人次,通过培训提高财政所工作人员的财政管理水平和综合业务素质。

区财政局筹集资金对机关机房进行改造升级,着力推动财政信息化建设进程。加强会计人员继续教育和农村财会人员培训工作。获评湖南省县市区非税收入征收管理工作先进单位,推荐为市精神文明建设标兵单位号,获评市财源建设先进单位、市政府债务管理工作先进单位。

（刘　卓）

农业综合开发

【概况】 2018年,渌口区全部完成上年度实施的国家农业综合开发龙潭镇紫云高标准农田建设项目,以及13.33公顷辣椒种苗及标准化种植基地新建项目、年产3.5万吨大米加工扩建项目、20公顷蔬菜种植基地改建项目、100公顷油茶种植基地改建项目、840平方米红乳（含鸡枞菌）智能控制培养车间新建项目,并于10月顺利通过市级验收。全区开发任务560公顷,土地治理项目分成8个标段,从2017年12月开始实施。至2018年4月底,完成总投资1290.964万元,其中财政资金1290.964万元,为计划批复的101.89%。加固拦河坝1座、改造排灌站1座,衬砌渠道8.326千米,渠系建筑物8座,新建、扩建加固小型蓄排水工程9座,农村绿化6.67公顷,新修维修田间道路主道、支路2.843千米。建设高标准农田560公顷。

根据湖南省财政厅《关于2018年第一批农业综合开发土地治理项目计划的批复》,朱亭镇红旗水库流域高标准农田建设项目投资总额879万元,其中上级财政资金879万元(中央、省),资金已全部落实到位,并于年内完成建设项目。在全面组织实施项目建设过程中,成立工程建设项目指挥部,工作责任明确到人,抽调和选派5名专业工程技术人员深入项目区居住,进行工程监管,随时注意项目建设进度和质量,负责工程技术的工作人员不定期地到现场进行检查、指导,严格操

作规程。（杨　文）

税　务

【概况】 2018 年，株洲县国家税务局、株洲县地方税务局正式合并,挂牌组建国家税务总局株洲县税务局。国税地税征管体制改革得以稳步推进实施,各项税收工作有条不紊推进。通过以党建为工作统领,坚持“两手抓、两不误、两促进”,机构改革和税收工作实现“谐频共振”,完成市局口径收入 11.31 亿元，较上年同期增收 1.5 亿元,同比增长 15.33%;完成区政府口径收入 11.14 亿元,较上年同期增收 1.49 亿元,同比增长 15.43%。税收占比一般公共预算达 83.3%，较上年同期增长17.3%,创近 10 年来新高。

税务机构改革。在市税务局机构改革联络督导组和县国税地税征管体制改革专项组的统一指挥下,株洲县国家税务局、株洲县地方税务局于 7 月 16 日成立联合党委，统一领导并组织实施税务部门机构改革工作。7 月 20 日,国家税务总局株洲县税务局正式挂牌。负责辖区内 17 个税种、5 项社保费和 14 项非税收入的征收管理,

纳税服务。持续深入推进“放管服”改革,不断提升纳税服务质效。大力推广新办纳税人“套餐式”服务,截至 3 月 20 日，已为 45 户新办纳税人提供 “套餐式”服务,实现“一次申请、并联办理,一窗受理、集中处理”的高效办理模式。全面落实“一厅通办、一窗办结”服务,实行涉税资料“先审后办” 模式，省去窗口资料审核环节。建立“弹性办税”模式,根据业务等候人数，适时安排增设窗口办理相关业务,防止出现单一业务等候时间过长的现象,压缩窗口等候时间。与挂牌前相比,涉税业务实地办理等候时间平均减少 26.15 分钟,让纳税人切实感受到改革带来的办税新速度。根据国家税务总局发布的最新业务需求版本,对照“最多跑一次”办税事项清单,全面梳理涉税业务,统一规范业务事项报送资料,简化部分业务流程。进驻区政务中心后,与区国土局、房产局共同打造“链条式”业务联办模式,促使不动产业务办理时长缩减 70%以上,为纳税人提供登记、缴税、拿证一次性办结的“一条龙”服务。紧跟上级工作部署,积极推进纳税人简易注销工作。以信息共享为保障,最大限度地简化办税流程、精简办税资料。将“被问”导税改为“请问”引导,纳税人进门后主动询问业务办理需求,根据需要进行业务分流。凡是可以网上办理或自助办理的,一律专人陪同至自助电子办税区办理。需窗口办理的,严格落实“首问责任制”和“先审后办”模式,确保纳税人有人引导、辅导、指导。

【株洲县首笔环境保护税征收入库】 根据 2018 年 1 月 1 日起施行的《中华人民共和国环境保护税法》相关规定,环境保护税实行按季征收。4 月 8 日,株洲县第一笔环境保护税通过湖南省地方税务局网上办税厅,由纳税人通过自行申报并完成缴款入库。（夏俊杰）

国有资产管理

【概况】 2018年,渌口区国有资产投资管理中心以“加速融城、加快发展”“打造三区一中心、推进四个一体化”为发展主题,落实党员领导干部联系企业制度,并与各下辖企业签订《党建工作责任状》。在阵地建设方面以“五化”为主轴,对渌口水电站支部采取拉网式的摸排,并进行点对点的帮扶,有效治理了“软弱涣散”的现象。

资产清查。对各单位资产管理人员进行业务培训,建立完整的国有资产基础数据库,对资产变化情况做到及时更新,根据《行政事业单位资产清查核实管理》的要求和实际情况,实行动态管理。

国资运营。完成行政事业单位和破产改制企业门面租金共计人民币142.7万元,定期对区域资产进行巡查,确保资产不被侵占;完成年度行政事业单位资产清查工作,涉及单位114家,88914.8万元。其中行政单位资产20542.3万元,事业单位资产68372.5万元。根据《湖南省财政厅关于做好2017年度行政事业单位经管资产报告及自然资源国有资产报告试点工作的通知》(湘财资〔2018〕4号)文件要求,做好当年经管资产及自然资源清查工作;行政事业单位资产处置13批,共计1130万元,涉及教育、卫计、公安、公路等单位11家。年内组织第三次公车拍卖成交7台,报废公车13台。

配合区财政进行政府债务清查,将化债工作纳入政府投资公司考核的重要内容,下发《株洲县政府投资公司企业负责人薪酬管理和经营业绩考核办法》;出台《渌口区区属企业国有资产收益收取管理办法》;牵头制定《渌口区融资平台公司转型改革方案》;全面完成区属9家国企年度资产统计工作。在“三供一业”的项目工作中,与区中石化石油公司、国网区电力公司、广铁集团长沙住建段三家国企签订《物业移交维修改造协议》,基本完成区电力公司三个住宅小区的改造工作,车站生活区改造项目正在进行施工设计图审。

(邹晓华)

银 行

中国农业发展银行渌口区支行

【概况】 2018年,中国农业发展银行渌口区支行把履职尽责意识融入政策性银行服务乡村振兴实践中,不断加大与地方党政、社会各界的沟通和宣传力度,提升农发行乡村振兴品牌形象,拓展支农空间、破解发展瓶颈、不断扩大业务覆盖面和渗透力,发扬专业支农优势。截至12月31日,农发行支行各项贷款余额23.4亿元,较年初净增2.6亿元,增幅12.36%;各项存款日均余额11.75亿元,较年初增加1.98亿元,增幅20.3%;实现账面利润5371万元,同比增加1327万元,增幅32.8%;人均利润达到315万元,不良贷款继续保持为零。

支持粮食购销。累放早籼稻收购、储

备、轮换贷款5636万元，支持收储粮食1.1万吨，发放地方调控粮贷款2763万元,支持收购粮食1.15万吨。发放储备油1400吨1582万元,确保粮食收购“不打白条”,做好做实传统业务。在做好粮食收购资金供应与管理工作的同时,做好对总行8万吨异地储备糖的监管工作。

支持地方经济发展。一是持续做好棚改贷款业务。根据已批项目贷款投前条件,抢抓机遇,积极落实贷前条件,对区旧城改造开发有限公司6.9亿元棚户区改造扶贫中长期项目，继续分2次发放4.4亿元;区经济开发区产业发展有限公司2亿元棚户区改造项目已批放到位，已投放1亿元。二是以支持扶贫帮困为己任。发挥脱贫攻坚主力行作用,全年扶贫贷款认定余额95350万元，占全部款余额的40.66%。通过发放扶贫贷款项目8.9亿元,吸纳12名贫困人员就业，有效带动其他贫困人员的产业发展。严格把关“十三五”异地扶贫搬迁项目的贷款资金支付,支持137户,427人建档立卡易地扶贫搬迁贫困人口“挪穷窝”。 （赵建明）

中国农业银行股份有限公司渌口支行

【概况】 截至2018年12月31日，中国农业银行股份有限公司渌口支行各项存款余额26.57亿元，较年初净增2.48亿元,各项贷款余额8.17亿元,较年初净增1.34亿元,贷款累计投放近5亿元。全年累计缴纳税金273.5万元。

重点支持区域普惠金融。为14家小微企业投放贷款3.6亿元,4家企业持续发展成为纳税大户；为31户个体工商户的经营周转提供1300万元信贷支持;为130户农民合作社或种养大户发放3660万元贷款。创新推出油茶贷、生猪贷、惠农担等符合农村产业特色的信贷产品。

稳步推进脱贫攻坚工作。围绕精准扶贫、搭建金融扶贫站、畅通服务渠道三个方面精准发力。累计投放扶贫贷款达19笔,金额640万元。通过向种粮大户投放惠农担贷款3笔370万元，带动44位贫困人口就业,人均年增收3120元;通过向涉农企业提供低于同业平均利率的贷款,间接为扶贫攻坚工作添砖加瓦;在3个贫困村设立“三站融合”(金融扶贫站、助农取款点、电商服务站)服务站,在站点布放设备、设施,定期到村里提供金融咨询和业务受理。扶贫服务点不仅负责收集扶贫信息,建立扶贫人员名单,还能够办理助农取款、代收电费、电话费等业务,宣传扶贫贷款信息,普及反洗钱及假币识别等基础金融知识。

持续做好金融服务。一是重点推动“金穗惠农通”工程建设。布放惠农通机具162台,覆盖129个行政村,通过加强“三农服务点”的建设和惠农通机具的维护,服务农民代缴电费1200万元，积极推动惠农通点互联网化,为打通金融服务“最后一千米路”提供支持。二是与主要房地产开发商建立合作，为居民改善居住环境,提供商品房按揭贷款支持,商品房按揭贷款余额3亿余元,累放住房按揭贷款1.2亿元,新增超8000万元。三是为渌口

和渌田镇居民发放“两卡两折”1.7万户，并上门做好激活工作。（刘 敏）

湖南株洲珠江农村商业银行股份有限公司

【概况】 2018年，株洲珠江农商银行改制挂牌后，坚持“厚植农村金融服务，全面对标现代商业银行”的经营理念，设立由股东大会、董事会、监事会、高级管理层组成的“三会一层”公司治理架构，内设15个管理部门，下设33个支行，共有员工316人，其中在职在岗301人。截至12月31日，各项存款余额63.68亿元，较年初净增7.49亿元，各项贷款余额17.31亿元，较年初净增4.58亿元，继续保持区域农村市场金融主力军的龙头地位和领先市场份额。实现总收入3.52亿元，缴纳各项税费3318.07万元。

政银关系日益紧密，始终坚持以服务地方为己任。强化与各级政府、村支两委的联系与合作，积极参与区域开发、乡村振兴等政府重点工作，以“产业项目建设年”为契机，联合区经科局和金融办共同举办政银企对接会。深入开展“十镇两村八局”走访活动，了解卫计、房产、财政、农业、林业、国土、人社、教育等重点部门需求，全力支持地方重点项目建设。与区食药工商质监局开展合作，为客户免费代办营业执照。全面推进村级助农金融服务站建设工作，已完成18个助农金融服务站的设立。主动配合区政府创建省级安全区金融示范点，结合信用镇、村创建活动，稳步推进“三小”客户评级授信工作，新增评级授信个人客户71262户、授信24.34亿元，法人企业客户216户、授信7.96亿元，完成第一批20个信用村的验收。

多措并举，聚焦普惠金融发展。开展优化企业开户工作，争取成为全国人民币结算账户影像系统第一批上线的金融机构，确保偏远网点的客户能在“开户4天”内取得开户许可证。该系统运行以来，实现业务“零误差”，得到市人民银行的表扬。积极参与株洲市中小微企业风险补偿贷款业务，成为合作银行。与省农担公司签订合作协议，争取到市人民银行支农支小再贷款8000万元，创新推出“珠江一家亲”和“公职人员信用贷”等小微信贷产品，有效地缓解中小微企业融资难、融资贵问题。加大对地方涉农及小微企业贷款的投放力度，积极推动“两小”业务发展，促进“两增两控”指标提升。大力发展普惠金融的同时，不断加强普惠金融知识的普及与宣传，组织开展“金融知识万里行”“反洗钱”“反假币”等主题宣传活动。截至年末，全行小微企业贷款余额6.57亿元，监管口径普惠小微企业贷款余额4.02亿元，500万元以下普惠型农户贷款4.43亿元。

积极履行社会责任。开展金融扶贫工作，累计发放扶贫贷款788户，3696.62万元；向朱亭镇龙凤村捐赠扶贫资金20万元，携手控股行广州农村商业银行太阳公益基金开展“太阳关爱公益”活动，为99户的贫困留守儿童申请助学款13万元。

（毛帅琦）

保险企业

中国平安财产保险股份有限公司株洲县支公司

【概况】 2018年,中国平安财产保险股份有限公司株洲县支公司有在编人员15人。主要经营范围有机动车辆保险、企财险、意健险、责任险等56个险种,服务企业、个人客户等10万人以上，达成保费2496万元,其中车险2265万元,财产险87万元,意外险78万元,占农险、车险市场份额的29.1%。共处理案件1525件，已决赔款1037万元，期末未决赔款426万元。

结合“精准扶贫”攻坚战,开展特困优抚对象意外险、老年人意外险、扶贫特惠保等扶贫项目业务，为1万人提供1亿多元的保障;结合“绿水青山就是金山银山”的生态主题精神,为农户的商品林提供优质的保险服务。还承保了能繁母猪保险，为农户提供了2000多万元的保障。

公司经营始终坚守底线，合规经营，积极组织开展多次反洗钱、反非法集资、反恶势力的宣传工作，定期进行自查自纠,将合法合规经营作为公司的重要工作纳入了日常考核中。

大力推广线上化服务。公司敢于创新,大力推广好车主、创保网,让客户足不出户就能享受平安推出的投保、年检、查违章、办理赔等线上化服务。（杨文娟）

中国人寿保险股份有限公司株洲支公司

【概况】 2018年,中国人寿保险股份有限公司株洲支公司有在编员工26人，专职代理人1237人。全年总保费收入16338万元,寿险新单保费7071万元,短期险保费1270万元,上缴税收249万元。共支付满期给付3761万元，支付各类赔款689.14元。其中承保中小学生及幼儿2.7万人,理赔人次310起,理赔支付41.62万元。计划生育系列保险承保4.5万人,总收保费171.9万余元,已赔款107.8万元,赔付率62.7%。年内,积极加强与各合作渠道合作,其中与株洲珠江农村商业银行合作推广小额信贷保险71.63万元。提供保单借款服务,共借出资金362万元,为投保家庭解决资金周转问题。

进一步提升服务质量。一是规范理赔时效,加快理赔速度,理赔时效高于省内平均水平。二是加大“国寿1+N”服务力度,举办“保单升级、财富提速、VIP客户联谊”等客户增值服务及活动及“与财富握手、企业资产与家庭财富管理”等理财讲堂;举办“牵手国寿、健康生活、健康素养”等健康知识讲座。三是加强保单复效力度,年度续期保单复效率达到86.38%。四是全面推广运行“E保账”等一系列手机APP,为客户及时了解保单状态提供便利,深入各职场进行契约无纸化和理赔培训,为办理各项业务提供保障。五是按照上级公司、各级政府及监管机构对于社会维稳工作要求,做好保险客户售后服务。

制定多项综合管理制度,使管理更加完善和规范。根据省市公司的安排,积极开展防范非法集资风险宣导教育和反洗钱宣传等系列活动,对内部干部员工和对外全体主管伙伴进行风险知识普及,强化合规教育,提升风险意识;深入开展“治乱打非”“乱象治理”“防范化解重大风险攻坚战”“防范化解非法集资风险”等系列风险排查或自查活动,守住风险底线,未发生一起重大风险案件。 (姚 银)

中国人民财产保险股份有限公司株洲支公司

【概况】 2018 年,中国人民财产保险股份有限公司株洲支公司有在职职工 30 人,营销员 200 多人,下设淦田营销服务部。支公司实现保费收入 4919 万元,直接赔款 2462 万元。其中,社保保费收入986 万元,赔款 1008 万元;农险保费收入 314 万元,受益 1641 户次,赔款金额 331.4 万元。缴纳税收 466.8 万元,缴纳税额在全区保险公司中多年排名第一。

保险保障,“支农、惠农”落到实处。支公司设置专门的农险科,配备专职农险查勘员和农险专干。对农业保险查勘定损到户,农业保险赔款以直接转账方式或通过财政“一卡通”及时足额支付到户,赔款按规定进行公示。通过对承保的政策性农业保险赔付到位,发挥保险经济补偿功能,对农户恢复生产、防灾减损起到积极的作用。保障贫困人员的风险保障、经济补偿,“扶贫特惠保”保费收入 23 万元,受惠人数达 140 人,已赔付 28 万元。大病医疗保险保费收入 986 万元,已赔付 2617 人次,赔付金额 1008 万元,其中贫困人口赔付 702 人次,赔付金额 114.5 万元。

提升理赔服务质量。株洲市“人保财险交通管理服务站”是公安交通管理服务与人保财险保险服务相融合的平台,实行车辆违章处理、六年内车辆免费年检等一系列服务。打造交通事故一站式处理新模式,是人保财险继直升机救援、警保联动等推出的又一便民服务举措,对于高效、便捷办理交管业务、处理交通事故,提升道路交通管理水平和公司社会影响力具有重要作用。在理赔中心各分部增设“午间理赔”服务和晚上的“理赔夜市”服务。接受客户理赔咨询、受理案件理赔流程的客户咨询及客户上门递交案件资料等服务,为客户带来便利。 (彭 浪)

社会事业

民 政

【概况】 2018年，渌口区民政局积极对接、联系、调研撤县设区相关事宜。6月19日，国务院正式批复同意撤销株洲县，设立株洲市渌口区；12月18日，渌口区正式挂牌。区民政局积极开展社会救助、养老服务两个方面的基层政务公开标准化规范化试点工作，梳理编制公开事项标准目录，细化栏目内容，便捷信息查询，让所有救助均在阳光下运行。全面贯彻落实区委、区政府“智慧渌口”项目建设和网格化管理的决策部署，对照时间节点完成各项工作，不断简化优化办事流程，提升政务服务水平。

“三项补贴”全面提标。落实省市部署，全面提高城乡低保、残疾人、高龄老人生活补贴标准。一是全面提高城乡低保标准。城市最低生活保障标准由2017年的450元/月调整为480元/月，城市低保月人均补差由2017年的320元/人·月提高到352元/人·月；农村最低生活保障标准由2017年250元提高到280元，农村低保月人均补差由150元/人·月提高到170元/人·月。二是提高残疾人两项补贴。困难残疾人生活补贴和重度残疾人护理补贴由2017年的50元/人·月提高到55元/人·月。三是扩大高龄老人补贴发放范围。增加80—89周岁年龄段的补贴发放范围，补贴标准为50元/人·月；提高90—99周岁高龄老人生活补贴，由2017年的60元/人·月提高到100元/人·月。

健全低保标准增长机制，完善社会救助体系。出台《关于建立株洲县困难群众基本生活保障工作协调机制的通知》，全面规范农村低保制度运行，实现农村低保制度与扶贫开发政策有效衔接。建立政府领导、部门负责的社会救助协调机制。按照责权一致和责任追究的原则，明确界定各部门在社会救助体系建设中应该承担的相应责任。完善低保兜底动态管理长效机制，做到“应保尽保、应兜尽兜、应退尽退”。健全最低生活保障标准与经济社会发展水平相适应的自然增长机制，按照自然增长机制逐年提高5%以上的规则，有效的保障困难群体的基本生活。健全城乡医疗救助制度，救助城乡医疗对象1万余人次，发放医疗（含一站式医疗救助）救助金331.24万元。供养服务全面改善，出台《株洲县2018年养老院服务质量建设专项行动实施方案》《关于加强全县敬老院冬季安全管理工作的通知》，把敬老院安全管理和提升服务质量作为考核主要内容，通过扎实开展乡镇敬老院安全、服务管理工作督查等活动，落实院长、护理员、炊事员安全管理责任制。切实将特困人员供养服务设施（敬老院）安全生产措施落实到位。共临时救助生活困难群众4000余人次（含刑满释放、解除强制戒毒困难人员），发放临时救助金150余万元；救助流浪乞讨人员1357人次，发放流浪乞讨救助金5.5万余元。

提升灾害应急救助能力。10月13日是“国际减灾日”，组织开展系列防灾减灾知识普及宣传活动。加快防灾减灾基础设施建设,在区五中、各大广场、汽车站建成大型综合减灾避难安置点。为积极应对暴雨洪涝、风暴、雷电、滑坡等自然灾害,表彰见义勇为行为,进一步拓展民生保障范围,持续为34.5万居民每人办理一元钱包含自然灾害公众责任和见义勇为救助两项内容的民生保险,共投保34.5万元。提高民生保障水平,花费17万多元购置500床棉被,应对低温冷冻天气,为受灾群众提供救助保障。

完善双拥优抚安置体系。按时足额发放抚恤补助金,认真贯彻落实重点优抚对象的抚恤补助政策,做好抚恤定补对象动态管理,严格做到专款专用,发放优抚对象生活补助金1009.5万元;发放义务兵家属优待金234万元;资助优抚对象购新农合医保21.75万元;发放优抚对象门诊补助58.99万元。新增或提级伤残军人、带病回乡和伤残机关工作人员11人。新增60岁以上的农村籍退伍军人。共接收三级士官档案,认真落实自主就业退役士兵职业教育和技能培训。

推进和谐社区创建。一是加强社区建设,科学划分城区社区网格,组织网格员开展业务知识培训,提高网格员的业务水平和工作能力,配合区网格中心完善“网格”基础数据录入,推进社区“网格化”管理。二是大力推进村务公开和规范村(居)委会基层自治作用。统一部署规范村务公开栏建设,以村务公开栏的规范促进村务公开的规范,以村务公开的规范促进村级民主自治的规范,达到夯实乡村治理基础的作用。三是指导村委会健全完善自治组织自身建设,建立健全村委会工作制度,健全村规民约,成立红白理事会,开展移风易俗,树立文明乡风行动。四是开展村(社区)主任素质提升培训,以此推动社会治理重心下移,培育一批专业人才,扶持一批乡村工匠,造就一支懂农业、爱农村、爱农民的“三农”工作队伍。

优化民政公共服务职能。坚持培育发展和监督管理并重的方针,促进各类民间组织的规范发展。严格履行法定程序,认真做好社会组织登记工作。新登记社会团体2个,民办非企业4家;完成对82家社会团体的年检工作,年检合格率100%;联合教育等部门对76家民办非企业单位进行规范整治,进一步强化诚信意识,规范行业运作程序。婚姻登记规范有序,加强登记人员业务培训,提高服务质量。共办理婚姻登记3500对,合格率100%。

【“平安边界”创建活动】 全面贯彻落实国务院《行政区域界限管理条例》和中央综治办、民政部等十部委《关于开展平安边界建设的意见》精神,根据省民政厅《关于开展“平安边界”创建活动的通知》精神,分别与攸县、湘潭县、衡东县、醴陵市、株洲市天元区及芦淞区民政局签订“平安边界”共建协议书。全面完成与6个县市区界桩界线的联合检查,所有界桩、界线走向清晰、界桩完好无损、矛盾及时化解、纠纷妥善解决。在总结以往联检经验的基础上,立足实际,扎实促成本轮联检工作,并重新签订“平安边界”共建协议书。没有发生因边界纠纷而引发集体上访、群众械斗性事件和恶性刑事案件。

【殡葬领域突出问题专项整治】 联合各相关单位根据自身职责系统梳理殡葬领域存在的问题，对违法违规修建活人墓、豪华大墓、青山白化等突出问题进行摸排，建立问题清单，制定整改措施，确保整改到位。对丧葬用品市场进行拉网式排查，清理整顿花圈店35家，取缔2家，停业整顿5家；对违规治丧、违规祭扫、封建迷信活动积极进行劝导和整治，共摸排出违规搭棚治丧6次，违规大操大办2例。指导村(居)改进村规民约，推进移风易俗，139个村(居)委员会均成立红白理事会，引导群众树立“厚养薄葬、节地生态、移风易俗”的殡葬新风尚。充分发挥党员干部的带头作用，督促各单位党员干部签订承诺书，通过党员干部及家属带头，树立文明殡葬标杆，带动群众共同参与。

(魏铜娟)

移民开发

【概况】 2018年，渌口区移民开发局移民后扶推进有力。搞好项目策划。加强与省市的计划对接，报送省局3批次项目计划，共争取安排资金954.2万元，移民后扶项目85个，包括道路硬化24千米、渠道建设12千米、山塘整修22座、维修泵站14处、涵闸55座、生产开发帮扶企业20个。其中，南洲镇昭陵村列入省局“整体推进村”项目，确定5个子项目，落实资金170万元。各项目已陆续完成，部分已验收付款。落实培训措施。采取“选准对象、瞄准就业”的原则，根据移民实际需求进行培训。已完成实用技术2期，共培训移民160人，培训内容为水产和家禽养殖技术；在转移就业培训方面，发放“给全区直补移民的一封信”，内容为自主培训和中长期职业教育培训补助发放条件和规定。已有符合中长期职业教育培训人员2名，发放职业教育补助金8000元。培训移民后扶资金严格管理，及时以“一卡通”的形式，足额发放3个季度移民直补资金共计278.64万元，移民优惠政策落实到位。困难移民避险解困工作进展顺利，全区23户61人试点对象房屋主体竣工并全部入住。株洲航电枢纽自2003年开工建设以来，逐步完成各项建设任务，各项工程进入竣工验收阶段，完成资金结算及各项验收资料。自验工作全面完成，已向市局申请初验。

严格按照财务管理及内部会计控制制度的要求，完善财务管理制度，实行移民项目资金管理报账制与财政拨付制，设立银行专户，按资金性质分类专账核算，制定报账“流程表”，建立项目台账。对年度移民资金的使用管理进行内部审计，建立内审台账，确保移民资金在使用过程中规范、安全、高效。每一批项目资金按省局批复及时在区政府门户网站及区、市移民网上进行公布，做到“区上网、村上墙”，阳光、透明。对库区两岸涵闸和泵站进行摸底排查，组织专业维修队伍对板桥、龙船港、淦田1、淦田2、庙前2、庙前3、昭陵1、昭陵2等泵站和板桥涵闸进行维修和保养,保证各泵站和涵闸的正常运行,有力提升库区的度汛能力。

着力加强信息平台建设,完善信息工作体系。4 月 20 日,县移民开发局参加市移民局主办的湖南移民综合管理信息系统基础数据采集工作专题培训班之后,马上组织落实。对照目标任务,精准采集数据,对移民综合管理信息系统中的错误信息,逐一核对,已完成移民综合管理信息系统历年项目补录工作。信息的采集、反馈更加规范。

服务民生。由于水库建设淹没和拆迁对移民影响很大,维护库区社会稳定历来是移民部门的首要工作目标。为此,工作人员走访了古岳峰镇向阳村三峡移民安置点,在移民家中听取问题,现场查找问题原因,提出解决方案,让移民满意。

(韦　青)

城市建设投资管理

【概况】 2018 年,渌口区城市建设投资管理中心积极推进“智慧渌口”项目建设、网格化服务管理、“12345”区长热线等工作,其中“智慧渌口”项目一期平台于 7 月 16 日正式上线运行。

“智慧渌口”项目建设。区城投中心按照县委、县政府安排,负责综合性智慧城市项目——“智慧渌口”项目建设。在 2017 年打下的良好基础上,继续在平台优化、场地装修、链路敷设、设备安装、操作培训、宣传准备等工作上狠抓落实。线上,“两平台”(公共服务信息平台、智慧城市管理平台)、“三中心”(大数据运营中心、网络融合中心、网络安全中心)、“五应用”(网格化管理平台、“互联网 + 政务服务”平台、智慧党建平台、OA 协同办公系统、应急联动处置平台)完成开发并投入使用。线下,对内完成智慧渌口信息中心建设,包含大数据运营中心、应急调度指挥中心、网格化服务管理中心和“12345”县长热线服务中心。对外将政务外网敷设至 74 个区直单位、8 个镇、132 个村(社区),并配送安装“智慧渌口”专用电脑、打印机、机柜、防火墙等设备。为提高“智慧渌口”群众知晓率、使用率,举行“智慧渌口”项目一期平台上线仪式并召开新闻发布会,在《株洲日报》《株洲晚报》等报刊上刊登头条新闻,在《人民日报》、红网等微信公众号上发布信息,引起社会各界广泛关注。向 139 个村(社区)和 2.6 万名中小学生发放印有“智慧渌口”微信公众号和 APP 客户端二维码的小扇子和无纺布手提袋,悬挂宣传横幅 452 条,在 S211 线沿线显眼处制作大型宣传海报,在中央时代广场 LED 大屏、户外广告机等公共场所投放“智慧渌口”宣传片和广告片。为提高“智慧渌口”平台实用性、功能性,在平台上线后,全面收集各单位平台使用过程中反映的问题建议,不断对平台功能进行整改优化。根据“上级有资金,考核有要求,工作有需要”的原则,经过调研论证,“智慧渌口”项目二期暂开发农村土地确权信息应用平台和“互联网 + 就业创业”平台,农村土地确权信息应用平台已建设完成,“互联网 + 就业创业”平台完成招标,进入开发建设阶段。

网格化服务管理工作。城投中心在队伍建设、规范管理、数据提质、示范点建设等方向着手，全力构建标准化、规范化的网格化服务管理体系。制定下发《株洲县网格员管理制度（试行）》，明确网格员的职责范围和管理考核，促进网格员队伍进一步稳定、专业。全面清查网格员采集的各类基础数据，并导入数据库使人口、房屋等信息互相关联。建设11个网格化服务管理中心标准化、规范化示范点，多次迎接省、市及其他单位视察、学习，得到高度认可。按照县委安排，承担“网格走亲”活动事件处置相关工作，动员网格员与党员干部一同开展网格走亲活动，配合县政法委开展综治民调和禁毒宣传，协助县统计局开展第三次全国经济普查。通过1次面向社会公开招考、3次择优推荐，补充城乡社区专职网格员47名，截至12月底，共有在职在岗专职网格员179名，其中信息中心网格调度员16名、城乡社区专职网格员163名。网格化管理平台导入家庭户10.43万户，人口34.32万人，其中常住人口33.16万人、流动人口1.16万人，房屋8.7万栋，企事业单位3086家。网格员在日常巡查中通过平台上报事件308件，办结278件，30件正在办理。

【“12345”县长热线工作】 “12345”热线区长工作自2018年4月由县政府办移交至城投中心，城投中心以不断提高县长热线“五率一度”为目标，执行“100%回访、业务测评、督办通报、二十四小时值守、绩效考核、领导签字办结、领导接线”七项制度，促进“12345”县长热线工作不断规范。截至12月31日，共受理群众反映有效事项6795件，当场答复3422件，交办有关单位3373件，办结3373件，按期办结3229件。其中副县级以上领导现场接线8次，科局级干部现场接线16次。（张文亮）

城镇建设

住房和城乡规划建设

【概况】 2018年,渌口区住建局机关文明创建、计划生育工作、社会治安综合治理、教育强区、安全生产、招商引资、脱贫攻坚、农村人居环境整治、产业项目建设、两型社会建设改革及信访维稳等项工作获得各项荣誉18项,其中黑臭水体、污水垃圾治理和建筑节能与科技工作被省厅通报表扬,获得株洲市文明卫生单位、住房和城乡建设工作目标管理红旗单位、建筑行业安全生产目标考核红旗单位称号,局建设工程质量安全监督管理站被评为全市建设工程质量安全管理先进单位。

各项指标进一步提高。新增“四上”施工总承包资质企业8家、1家劳务企业,9家企业完成14项资质增项;新开工项目20个,建筑面积142.6万平方米,工程造价约22.11亿元。完成市政基础设施配套专项基金收入4781.1万元,完成建安产值101.6亿元,较上年同期增长17.4%,完成入库税收15602.38万元,较上年同比增长55%。

机关服务能力进一步提升。围绕“门好进、脸好看、事难办”以及不作为、慢作为等新形势下不良工作作风问题,着力开展“展形象、树新风”活动,加大文明示范窗口创建,率先完成审批服务“三集中、三到位”,持续跟进“智慧渌口”“最多跑一次”改革,高效完成“马上就办”“网格治理”“县长热线”等交办任务,共上报跑办事项78项,实现最多跑一次事项59项,办理各类事项601项,审批时效较法定时限缩短65%以上,承办的人大代表建议和政协委员提案9件,都在规定时间内完成,办结率100%。

规划管理水平稳步提升。管理人才和岗位设置更加齐全和优化,规划管理专业性、技术性进一步提升。管理机制进一步健全,完善建立了“业务会把关、初步设计审查、专家会审核、规委会决策”的四审机制,项目审查速度明显加快,共召开规委会5次,专家评审会20次,初步设计评审会12次,业务碰头会11次,审查项目30个。规划编制工作取得新突破,《株洲县城市总体规划(2001—2020)(2018年修改)》获得省人民政府的批复,三年3000万元的规划编制计划同步启动。按照“大方大气、特色特点、品质品味、依法依规、效率效益”实施原则,新报建的房地产项目梧桐庄园、怡景山庄二期等房地产开发项目容积率全部在2.5以下,停车会配比全部在1:1以上,品质不断提升,为融城发展奠定良好基础。

城市功能不断完善。城市总体规划已经省人民政府审批,新规划围绕强化核心、组团发展,“一主三核、两江三岸”的空间布局结构进行城市布局,城市规划理念更具科学性、前瞻性。北部融城区域,2个融城项目青龙湾城乡一体化发展示范区、紫涵湖温泉度假酒店正在加快推进;主城区顺凯公馆、上景、美的梧桐庄园、瑞和广场等商业住宅综合体项目加快开发;南洲新区正按照产业布局及城市建设秩序进行建设。城市外围渌枫大道、东城大道“一横一纵”城市快速路开工建设,湘江七桥建成通车,西联交通已经打通。主城区及南洲新区“五横四纵”路网“大动脉”基本拉通,黄金东路、桑园北路、黎绍路至滨江路延伸段等断头路打通工程全面启动。配套燃气、排水、通信管线等“毛细血管”同步建设,并正在发挥对城市各行业的供血作用。

民生服务能力显著提高。围绕打造幸福宜居渌口,着力解决民生突出问题。一是加大对市政道路及园林绿化的维护力度,做到市政设施勤查勤修,绿化养护勤督察,严考核,道路维护效率和质量得到显著提升。二是加大自来水的监管力度,确保用水安全及普及,城市供水能力和供水质量得到显著提升,供水量达到606.3万立方米,售水量357.91万立方米,较上年同比增长13%,水质综合水质合格率达到98.01%。三是燃气设施建设进一步加快,潜江至韶关燃气输配管线渌口区段建设顺利,经向上级争取同意在区内建设分疏阀室1座。城市供气能力进一步加强,南洲新区新建LNG储配站1座,龙门新建液化气充装站1座。城区内燃气覆盖率进一步提高,新建、改造然气管网2.9千米、新增城镇管输天然气用户612户(全年任务为300户)。“气化乡镇”加快推进,前期工作已基本完成。

村庄规划管理工作成效显著。以宣贯《株洲市农村村庄规划建设管理条例》和落实省厅村庄规划编制“全覆盖”为工作重点,强化“规划”宣传,着力提升村民“规划”意识,加快推动“规划”在农村落地。组织举办四期农村工匠培训班,为农村建房培训合格工匠229名,并在《中国农村报》和“株洲新闻网”等多家主流媒体上进行经验推广报道。承办“株洲市村庄规划督查推进会”,经验在全市大会上作为先进典型向各县市区推广。完成南洲镇横江村等26个村的村庄规划编制工作,基本实现村庄规划编制“全覆盖”,受到省厅督查调研组的高度肯定。

污水处理“全覆盖”工作稳步推进。作为全市唯一被纳入“全国污水治理示范县”的试点县,城区污水处理提质改造项目全部完成,城区新建南洲新区污水处理厂1座、提升泵站2座、老旧小区排水管网改造2处,城市污水处理能力达到

392.91万吨/年。已完成5个镇的污水处理厂建设,剩下的龙门、龙潭、龙船镇已实现开工建设,建成后将实现区域内城乡污水治理全覆盖,城镇污水处理量将达到550万吨/年。率先在全省完成黑臭水体治理工作,并于9月迎接省厅督查组的督查,督查组对株洲县黑臭水体治理工作表示满意。

风险处置化解能力不断加强。对违反基本建设程序未取得开工前规划建设手续即开工建设的9个项目的责任主体进行处罚,处罚金额合计达到377.76万元。拆违控违力度不断加强,发现违建面积约15876.92平方米,共下发责令停止违建通知书、限期拆除违建决定书等文书260多份,参加拆违行动30余次,拆除52处10114平方米。违建增量得到有效控制,违建存量稳步消解,项目建设环境得到进一步优化。通过采取"6个100%"、在建工地安装环境质量在线监测系统等工作措施,加大在建工地扬尘污染管控和处罚力度,对不能达到标准的项目进行停工,对拒不整改的按照相关法律进行顶格处罚,共处罚5个项目罚没金额11万元。不断完善质量安全监督保证体系,创新监管方式,提升监管效能,严格落实监管职责和联动执法举措,无人员伤亡,无重大事故发生,安全形势平稳。高度重视综治及信访维稳工作,安排专人成立综治及信访维稳专项工作队,及时跟踪做好与信访人员的对接,及时解决职能范围内各项信访问题,确保无群访群集现象发生。严格落实中央环保督查交办项目,渌水大桥径向排水管、黑臭水体治理、城市内排污口整治等一批环保交办项目在规定时间内优质完成。

【农村危改工作获省市肯定】 以落实省"农村双改"和"农村人居环境整治三年行动"为重要契机,整合"惠农助农""新农村建设""城乡建设用地增减挂钩"政策,实施农村危房改造和土坯房整治工作深度融合,统筹推进,多举并措,取得良好的工作成效。农村危房改造任务超目标完成,竣工375户,省厅下达的农村危房改造存量任务617户已全部开工。危旧土坯房集中整治已拆除7994户,面积103万平方米,修缮1627户,面积29万平方米。相关工作开展以来得到省、市的高度肯定,土坯房整治工作获得株洲市委书记毛腾飞的重点批示,用"决心大,思路清,措施实,效果好"高度肯定株洲县在落实湖南省委书记杜家毫打好农村危旧土坯房歼灭战的指示精神中所取得的成效,并要求其他县市学习借鉴;省住建厅也高度肯定株洲县通过印发"住房安全档案卡"确保精准实施危房改造的做法,认为此举对于危改惠民政策落到实处具有积极促进作用。

(高泽琦)

供水与排水

【概况】 2018年,渌口区自来水有限公司拥有固定资产1151万元(净值),日供水能力3万—4万吨,完成年供水量1551.6万立方米,较上年增长10.5%,完成售水量

1002.8万立方米,较上年增长15.8%,其中工业用水总量242.3万立方米,生活用水总量571.9万立方米,行政用水总量69万立方米,特种用水总量2.8万立方米,经营性用水总量116.8万立方米。水质综合合格率98.79%,产销差率34.93%,综合水费回收率98.98%,国有资产保值增值率110%。完成一户一表建设改造2517户,累计用水户45342户。

供水安全保障。完成次氯酸钠制备及投加系统建设,科学设置投加点,合理控制投加量,供水水质实现全面提升。投入70万元完成滤池滤料工艺改造,滤池性能大幅提升,添置浊度、余氯等水质在线检测装置,水质合格率全面达标。建立水厂周界防入侵系统,安装一键报警装置,完善治安防范设施及保安人员配备,安全基础进一步夯实。完成南洲、建南加压泵房增容改造,取水泵房机组水泵、阀门更换,安全保障进一步增强。加大安全检查力度,排查并整改安全隐患107处,安全责任事故为零。

管网建设。坚持路网同步,统筹推进南洲新区03道路、18道路等沿线管网的更换、敷设,新敷供水管线9.8千米,城区供水范围进一步延伸;完成学府公馆、和城国际、惠天然中心安置镇等小安给水项目建设,确保供水到户。加大管网巡视频次,及时发现漏点、抢修堵漏,共查出漏点129处,完成管网抢维修837次。推进管网竣工测量,完成老城区、南洲新区等区域50余千米管线竣测和上图,GIS系统建设取得突破。

惠民服务。坚持"供水服务进社区、进企业"活动,进驻拜访14个社区和4家企业,点对点上门服务20余次,向用户推广"供水APP"、微信等缴费渠道,网上缴费比例达到56%,为1314户特困、低保减免水费19万元。推进"最多跑一次"改革,13项用水业务实现营业窗口"最多跑一次",4项业务实现"就近办、网上办",受理业务1697例,项目签约率73%,办结率99%。

城镇排水。区污水处理厂服务范围为城镇湘江以东主城区,服务面积7.6平方千米,日设计处理量2万吨。完成污水处理量550.64万吨,日均处理污水1.53万吨。筑牢安全防线,建立安全隐患排查清单,制定现场危险源辨识及防控措施、现场应急处置方案,形成全员、全过程排查机制,常态化查治安全隐患。抓实安全生产,完成4台曝气机、2台潜污泵、推流器、刮泥机等设备的维修与更换,出厂水水质稳定达到国家《城镇污水处理厂污染物排放标准》(GB18918—2002)一级A标准要求,实现达标排放。（万　婷）

供　电

【概况】 2018年,国网渌口区供电公司完成售电量7.9亿千瓦时,同比增长7.97%;电网最大负荷28.48万千瓦,同比上升22.49%。杜绝责任性外人触电死亡事件发生,确保安全稳定,截至12月31日,实现人身、设备安全运行7459天,继续保持安全生产最长纪录。获评国网公司安全工作先进集体及国网湖南省电力有限公司安全工作先进集体、电费回收先进单位等荣誉称号。

安全生产持续稳定。公司层面共稽查现场2432个,查处违章30起,考核金额7万余元。建立健全防外人触电工作机制,多形式多渠道开展防外人触电工作,开展配电线路集中检修11条,消除缺陷隐患488处,实现10千伏线路砍青全覆盖,砍伐树竹10万余棵。强化配电间(台区)日常管理,完成466个台区砍青扫障,砍伐树竹13万余棵,悬挂警示牌526处。全面落实防外人触电工作,狠抓台区漏保“三率”管理,开展漏保检查1380人次;政企联动发放宣传资料3500余份,取缔挂钩用电180余处,处置外破隐患12处,连续三年杜绝责任性外人触电死亡事件,确保人民群众财产、人身安全。

电网建设持续推进。始终坚持“立足地方、服务渌湘”的宗旨,积极运用政策争取资金项目,解决电网发展问题,积极配合区委、区政府的提质改造工程实施。公司整合运检、发建以及供电所力量成立配网办。依托配网大数据平台以问题为导向,按“一步到位”原则,提报2019年规划储备项目2.1亿元。主动靠前撬动政府,签订《南洲工业园供电合作协议》,提供主动服务,开拓增量市场。做强做优业主项目部,成立业主项目小组,明确职责,健全制度,推进电网建设,完成项目投资1.1亿元,完成扶贫攻坚等政治任务。落实属地化协调职责,配合落实110千伏石门塘变电站前期工作。积极推进渌枫大道、东城大道及梅子湖等项目杆迁和渌水II桥、污水处理厂及南洲工业园3号道路电缆入地等重点工程,全力服务入园企业用电需求,为区域经济的持续发展提供有力的电力保障。

党建工作持续提升。提前完成7个农电支部、84名农电党员组织关系转移。组织共产党员服务队开展保电、服务、宣传活动,出动抢修保电306人次,处理用电安全隐患18起,受理客户咨询32人次,发放宣传资料1200多份。组织经营党支部与龙船镇堂市村党总支开展联学联创活动,促进电网建设、降损增效、服务管控工作的提升。 (邓乐刚)

城市管理

【概况】 2018年,渌口区城管系统切实提升城市管理依法行政、服务民生的能力,抓好队伍“五化”建设,以接受交叉巡察和专项工作评议为契机,坚持准军事化管理,加强日常教育培训,突出问题整改清查。出台城管体制改革方案,完成市场管理工作移交。获评“株洲市城市管理工作先进单位”。

城管执法队伍以落实长效综合管理为重点,进一步转变执法理念,创新执法方法,提高执法效能,推行“721工作法”“西瓜地图”“城管护学岗”等做法,劝导纠正各类违章3万余起。开展各类专项整治200余天,有效治理黎韶路夜宵摊档扰民、梅苑路马路市场拥堵、渌江风光带秩序混乱、学校周边游摊占道、向阳广场贸运车辆乱停揽客等市容“顽疾”。组织建筑垃圾治理工作，清理梅子湖周边和湘江沿线建筑垃圾4000余吨；组织油烟治理工作，引导200余家企事业单位和餐饮门店安装油烟净化器，取缔露天烧烤油烟直排问题；组织非洲猪瘟疫情防控工作，启动餐厨垃圾干湿分离处置模式，累计处置泔水50余吨。

切实抓好违建源头治理，组织大型行动10次、即查即拆行动46次，发现并制止违建92处1.3万余平方米，拆除违建84处1.6万余平方米，清除抢栽抢种苗木8公顷。针对生态陵园、环保产业园、华升雪松等项目周边抢搭抢建现象，根据项目指挥部要求，先后拆除项目区违建1718平方米，有力打击违规填埋鱼塘、非法洗沙、抢栽抢种等行为，营造良好的项目施工环境。

深入推行“一把扫帚扫到底”，清扫处置生活垃圾3万余吨，清运率和处理率均达96%以上。环卫保洁面积由143万平方米扩展至210余万平方米。购置2台新5吨吊运车，城乡环卫硬件设施得到改造提质。

完成城区路灯改造，解决渌江风光带等4处历史路灯故障，消灭东风小区等38处夜间“摸黑路段”；完成应急抢修任务，修缮被风雨吹损的门店招牌33处，在3个广场安装限行桩柱160根，解决安全隐患，保证市民出行安全。（李志平）

环卫管理

【概况】 2018年，渌口区环境卫生管理处有正式职工98人，合同工22人，市场化公司员工365人。主要负责城区2000余个垃圾果皮箱清洗保洁和垃圾清掏收集，以及54台环卫车辆（含市场化公司20台）的维护保养，日清运处理城区112个垃圾收集站、点及8个镇97个垃圾收集地坑斗的生活垃圾，收集至中转站压缩后转运华新水泥环境工厂协同窑焚烧处理。清扫保洁范围包括城区街道（含伏波大道、南洲新区）、广场、农贸市场、绿地、河堤、渌江风光带、铁路、无物业管理小区等；实行实名公厕管理责任所长制，保洁维护城区及风光带公厕19座。

市场化作业实行以来，由于是在夜间道路冲水、清洗人行道，清洗效果没达到预期目标。为此，环卫处监察考评股根据实际情况调整主次干道环卫机械化作业时间班次安排表，根据实际情况调整白班、晚班机械化作业路线，宏达、仁仁洁两家公司在日常洒水降尘频次的基础上每天增加洒水、冲洗路面3次（上午、下午、夜间各1次），严格按照规定路线作业，保证清洗车辆、清洗人员的出勤率100%，清洗时间到位、清洗质量达标。

加强建筑垃圾管控，投入30余万元对梅子湖和湘渌江河堤边沿线堆放的建筑垃圾进行整改，共清理建筑垃圾和废弃家具2000余吨。

对城区内餐饮店、学校食堂、机关企事业单位食堂产生的餐厨垃圾进行收集转运处理，切断餐厨潲水喂猪渠道。

垃圾压缩站收转运生活垃圾至华新水泥年焚烧处理总量为3.2万吨。随着农村生活垃圾吊运量增加，购置5吨吊运车

2台和8吨吊运车2台,22立方米垃圾转运桶2个,移动式压缩箱2台。压缩车间新增除臭喷淋系统1套,对车间移动平台进行大修1次。制作地坑斗24个,维修地坑斗上百次。做好垃圾吊运车辆的年检维修、GPS续签工作,定位车辆动向,监控司机工作量及车辆油耗情况。为规范环卫车辆轮胎补胎工作,降低车辆费用开支,保障车辆安全运行,与两家补胎店签订合同,按协议价格统一补胎。

加强车辆安全管理。制定车辆安全及卫生考核方案,按季度考核压缩站作业车辆,每月检查一次,评出优秀车辆班组与优秀司机,并给予奖励。（莫　莉）

城市拆违

【概况】 2018年,渌口区拆除违法建设执法大队严格落实责任,加大对各类违法建设行为的打击力度,对新增违法建设严格做到"即查即拆",发现一处,拆除一处。共拆除违法建设90处,面积17987.5平方米,其中即查即拆48处,面积9901平方米,劝导自拆24处,面积4490平方米。自存量违建"清零"行动开展以来,共完成存量违建"清零"133处,20847.32平方米,完成总任务数的50%。

全面开展违章建筑大排查。创新巡查模式,购入无人机开展日常巡查,特别是对重点项目进行全天候巡查,对违法建设做到早发现、早制止、早拆除。违法建设的蔓延趋势得到有效控制,违法建设明显减少。加强镇村巡查布局,形成横向到边、纵向到底、上下联动的巡查模式。

坚持以拆违促拆迁。服务项目建设坚持以拆违为突破口,强力推进项目拆迁工作。2017—2018年,大队对湘江七桥、渌枫大道、航空大道、黄金东路、湘江东岸风光带、半边街棚户改造区、一号工业储备地、和谐大道等项目进行全程跟踪服务,配合项目施工维护行动100余次,拆除项目内违法建设7处3131平方米,拔除抢栽青苗、葡萄苗、药材苗木1.51公顷,填埋1公顷鱼塘,土地清表10公顷,保障项目建设进度。

细化工作措施,强化内部管理。理顺管理机制,增设直属中队,加大内部监管力度,形成执法中枢,统筹各中队执法行动的整体推进,使各股室、中队之间形成责任明确、相互协调、相互配合,纵横交错的联动机制。提升执法能力,高度重视队伍建设,始终坚持半军事化管理队伍,制定队伍学习培训计划,将政治理论、法律法规、依法行政、军事体能训练循环进行穿插学习,提高队员接受度,开展专题知识讲座、控违拆违法律知识、参观学习、军事训练、10千米拉练等培训科目。大力倡导"马上就办、办就办好"的工作理念,强化责任担当,依法拆违氛围更加浓厚。

（罗　洪）

征地工作

【概况】 2018年,渌口区征地工作紧紧围绕"产业项目建设年"这一中心,以保障项目用地为目标,突出征地拆迁清零扫尾,坚持“征拆围绕项目转、项目围绕市场转”的原则，科学精准保障项目用地需求。完成清零扫尾任务协议签订 178 户，拆除房屋 381 栋，征地约 28.87 公顷。被评为“株洲市征拆征收先进集体”。

修订征地拆迁补偿标准，维护农民合法权益。坚持以人为本，以建立和谐社会与维护社会稳定为原则，结合本地现状、群众愿望等进行深入的摸底调查，根据国家的相关法律，对比周边县市区现行标准，平衡各方利益，研究制定了《人口安置补偿标准调整方案》《征地拆迁困难补助发放标准和程序》等相关政策文件，依法适时合理调整补偿标准，维护征拆对象的合法权益。

依法规范操作，提高征地工作透明度，始终做到“公开、公平、公正”。征收前，将征收方案、征收范围、补偿标准等信息全部公开，对每户的征收面积、补偿内容、补偿金额张榜公布。严格按照程序办事，坚持“四个到位”，即征收政策宣传到位、征收方案落实到位、征收工作程序到位、征收资金补偿到位；编制征收工作流程图，明确每个环节的具体要求，落实工作责任人，建立简洁、方便、快捷、高效的办事制度和工作运行模式。

加大征地拆迁政策的宣传力度。一是在征地拆迁之前召开动员大会，发布征地公告，向被拆迁村组和拆迁户宣传建设项目的重要性，对当地经济发展的意义及有关法律法规。二是组织征地拆迁范围内的村、组党员和干部进行法律法规的学习，发挥他们的辐射与带头作用，教育和提高全体被拆迁安置群众的政策法律素质。三是采用多种形式搞好宣传，重点宣传征地拆迁补偿与安置的政策标准和操作程序，消除被征地拆迁对象对拆迁的顾虑和疑惑。四是征拆工作人员到征拆对象家中耐心细致地做好思想工作，站在拆迁户的角度思考问题，及时了解和帮助解决群众的实际困难，平衡好国家和拆迁户的利益，将补偿安置政策不折不扣落实到位。

全面化解征地拆迁矛盾纠纷。对于征地拆迁信访工作，实行领导点名接访制度，坚持关口前移，重心下移，抽调熟悉政策法律法规的工作人员组成工作组，制定工作方案，集中进行排查，从最基层和源头上发现可能影响社会稳定的问题和隐患，排出时间表，及时化解矛盾。对可能出现的“钉子户”有预案，有方法，尽最大可能去做思想工作，对拒不执行征拆的，依法使用行政和司法手段强制执行征拆，保证公共利益的实现。对抢修抢建、突击装修、违规乱搭乱建、煽动阻挠正常施工等违法行为，迅速、果断、坚决地予以打击。

妥善处理征地拆迁工作中的历史遗留问题。在处理征地拆迁遗留问题之前，进行详细的调查摸底，对问题的各个方面、各个环节进行全面考虑，以赢得工作的主动权。针对历史遗留问题的不同情况，制订方案，落实措施，实行目标管理，突出重点，包干负责，奖罚兑现。对部分拆迁群众提出的合理要求，在政策上予以适当倾斜。

（盛行波）

建设投融资

【概况】 株洲渌湘投资发展集团有限公司注册资本12.8亿元,资产规模达189亿元。内设战略规划、综合管理、人力资源、党群、财务管理、融资管理、前期、土地经营、社会事务、工程管理、审计法务、效能监察12个部门,下辖12家子公司和6家参股公司,为株洲市渌口区唯一的城市资源综合运营商。主营业务包括土地一级开发、城市建设投资及运营管理、产业投资、资本运作、现代服务业、棚户区改造和二级房地产开发等。

化债工作。积极落实“化解政府债务、防范金融风险”的要求部署,不断调优债务结构。一是全面查底。逐笔清查,分类上报债务性质、规模、期限、还本付息、项目投入情况,融资债务余额为71.47亿元,同比减少4.11亿元。二是控制存量。在控制政府隐性债务总量、确保存量到期债务按期归还的前提下,合法、合规融资。三是优化投资。根据有关文件精神,压缩项目投资规模、优化投资结构,暂缓实施项目6个,分别是梅子湖、湘江风光带、滨水北路二期、城区道路畅通路网工程、南洲新区消防站、淦田卫生院,涉及投资总额69.53亿元;调减投资规模2个,分别是中医院调减0.2亿元、南山生态陵园调减0.5亿元。四是加大土地出让。加大土地开发出让经营力度,积极筹措资金化解到期债务,归还利率较高债务。五是协助对账。积极协助第三方审计机构,全面核实各建设项目支出总额及债务还本付息情况,为与财政对账结算提供依据。

项目建设。紧紧围绕“产业项目建设年”活动,全力推进各大省、市重点项目建设,完成建安投资约5.8亿元。其中东城大道完成建安产值3亿元,完成机场大道段沥青铺设及人行道垫层施工,S331段完成四座桥梁架梁,路基全线贯通,仅剩精加工三层土方未填筑;渌枫大道完成建安产值1亿元,完成全线路基基本贯通,仅剩杨梅村段1千米未完成;渌水二桥完成建安产值3200万元,完成主桥合拢,北岸引桥仅剩一跨未完成;中医院完成建安产值1400万元,主体完工,内外装饰基本完成;渌枫大道(含梅子湖新区)电网搬迁工程、育红小学改扩建、南山生态陵园、棚户区改造等市、区重点项目稳步推进。

土地开发。批回土地25.12公顷。其中,项目用地7.03公顷,储备用地18.09公顷。可供出让的储备土地存量202.77公顷,其中净地18.71公顷。完成市城发集团6个地块及美的地块、老公路局地块的土地挂牌工作,出让面积31.31公顷,土地挂牌总价6.63亿元;与长沙美的地产合作开发建设的美的梧桐庄园项目,一期于9月开盘预售,实现销售收入4.4亿元。

资本运营。合理采取入股、合作等多种经营和开发模式,优化投资结构。投资8532万元参与农商行股权投资,占股6%;与市城发集团合作成立项目公司开发建设南洲生态新城,占股20%;投资1346万元与中山碧豪酒店管理有限公司合资组建渌湘戴斯酒店有限公司,占股35%;投资3489万元与美的地产合作成立鼎渌房地产开发有限公司,占股20%;拟出资846万元采用PPP模式与市水务集团合作经营渌口经开区水质净化中心项目,占股30%;拟出资778.49万元采用PPP模式与博世科公司(联合体)合作经营渌口区农村生活污水处理项目,占股30%。成立渌湘工程建设有限公司,拓展经营范围。

(吴文博)

房产管理

【概况】 2018年,渌口区有房地产企业25家,房地产开发续建项目9个,新建项目3个。房地产开发投资14.9亿元,同比增长71.2%;开发面积84.9万平方米,同比增长124.6%,销售面积33.5万平方米,同比增长52.2%;普通商品房销售均价4658元/平方米(楼盘均价最低为大西洋上海名苑,3851元/平方米;楼盘均价最高为城市公园,5200/平方米),精装商品房销售均价6400元/平方米,商铺销售均价10600元/平方米。税收达1亿元。

住房保障推进有力。发放租赁补贴700户,126万元,棚户区改造项目任务7个,2822户,改造面积51.24万平方米,投资24.26亿元,12月底全部完工。

积极争取上级棚改资金,到位资金6400多万元,其中中央资金5328万元,省级资金675万元,市级公积金增值资金拨付450多万元。

物业工作规范有序。共有14家物业管理公司,物业服务从业人员300余人,收缴专项维修资金2927.14万元,累计收缴专项维修资金12700万元。 (黄富强)

住房公积金管理

【概况】 2018年,渌口区归集住房公积金15154万元,提取1227笔、6076万元,归集总额10.28亿元,归集余额5.49亿元。新增缴存人数617人;完成民生实事任务380人的162.37%、计划450人的137.11%。发放住房公积金贷款387笔、1.25亿元,贷款总额3718笔、6.5亿元,贷款逾期率为零,呆账率为零。实现住房公积金增值收益300余万元。支持中低收入家庭购建房,促进城镇房地产业的繁荣,贡献房地产税收2亿元以上,带动建筑业、建材业等相关的产业20亿元以上。6000个家庭通过住房公积金提取购房建房和贷款,解决住房困难或改善居住条件。为政府拨付廉租房建设补充资金450万元,累计3532万元。

高标准完成“最多跑一次”改革。积极梳理调整业务流程,进一步优化办事环境,利用中心新上线的业务系统实现“让信息多跑路,让群众少跑腿”,做到了业务流程可查询、规则可配置、流程可随时优化,率先高标准实现各项业务“最多跑一次”的改革要求。通过与房产、公安、人民银行、民政的信息共享查询机制,直接调取职工户籍、产权、抵押信息、婚姻信息,简化职工办事流程。配合业务信息管理系统的开发,全新建立包含微信、微博、网站、手机App等8个服务渠道为一体的综合服务平台。依托中心信息交换平台,客户可通过中心门户网站、微信、App 等新渠道实时查询单位及个人的住房公积金缴交、贷款情况;短信平台则为缴存单位及个人主动推送包括住房公积金缴存、年度结息、业务办理进程、还款提醒等多项信息。综合服务平台的业务预约、信息查询、信息发布和互动交流等服务功能,使群众办事、咨询更加方便快捷。

提升效率,优化服务。按照缴存群众的需求,不断拓宽优质服务方式,提高服务质量和效率,完善前台服务大厅设施设备,使办事群众更满意。实施把缴存人当亲人的服务理念,并以创建“五化”建设示范党支部为契机,通过党建工作促推各项工作目标任务的超额完成,为缴存人提供更加优质、快捷、高效的服务。 (郭谌苹)

交通·邮电

公 路

【概况】 2018年,渌口区公路局负责国省干线及农村公路共计1590.863千米的建设、养护和管理工作，其中省道5条179.281千米(2条为规划省道共69.308千米)、县道40条321.157千米、乡道68条317.16千米、村道435条773.265千米。获评湖南省公路管理局“2018年底至2019年初全省普通公路抗冰保通中表现突出基层单位”,以及“株洲市模范职工之家”“公路工作目标管理考核优秀单位”“干线公路养护目标管理考核优胜单位”“公路安全生产工作考核优秀单位”“公路路政目标管理考核红旗单位”“农村公路建设目标管理考核红旗单位”。

公路养护。抓好公路养护基础工作，完成维修安装护栏1810米、标志牌380块、标线4095.15平方米;完成沥青砼罩面6400平方米、沥青调补修补1925.25平方米、C30水泥砼面层换板1234.65立方米、浆砌片石挡墙1607.41立方米、路肩水沟打草264063平方米；清理路肩及水沟76千米、塌方4100立方米。开展“路面防水月”“路容美化月”及“雨季杯”养护竞赛等专项活动。基本实现农村公路列养率100%、经常性养护率县道100%、乡道95%、村道75%的目标要求。

公路建设。严格按照精细化项目管理制度抓好工程建设,用制度严格管理每一个流程,打造精品优质工程。完成省下达计划农村公路窄路加宽建设12.072千米、安全生命防护工程363.45千米、危桥改造2座、国省干线大中修工程6.6千米及不停车检测系统项目建设2处，总投资约4728.2222万元，农村公路的路网状况明显改善。

路政管理。先后开展“取缔洪垅马路市场专项整治行动”“新燕村拆违行动”“打非治违行动”“公路桥隧安全保护区专项整治行动”“公路治超领域安全监管‘强执法防事故’行动”。5月,开展路政宣传月活动。6月,组织装载源头运输企业进行座谈。开展1次为期5天的封闭式培训。路政执法队员上路率达到92%,发现并及时处治安全隐患60余起，处理日常案件20起,挽回经济损失30.3944万元;查处超限超载车辆293台，其中移交交警处理122台,路政处理171台,卸(驳)载货物5000余吨,罚款95.48万元,路政治超工作超限率控制在0.3%以内。投入350万元在S211线南洲镇许家湾路段和渌水大桥地段修建两处非现场执法设施。实现非现场执法系统的建设和运用,从根本上规范公路治超模式,提高执法效率效果,避免不必要的行政复议和诉讼。

安全维稳。一是围绕“春运、打非、落实企业安全生产主体责任年”三项安全工作,极力消除隐患,完成双随机安全生产检查71人次,安全考核督查112人次。二是抗冰工作保障到位。抗冰巡查次数达160次、保畅人次达500余人，排查隐患78处,投入隐患治理50万元,投入抗冰保畅机械110台次,消耗工业盐、融雪剂400余吨,资金投入180万元。三是运用通报形式,对严重影响“一单四制”闭合率的2个部门进行通报批评，处绩效考核扣分1个部门。发现的5起重大隐患均销号,即查即改40余起,闭合率98%。（胡广才）

交通运输

【概况】 2018年，渌口区境内京珠高速、S207(原S211)贯通南北,芷渌公路、S329、网朱公路连接东西,伏波大道连接株洲市区，京广铁路贯穿南北两端，里程50千米,武广高铁15.05千米,京珠高速境内全长24千米，有朱亭、王十万2个互通口。公路总里程1810千米,路网密度1.76千米/平方千米,其中四级公路占80%以上。水路总里程77.8千米,其中湘江境内流程65千米、渌江境内流程12.8千米,没有各类码头41处及两千吨级航道株洲水上服务区，千吨级船舶可通江达海,初步形成“以高速、国省干线为主轴,县乡公路为骨架,通村组公路为脉络和湘渌江航道为支线的互联互通,内畅外通”的交通网络体系。

基础设施建设。株洲航电枢纽二线船闸正式通航。渌水二桥主桥工程正式合龙。醴娄高速已完成工可编制,交通部于2018年11月28日批复项目行业意见,明确渌口区互通口及连接线内容。渌口港区已完成项目选址、工程可研报告编制,总投资3.5亿元,由于政府化债原因,该项目已暂缓。长株攸项目总投资6.5亿元,资金来源为国省补助和地方自筹,北线接芦淞区千亿大道入境后借道渌枫大道、南洲大道,经和谐大道往东进入醴陵,正处在建设当中。东城大道区段分为机场大道和S331东线两个部分,长9.62千米,总投资8.72亿元；机场大道已全线完成路基建设,S331东线于2017年3月开工建设,2018年全线贯通,达到通车条件。渌枫大道南起渌口镇漉浦广场，北接航空大道,总长8.01千米,总投资约13亿元。分为城区段、乡村段、黄金东路三部分,道路路幅宽60米,为城市主干道,设计速度80千米/小时。软基处理基本完成,因土地指标不够,先修主道后修辅道,主道路完成基土方70%、箱涵3处、圆管涵14处,完成整体构筑物86%,完成桥梁桩基80根,完成整体桥梁桩基100%，完成预制箱梁43

片，桥台2座，承台13座，立柱11根，盖梁6处，主道完成58.5%，累计完成产值1.5亿元。

农村公路。农村公路建设实施项目11个，其中区交通局负责项目5个、区交通事务中心负责项目6个，总投资1.4亿元。区交通局具体负责的省重点民生实事项目自然村通水泥（沥青）路及区计划的100千米通畅工程、50千米村组公路窄路加宽提质改造、7个农村客运招呼站、18个城市公交站亭等项目建设全部完成。

行业综合管理。一是转换责任主体，创新工程管理。推进业主负责制，由第三方担任责任主体，转换交通部门的身份，克服既当运动员，又当裁判员的弊端，集中力量抓项目跟踪管理，确保重点工程建设有序推进。二是转化治理成果，创新行业管理。通过依法清理整顿，优化物流、驾培、客运、货运、维修等行业，推进监管常态化；通过增加运力，在原有27艘标准化客渡船舶的基础上，新购2艘标准化客渡船，成功实施客渡船公司化运营管理；严格实行水上交通安全签单发航制，开展交通安全生产专项行动，实现水陆客运、公路施工无一责任事故、综合治理“五无”工作目标。三是转变服务模式，创新政务管理。按照“精简、统一、效能”的原则，聚焦机关干部效能主体，合理设置机构，移交职能，基本形成权责一致、分工合理、决策科学、执行顺畅、监督有力的行政管理体制。积极落实人大代表建议11件、政协委员提案4件，办结率和满意率100%。

【株洲航电枢纽二线船闸项目竣工通航】 株洲航电枢纽二线船闸是境内唯一的国家级重点工程项目，总投资13亿元，于2018年10月30日建成通航，正式开启双线船闸运行模式。

湘江二级航道二期工程是湖南省在建投资规模最大的水运建设项目，也是国务院确定的湖南省对接长江经济带重点建设项目。株洲航电枢纽二线船闸工程是该项目的主要控制性工程，2015年11月开工建设，与已建一线船闸轴线间距仅100米，项目施工具有防洪度汛压力大、工程地质和周边边界条件复杂、施工组织和协调难度大等特点。二线船闸等级为Ⅱ级船闸，闸室有效尺度为280米×34米×4.5米（长度×净宽×槛上水深），通航水位保证率98%，设计代表船型为2000吨级货船，设计年单向通过能力2450万吨。

株洲航电枢纽二线船闸工程的建成通航，湘江大源渡航电枢纽至岳阳城陵矶河段航道由1000吨级三级航道全面提升至2000吨级二级航道，年单向通过能力由1260万吨提升至3710万吨，上下游可同时停靠船舶160艘，将湘江2000吨级航道延伸到衡阳，湘江货物运输物流成本进一步降低，将促进省水路运输快速增长。

【渌水二桥项目主桥工程正式合龙】 12月22日，渌水二桥主桥最后一个中跨浇筑完成，标志着这座横跨渌江的新桥顺利完成合龙。

渌水二桥起点位于南洲新区北部已

建的渌湘大道,终点与渌口镇老城区的南江南路相连。2016 年 7 月开工,总投资 2.5 亿元,累计完成投资 2.2 亿元,为双向四车道,主桥宽 26 米,按一级公路标准设计,设计时速为 60 千米。全长 884.055 米,其中引桥 368.96 米,主桥长 283 米,路基长 232.095 米。主桥桥型采用预应力变截面悬浇箱梁结构,在同类型结构中属较大结构;引桥采用现浇连续箱梁结构。

渌水二桥建成后,渌口中心城区可与南洲片区连成一片,直接缓解渌水南北两岸交通压力,对改善渌口交通布局、加快城区扩容,以及促进南洲新区的发展具有重要意义。

【醴娄高速项目行业意见获交通部正式批复】 醴娄高速完成工可编制,交通部于 11 月 28 日批复同意项目行业意见,明确渌口区互通口及连接线内容,计划 2019 年完成招投标等项目前期工作。

G60 醴陵至娄底高速公路扩容工程全长 155.128 千米,其中区段 5.66 千米,河东段 5.062 千米,河西段 0.6 千米(不包含湘江特大桥长 2295 米)。按双向六车道高速公路标准建设,设计速度 120 千米 / 小时,路基宽 34 米,总投资 7.5 亿元。在南洲镇设置互通,途经田家湾村、和平中学南侧、荷塘村,在株洲航电枢纽上游约 4 千米处跨湘江进入天元区三门镇,再进入古岳峰镇虎啸村与湘潭县相接。G60 渌口区连接线长 3.5 千米,一级公路建设标准,路基宽 25 米。工可已批,初设已完成,计划 2020 年开工。 (阳名强)

交通建设质量安全监督

【概况】 2018 年,渌口区农村公路建设里程 150 余千米(包括升级改造项目),自然村通水泥路项目 20 多千米,生命防护工程 180 多千米,小型桥梁 6 座。区交通建设质量安全监督局负责农村公路及公路小型桥梁新建、改建、改造工程的质量安全监督管理;组织对受监项目进行交(竣)工鉴定检测,查处受监项目违反交通建设质量安全行为。

提升农村公路质量与安全,加强质量和安全监督管理,先后开展质量安全检查 24 次,采取巡查、抽查、重点检查等方式,对所有项目进行质量安全检查监管,协同第三方检测机构对项目进行检测,对存在质量和安全隐患的工程项目下达整改通知书和《停(返)工》令,责令施工单位停工整改,为全面提升农村公路建设质量和安全尽心履职。 (邓绍明)

地方海事

【概况】 2018 年,渌口区有渌江航道 12.8 千米,省管湘江航道 60 千米,渡口码头 26 处,持证船员 62 名,在册各类船舶 55 艘。区地方海事处依法履行水上客运交通安全监管、航道管理、船舶检验职能。

水运安全监管。保持管辖水域交通安全“零”事故、“零”伤亡记录。开展安全执法检查 112 次,出动执法人员 342 人次,检查各类船舶 510 余艘次,排查各类安全隐患24起次，下达整改通知书12余份，整改复查合格率100%。

水运专项行动。开展中考高考护航、端午龙舟赛、“五一”“十一”安保等专项维护行动；配合区人民政府开展湘渌江僵尸船清理整治；开展水上交通安全专项整治，以及汛期水运安全、“打非治违”和安全生产月等整治行动。对渌口菜码头、朱亭和淦田渡口水域进行重点安全监管，执法人员对逢场赶集日、节假日现场进行维护；加强乡镇渡船渡口安全整治，采取整顿重点水域船舶停泊、装卸秩序等措施，确保水上交通安全、有序、畅通。（黄　明）

邮　政

【概况】 2018年，渌口区邮政分公司辖城乡营业网点20个，其中金融、邮务综合类网点12个，纯邮务类网点1个，空白乡镇服务网点7个，在岗员工143人。年末，金融总资产规模达到24.18亿元。实现总收入4602.15万元，增幅15.31%。

充分践行普惠金融理念。通过走访维护、主题活动开展、窗口服务提升，发放惠农资金756万元，新增基础客户1.3万户、手机银行用户1.4万户、微信绑卡用户0.95万户、ETC用户486户、金融总资产2.38亿元。年末，存款规模达到23.1亿元，在区内各金融机构中的个人存款市场占有率为19.75%，较上年同期提高0.05个百分点，年新增个人存款市场占有率为20.81%，两项核心指标均位居全市邮政区县单位前列。

扎实履行普遍服务职责。完成党报党刊流转额220万元，投递机要邮件0.15万件。通过加大成本投入和投递时限、邮件安全管理，实现城市投递周七班、农村投递周五班、农村信报邮件通邮率100%，未发生一起机要安全事故，机要通信质量全红，机要通信服务满意率100%。

全力做好邮政寄递服务。坚持“快递包裹5元起，邮往全国，上门收寄”的服务标准，打造“国字号”寄递品牌，全面代理政务类标快服务、积极服务电商客户，收寄标快、快包103.8万件，增幅67.41%。在“双十一”“双十二”电商活动投递高峰期，共计投递快包1.85万件，全部及时妥投到位，较好地维护了邮政“国家队”的服务形象。

积极服务地方文化产业建设。组织开展集邮嘉年华、网点集邮沙龙等活动30余场，主动服务广大集邮爱好者。紧扣市场热点，加强新媒体业务开发，成功开发区环保局、工商局、移动公司等10余家单位的新媒体业务，宣传和推广株洲的城市品牌及投资、旅游、金融、特色产品等信息，推动株洲经济、文化的发展。（李　艳）

电　信

【概况】 2018年，中国电信股份有限公司渌口分公司积极配合政府部门完成各项民生工程，不断提升行业服务标准，确保服务区域内通信通畅，连续实现收入两位数增长。不断加强信息技术基础设施建设，贯彻落实提速降费、信息惠民的国家战略,服务各类政、企单位转型升级。切实降低企业生产经营成本负担,注重有效投入发展,扎实服务城乡居民信息网络生活。

累计投资有线网络建设990余万元,FTTH端口期末数到达9.6万多个,根据分公司实际服务区域光网村到达数267个,行政村光网改造覆盖率97.45%;围绕大流量、大视频、大数据三大战略,以及NB—IOT业务拓展提供能力保障,重点解决网络能力盲点和用户需求热点问题,为客户提供可靠、高速、灵活的接入。对城域网出口、IDC出口进行适度超前扩容,出口带宽达到100G,峰值带宽利用率为30%。新增投资无线网络建设1950余万元,新建4G基站68个,4G基站达到数283个,确保服务区域农村光网到达实现无缝覆盖,加深、加厚城区无线覆盖。业务收入突破4966万元,利润均超产完成,根据收入规模已经顺利进入中国电信湖南省分公司二类县级分公司行列;期末用户数移动8.3万户、宽带网络4.7万户、ITV电视4.6万户。

(朱　枧)

移动通信

【概况】 2018年,中国移动通信集团湖南有限公司株洲市渌口区分公司落实“宽带中国”“提速降费”“信息惠民” 等国家战略,构筑网络领先优势,推动市场业务发展,加快万物互联时代信息化布局,改善客户服务质量,推进企业持续、健康发展,完成市公司下达的收入计划。

强化市场发展。持续开展渠道业务发展竞赛,灵活调整资费政策,稳步提升用户规模,期末客户份额达70%。探索流量经营新模式,破冰政企行业单位,持续增强经营创收能力,较好地完成市公司收入计划。聚焦营销资源,定向迁转2/3G客户,强化4G套餐推广,4G客户渗透率达57%。搭建直销模式,拓展营销触点,加强宽带业务精细营销,净增宽带客户8800户。

改善服务水平。从客户角度出发规范营销行为,做好营销推广、套餐适配,开展“全心全意为您服务”服务主题互动活动,确保客户感知和业务可持续发展。重点提升“流量业务”与“家庭宽带”两类业务的服务支撑能力,做好流量使用和套餐升挡的关怀提醒,面向用户普及宽带自助排障知识,完善网格化快速维护机制,提升重点业务客户满意度。关注客户投诉问题的一次解决和升级投诉预防,及时响应客户合理诉求,准确把握客户期望值,强调业务规定标准化解释,及时为客户排忧解难,客户满意度达到87.34、家宽客户满意度82.02。

助推城市信息化发展。“智慧渌口”信息化建设项目加快推进,完成全部光缆建设工作。76个区局级单位、8个镇和139个行政村(社区)的“智慧渌口”应用系统正式投入使用,建设城投大厦“智慧渌口”项目核心机房,为“智慧渌口”项目提供信息服务支撑。

完善网络能力建设。加大力度完善4G网络覆盖的深度与广度,已建成4G基站578个,城区4G网络覆盖100%。针对贫困村弱覆盖区域的摸排,制订解决方案及执行计划，完成 12 个贫困村新建移动通信网络。移动 4G 网络行政村通达率及行政贫困村通达率均为 100%。实现城镇和乡镇的连续覆盖及农村热点区域的有效覆盖。全面推进“光纤到户”建设,积极开展镇及行政村宽带预约到户活动,落实光纤到户国家标准,打造“全光网城市”,依托高品质网络推出家庭百兆宽带为统领的极光宽带,让客户体验到更宽、更快、更精彩的互联网 + 服务。建成“光纤到户”小区 264 个，完成 119 个行政村宽带接入，行政村宽带通达率达 92%,实现家庭宽带覆盖用户 9 万余户,均具备接入 100 兆带宽的能力,共有移动宽带用户 2 万多户。

（熊　辉）

国土·环保

国土资源管理

【概况】 2018年,渌口区国土资源管理以供给侧改革为发力点,批回建设用地206.7公顷,挂牌出让土地159.8164公顷,完成各项国土资源收入37.34亿元。获评省节约集约用地先进单位、省节约集约模范县等荣誉。区国土资源局继续保持省“文明标兵单位”荣誉称号。

抓重点,保障发展更有力。积极主动做好用地报批,上报建设项目45个,总用地面积266.3185公顷,批回建设用地项目23个,总面积206.7公顷。新增储备地块10宗,储备面积41.8185公顷。稳步有效规范土地出让,出让土地28宗,完成土地出让收入28.588亿元。出让耕地占补平衡指标260.21公顷,交易收入4.07亿元。加大清欠工作力度,清缴土地出让金1.25亿元。阳光有序开展土地征收,完成15个项目征地73.33公顷,拆迁房屋45栋、面积1.41万平方米,涉及美的地产用地、惠天然城市公园、园区工塑项目、渌枫大道和东城大道等。

强基础,保护资源更严格。一是有效实现耕地保护目标责任。完成区政府与镇政府签订耕地保护目标管理责任书8份,镇政府与各村签订耕地保护目标管理责任书129份,保障耕地保有量24570公顷,永久基本农田保护面积20780公顷不减少。二是全力高效推进项目建设。完成2017年度土地开发项目,8个提质项目和7个水田项目工程通过初验;完成2017年度3个省级和4个市级投资的土地整治(高标准农田建设)项目的建设任务;完成耕地质量等级评定确认并录入系统省厅指标确认;完成2018年市下达土地开发计划103.33公顷项目的前期测量与可研编制。三是高质量提升节约集约水平。全力推进农村危旧土坯房集中整治,完成2017年危旧土坯房增减挂钩项目,复垦面积73.33公顷。积极盘活利用低效用地,对两宗低效工业用地(渌口区工业园区的三联机械项目、渌口区渌口工业园株洲市星源科技发展有限公司用地)分别进行整体拍卖和战略投资者股权收购。四是持续加大执法监察力度。组织国土资源动态巡查565次,发现并有效制止违法行为45起,总面积31022平方米。立案查处土地矿产资源违法案件12起，收缴罚款40余万元，移送违法建筑面积23000平方米,移送党纪政务处分1人。处置闲置土地12宗,其中3宗已开工建设、9宗划拨土地已报政府收回国有土地使用权。对群众举报和巡查发现的10处非法洗砂、采石碎石点及时进行制止,并下发文书,配合政府全面进行打击取缔,有效遏制破坏自然资源的违法现象。完成矿山企业安全隐患整改治理6处。清理核查“大棚房”问题4宗,拆除2宗,完善备案手续2宗。

护稳定,服务民生更积极。共接待来信来访58起,办结56起,办理国务院督办件11起。受理“12336”举报电话及微信平台来电来信18件,其中省、市国土部门交办8件,区级交办4件,群众直接送达6件，接待来信来访27起，已回复处理26起,1起正在协调处理中。共发放不动产权证书4757本,不动产权证明6034份。档案查询、出具有房及无房证明业务量7256笔,政信回复率100%。完成60余宗权籍现场调查。成立全国第三次土地调查领导小组,全面启动“三调”工作。开展地质灾害巡排查70余次，发送地质灾害预警短信3万余条,没有发生人员伤亡和重大财产损失。凤凰山林场不稳定斜坡治理项目开工建设。工程完工后,能确保受地质灾害威胁的200余人及1500多万元的财产安全。通过国土资源门户网站发布各类动态信息、政策法规、公示公告480余条,利用微信公众号信息公开渠道,发布国土资源相关信息96条，在政府信息公开门户网站发布135条,通过电子政务系统受理办公的各类业务1596笔，办结1265笔，办结率达79.26%,公文收发文287笔。

（陈博宇）

环境保护

【概况】 2018年,渌口区环境保护局精准治污、铁腕防污、重拳惩污,全面打好污染防治攻坚战，生态环境质量明显改善,环境安全明显巩固,人民群众环境质量改善获得感明显增强。

空气质量。全年空气质量优良天数为307天,优良天数比例为84.1%,较上年同期提高7.7个百分点,11月、12月空气质量综合指数在全省90个区级站点中分别排名第55名和64名,空气质量总体明显好转,7月起,空气质量全省综合排名有较大提升。PM10、PM2.5平均浓度为73、44微克/立方米，较上年同期分别下降14.1个和12个百分点,AQI综合指数为4.34,较上年下降9.2个百分点，重污染天数明显减少,圆满完成市对县空气质量年度考核目标。

水环境质量。主要地表水体水质保持或优于国家Ⅲ类标准,化学需氧量、氨氮分别减排76.3吨、7.2吨。饮用水源水质持续保持或优于Ⅲ类标准,达标率100%。

土壤环境质量。安全处置原新惠天然树脂油厂遗留危废360.66吨,完成朱亭镇黄龙村文昌组砷污染风险管控项目,集中管控II类固废450余吨，处置含砷危废200余吨，消除污染源，恢复林业用地功能。开展重金属污染耕地修复治理 2986.67 公顷,实施农作物化肥、农药使用量零增长行动,完成测土配方施肥推广 29846.67 公顷,减少农药用量 65 吨。

环境管理。减少化学需氧量、氨氮排放 83.5 吨,超额完成省政府下达的减排任务,为重大项目落地提供环境容量支撑。审批新、改、扩建项目 33 个,企业自主开展环境影响登记表备案 51 家,否决不符合城市发展定位、环境保护要求项目 11 个,建设项目环境影响评价和环保“三同时”执行率 100%,39 家企业换发或新核发了排污许可证,有效遏制污染增量。按照市政府下达的年度减排任务,完成时代绝缘等三家企业的 VOCS 气体的减排项目。关闭洗水、小水泥、屠宰场等企业 13 家。

管理服务。以强化干部绩效管理为抓手,建立健全机关 20 项管理制度,促进干部作风明显改进。积极开展“马上就办,真抓实干”活动。受理来信来访 479 件,占全区来信来访总量的一半以上,已办理 456 件,办结率 95.2%,其中市长热线 105 件、区长热线 181 件全部办结,解决一大批长期未化解的环保方面的来信来访和投诉积案。

环保执法。检查企业事业单位 239 家,发现并纠正环境违法行为 66 起。开展环境污染大排查,排查发现隐患 71 处。妥善处置“松本药业”环境舆论事件,并以此为教训,严格落实环境应急“五个第一”。11 月 9 日,湖南经视专题报道了“华新水泥”整改情况,认为株洲县对环保督察反映的问题“快速响应,立行立改”。对群众反映强烈、严重破坏生态环境的行为立案处理 15 起,罚没款入库 110 余万元,移送公安行政拘留 4 人,停产整治 3 家,搬迁关闭企业 22 家。

环保宣传。积极开展生态环保宣传,开展“6·5”世界环境日大型宣传活动。联合相关部门开展“地球日”、消防安全环保专题宣传活动 6 场,发放环保购物袋、新《中华人民共和国环保法》《农村环保手册》《环保宣传手册》、宣传单、宣传画 2000 余套,引导全民参与环保工作。

环境监测。完成城区年度大气环境质量监测,按时按质对境内 3 个地表水、1 个饮用水源地进行采样和分析,饮用水达标率 100%;按照国家标准,投入 15 万元对 2 座水质监测站设施设备进行完善,对 2 个地表水监测断面和城区饮用水水源地开展常规和执法监测 128 次,所测点位的项目因子均达标,监测结果按月在区政府门户网站进行公示。 (胡小燕)

教 育

综 述

【概况】 2018年，渌口区有普通高中4所，职业学校1所，初级中学19所(九年一贯制学校14所，初中5所)，小学45所(完小23所，教学点22个)，在校学生26347人；有教职工2255人，离、退休教职工1664人。获株洲市县级教育工作先进单位、市教育系统工会“目标管理红旗单位”、市教育系统工会工作目标管理先进单位称号及市教育局教育工作创新一等然。

办学条件。立项建设项目涵盖“全面改薄”工程、高中教育提质改造工程、学前教育推进工程、职业教育办学条件提质工程、教师周转房建设工程等，总建设项目86个。义务教育大班额比例从9.03%降至2.75%。潇湘实验学校扩建项目完成两栋学生宿舍装饰装修工程，已交付使用；育红小学扩建项目已启动。完成渌口镇中学与区五中联合办学装备任务，为渌口镇中小学扩班装备班班通、课桌椅等教学设备；新建标准化心理咨询室10间；完成9所学校校舍防雷工程建设。

学前教育。有幼儿园69所，在园幼儿7206人，其中有公办园17所，普惠园34所。公办园在园幼儿1298人，普惠园在园幼儿4618人，普惠性幼儿园覆盖率(公办园和普惠园在园幼儿占比)为82%，公办园在园幼儿占比为18%；学前一年入园率100%，三年毛入园率为88%。共有教职工926人，其中园长89人(75人有园长任职资格证，78人有大专以上学历)，专任教师376人(其中公办专任教师38人，有学前教育或师范类以上学历215人)，保育员263人。共计投入300余万元发展学前教育事业，利用闲置校舍改建幼儿园一所(龙潭幼儿园)，对普惠性民办幼儿园拨付5265个园位的园位补贴，支持6所民办幼儿园的教育资源建设资金，为公办幼儿园补充7名幼师。学前教育成为发展最迅速的一个教育阶段。

特殊教育。对不能随班就读的44名“三残”(视、听、智)儿童，由学校安排教师送教上门，全力保障他们受教育的权利。全市特殊教育骨干教师“送培到县”活动的启动仪式和集中送教活动在湖塘小学举行，将湖塘小学特教班定为株洲市特殊学校教学点，保证残疾儿童上学的权利和条件。

民办教育。共有各类民办学校80所。其中，高中1所，九年一贯制学校2所，幼儿园51所，培训学校26所。有在校学生（含幼儿）12777人，教职工858人，总资产1.71亿元，形成了多层次、多类型、多形式的民办教育办学体系。严格落实各类扶持民办教育政策，向民办学校累计拨款507.28万元，用于学校发展和资助困难学生；制定下发相关文件，严格办学准入制度，建立违规失信公开惩戒机制。联合公安、工商、消防等部门对校外培训机构进行严格执法，完成整改8所，依法关停3所无证办学机构，依法吊销2所存在重大安全隐患的培训学校，责令1家擅自变更办学场所的培训学校停止招生一年。民办学校年度评估合格率为88%，较上年提高4个百分点。

教师队伍。新招录教师74人（公开招聘70人，面向高校应届毕业生直招4人），接收定向师范生13人（小学8人，幼儿园5人），通过绿色通道引进教师10人，选送52名公费定向培养师范生。通过国培、省培、市培、县培共培训教师3015人次。开设8个教师工作坊，参培教师470人。开展幼儿园保教知识、陈大伟观课议课训后跟踪培训；开展新任教师、后备干部、中华优秀传统文化讲坛、信息技术管理员、校长杭州高端研修等暑期培训。先后印发相关文件，进一步规范教师的从教行为。开展师德师风师能专项教育活动。深入实施“三名”（名教师、名校长，名学校）工程，着力培养一支“理想信念、道德情操、扎实学识、仁爱之心”优良的名教师及在“德、能、勤、绩、廉”表现突出的名校长队伍，建设一批“学校设施高标准，学校管理高效率，教育教学高水平，师资队伍高素质”的名学校，努力办人民满意的教育。“三名”于3月正式启动，通过学校初审、材料审核、综合考评、集中测评、现场答辩等环节，评选出50位名教师、5位名校长、5所名学校。

教育教学。坚持以教育质量为中心，深入推进新课改工作，全面启动教育质量健康监测，高中教育质量连续三年提升。高考二本以上一次性上线440人，较上年提高3.04%，录取率增长3.96%。五中学考一次性通过率达到98.28%，学考一次性通过率较上年提高2.57%，健坤潇湘较上年提高13.1%。初中、小学涌现育红小学、渌口镇中学、松西子小学、南洲镇南阳桥中学、朱亭镇黄龙中学等课改成效明显、质量提升较快的典型学校。《株洲日报》头版以《凝心聚力谋发展，乘势跨越绘新篇》《唱响融城曲，开创教育发展新局面》为题对渌口区教育提质取得的成绩进行了专题报道。围绕“创造文化校园，营造快乐校园，打造平安校园”开展创建工作，5所学校获全国青少年足球特色学校、1所学校获全国青少年篮球特色学校、1所学校获湖南省科普基地。

教育科研。充分用好“小学校长专业委员会”和“青蓝工程工作室”两项平台开展教研活动，推进校本教研开展。立项省规划课题3项，省学会课题8项、市规划课题 4 项。对已立项的课题加强管理，做好中期检查，提高研究质量。对已结题的课题做好课题研究成果推广应用与评奖工作，组织推荐 10 个科研项目送市参评优秀教科研成果奖，2 位教师的成果获株洲市优秀教科研成果奖（全市 28 项），其中 1 位教师的成果推荐参评第四届湖南省优秀教育科研成果奖（全市 9 项，四年一届）。积极参加“一师一优课、一课一名师”活动，完成网上晒课 1000 余节，向市推优 48 节，向省推优 11 节。

资助扶贫。累计资助学生 12524 人次，发放补助资金 1049.2054 万元，完成民生目标的 251%以上。申请扶贫立项，对在区外就读未享受教育助学的建档立卡学生，由财政另行安排资金给予补助，确保贫困学生享受国家助学政策“一个不漏”。协助省资助中心对 18 个摘帽县就读的建档立卡学生给予了救助，做到教育扶贫全省一盘棋。制定中小学“控辍保学”方案，组织实施了“三帮一”劝返复学工作，建立健全“控辍保学”工作台账和报告制度。

安全管理。各学校层层落实安全工作责任，认真组织师生开展安全法治教育培训，扎实开展校园安全大排查工作和严打整治斗争专项整治行动。形成“学校全面排查、乡镇集中整治、专项组重点整治”的综治工作长效机制，定期开展学校周边环境、食品安全、校车安全、消防安全等专项整治。突出防溺水专项治理，重点抓好学生“六个一”（挂一张图、唱一首歌、发一封信、看一次专题片、上一节课、写一篇作文）和“七不两会”〔不私自下水游泳；不擅自与同学结伴游泳；不准在无家长（监护人）或老师带领的情况下游泳；不到不熟悉的水域游泳；不到无安全设施、无救护人员、无安全保障的水域游泳；不到河、沟、水塘、水坑等危险水域边畔玩耍嬉戏；不盲目下水施救；发现险情会相互提醒、劝阻并报告；会基本的自护、自救方法〕活动，发现问题，及时通报。突出“打非治违”“强执法”专项治理，以学校商店、食堂食品卫生、传染病防控安全、体育教育教学器材及健身设施安全、校园安全设施及周边治安、消防安全、危险化学品安全、校车安全、校舍及其配套附属设施和基建施工安全、民办学校及培训机构行政许可、特种设备、校园欺凌 10 个方面作为日常监管和执法检查重点。通过“四不两直”抽查制度，出动执法人员 211 人次，检查学校 206 所，排查安全隐患 40 处，并全部整改到位。排除重大隐患 3 处，其中校车联合交警执法 19 次，出动执法人员 63 人，检查校车 188 台次，查处跨线运行校车 6 台，落实整改 6 台。突出食堂食品专项治理，重点抽查了 20 所学校，对存在问题的学校下发整改意见书，责令整改期限，对期限内未整改到位的单位予以立案查处。

综合治理。坚持督政和督学相结合，切实开展责任督学挂牌督导，狠抓相关法律法规和方针政策的落实。做好学校规范办学情况督查，重点督查高中学校是否违规补课及“炒作高考成绩”情况；开展教材教辅违规征订专项整治、开学前准备工作及校园环境卫生督查，开展素质教育示范校复查验收工作;组织全体专职督学在堂市公办幼儿园召开“幼儿园办学行为督导评估督学培训会”,在机关幼儿园进行了现场指导;在渌口镇中心幼儿园召开参加网络评估的幼儿园园长会议,进行操作指导。

【全面启动集团化办学】 9月,建立了高中教育集团、渌口镇中学教育集团、育红小学教育集团等8个教育集团。

【株洲市特殊教育骨干教师送培到县暨株洲市特殊教育学校教学点挂牌】 10月16日,株洲市特殊教育骨干教师“送培到县”暨“株洲市特殊教育学校教学点”挂牌仪式在渌口镇湖塘小学举行。义务教育阶段适龄残疾儿童少年共有168名,其中视力7名、听力12名、智力56名、肢体47名、言语4名、精神11名、多重31名,已入学165名,入学率98.2%。（易智文）

学　校

渌口区第五中学

【概况】 2018年,渌口区第五中学有高中教学班36个,在校学生1521人,在编在职教职工221人,其中特级教师2人、正高级教师2人、副高级教师73人,硕士研究生20人,株洲市学科带头人13人,区级骨干教师36人。

全面实施素质教育,坚定不移地推行高效课堂改革,实施自主管理,提高课堂和管理效益。高考600分以上人数25人,一本上线142人,一本二本总上线311人,上线率62.8%。

注重文化建设,引领学校发展。以建校50周年为契机,完成校园文化建设项目,文化上墙,建成校史馆、名生墙、名校榜,为五中学子“学会做人,掌握本领,回报社会”树立榜样。

强化师德建设,促进学校管理。以活动内化师德,深入开展廉政文化进学校活动,组织青年党校第二期培训、青年教师协会、志愿者服务进社区活动。继续开展“三示范、六争当”活动,推进“一校一品牌、一校一特色”创建,建立以特级教师、学科带头人、骨干教师、党员教师为中坚力量的教师队伍。

创新德育方法,拓展德育内容。丰富德育途径,加强学生养成教育。融合家校力量,构建“德育合伙人”家校共育模式。牢固树立安全红线意识,打造平安和谐文明校园,获评株洲市“十佳平安校园”称号。

教学求真务实,教研促进教学。围绕“特色发展和课程改革是抓手,教师队伍建设是关键”的工作核心,全面推进“共享错误教学法”,全力提高教师业务素质和教学能力,规范各类教研常规,推动教研引领,在新课改、新高考的背景下立足学生长远发展和终身发展,积极探索教学新路子。

教师在各级报刊上发表论文19篇,其中国家级报刊12篇、省级6篇。有获奖论文26篇,省一等奖1篇,市一等奖9篇。

学生竞赛获国家级奖7人次，省级奖68人次。

宣传报道。先后在株洲教育网、株洲发布、掌上渌口等媒体及学校门户网、微信平台上刊载各项宣传工作的新闻资讯92篇。6月19日在《中国教育报》第8版刊登《把每一块玉石雕刻成艺术品——湖南省株洲县第五中学校园文化建设纪实》,5月在《湖南教育》总第987期封底“身边的好学校”刊登《株洲县第五中学简介》。扩大了学校的社会影响,优化了可持续发展的空间。

【开展“庆祝建校50周年”系列活动】 2018年是渌口区五中建校50周年,学校举办了校园文化展示暨校友返校日活动,全面展示学校的发展成果,客观地总结50年来的发展历史及主要经验，系统地提炼办学特色与精神内核;完成了“一书一录一馆一片”(一本校史书,一本校友录,一个校史馆,一部纪录片)工程。编撰校史、完善档案，整理出980名教职工、26600名毕业生名录。并以此为契机,成立五中校友会,已建立广东校友分会和长沙校友分会，最大限度地开发校友资源,为学校的发展添砖加瓦。（王 玮）

渌口区职业中等专业学校

【概况】 2018年,渌口区职业中等专业学校中等职业教育开设有汽车运用与维修、数控技术应用、客户信息服务、计算机应用、老年人服务与管理等专业,电大学历教育开设有工商管理、行政管理、法学、土木共40多个专业大专和本科学历课程。有教职工152人，其中有专任教师135人,双师型教师68人。高级专业技术职务39人。教学设备齐全,有高星级酒店实训场所、汽修实训基地、数控实训基地、服装实训基地,在校学生1200多人,占地面积5.67公顷,是市级园林式单位。

党建工作。推进《“两学一做”学习教育常态化制度化实施方案》，创建党建专栏、红色讲堂、党员活动室、校园文化宣传墙,宣传中共十九大会议精神,成为渌口区“基层党建示范点”,“红色讲堂”被株洲市组织部授予“党员教育示范性基地”。

队伍建设。采用“走出去”“请进来”的方式培训教师，有9人参加省培,38人参加国培。组织教师参加湖南省中职德育年会论文评选活动。组织23位骨干教师参加市学测考纲及题库开发。在株洲市中职学校优秀教师“特色示范课”教学竞赛上，有2位老师获得优秀成绩,1位老师成功入选株洲市第七届“教坛新秀”。在全区教育改革创新奖评选中,学校申报的“领悟剪纸力量,传承非遗文化”获一等奖。

秋季新生注册336人,电大新生注册287人。实习安置企业向行业及国内顶级企业靠拢,先后考察江西汉腾汽车、湖南华强电器、武汉德尔福科技、湖南艾盛汽车等14家企业，与其中五家企业达成实习就业合作意向。组织首次学生创业大赛,“初尚服装工作室”项目进入湖南省黄炎培创业大赛半决赛。学生对口就业率95%,就业安置率100%。

管理模式。执行全封闭管理模式,利用班级平台,构建学校、家庭、社会三结合教育网络。加强对进出人员检查及校园周边环境整治,实行日日检查;加强防火、防寒安全教育和紧急疏散演习;制定各项安全预案;定期召开学生家长会,增强家校间沟通。开展“开学第一课”“三爱三节”“三生教育”“防校园欺凌”“食品安全”“感恩教师”等主题教育活动,以及“校园十佳学生”评选活动。

校园文化。社团类型多样,如梦想电影社、志愿者社、街舞社、书法社、足球社、动漫社等共10多个社团。积极开展“阳光体育”、体艺“2+1”活动;举办学生篮球比赛活动,推广校园足球活动;开展学雷锋、献爱心活动;开展“三能节”综合素能、专业技能竞赛活动。

各教研组成立省市技能大赛训练队,聘请技术专家,组织学生专业技能训练。第19届湖南省中小学电脑制作竞赛活动中,获得一等奖1人、二等奖2人,3位教师被评为电脑制作优秀指导教师;在职业院校技能竞赛中,计算机专业的3位学生分别获得一等奖、二等奖;湖南省职业院校数控车项目技能竞赛中,数控专业有1位学生获奖。

职业培训、教师培训和电大工作。做好“双提工程”培训项目和“两后生”创业培训工作、退伍军人职业技能培训。困难人员再就业培训800多人。教师发展中心共开设28个培训班,培训学员2571人次。社区学院组织各成员单位和乡镇、社区、学校、村(居委会)学习活动中心,设立分会场,参与学习活动的达1.5万人次以上。

【非遗剪纸进校园】 非遗传承人龙佳走进课堂,开展“非遗剪纸进校园”传承活动,向师生们展示交流剪纸技艺,普及非物质文化遗产知识。她利用课余时间设计具有中国特色的青花瓷、中国龙、中国结、中国功夫,结合十二生肖、祥云团扇等将24字核心社会主义价值观融入剪纸作品。其中一副“艺术没有国界(Art has no borders)”剪纸横幅向世界传递和平。10月,由龙佳老师指导的快乐创剪吧创业团队,“路路相连,美美与共”取得株洲市黄炎培创业大赛二等奖。

【苏虎获得湖南省技能大赛三等奖】 根据湖南省赛技术文件要求,学校对在顶岗实习的学生进行两件或两件以上配合件加工训练、单件批量加工、单件加工精度控制、CAXA软件自动编程及加工训练、强化综合加工训练。12月,学生苏虎获得湖南省职业院校技能竞赛三等奖。(李　平)

渌口区第一中学

【概况】 2018年,渌口区第一中学有教学班32个,其中高中部21个,初中部11个,学生1500人,教职员工161人。是省级“园林式单位”“国家级足球学校”。

教学质量不断提高,高考二本及以上一次性上线84人,录取110人,成绩位列全市同等中学前列,获“株洲市高考特殊贡献奖”。学考一次性上线率95%,学科竞赛成绩取得长足进步,26人获省市县学科竞赛奖项。

学科教研效果好。根据学校自身特点,加强校本研讨,发挥学科教研的连接作用,组织教师参加“十百千万”工程和“一师一优课”“一课一名师”及微课比赛,科目之间举行教学能力竞赛,取得良好效果。

坚持“三百”方针,目标明确,效果明显。获得株洲市第四届中小学生足球赛“市长杯”第三名。 （陈宇铭）

渌口区第三中学

【概况】 2018年,渌口区第三中学有17个教学班,在职教职工80人,其中中高级职称教师52人,一名株洲市物理学科带头人。学校在被认定为“湖南省实施国家武术段位制试点学校”“湖南省体育传统项目学校(武术)”之后,又被认定为“湖南省高水平体育后备人才基地(柔道、摔跤)”,基本形成“体教结合”的特色办学模式。

学校获得“株洲市参赛湖南省第十三届运动会突出贡献单位”;在株洲市第十三届运动会中,获得柔道比赛团体总分第一名、摔跤比赛团体总分第一名,并获“贡献奖”;获得株洲市“三好杯”运动会“武术套路竞赛道德风尚赛奖”、武术套路竞赛高中组团体总分第一名、武术套路竞赛集体八段锦二等奖。

6人获得国家一级运动员称号,4人获得二级运动员称号,具备高考体育单招资格。2人被选入湖南省跳伞队。

高考二本以上录取41人,录取比例为26.62%,超过目标8.62%。

【屡获全国中国式摔跤比赛奖项】 在全国中国式摔跤锦标赛中,获得1金1铜3个第五;在全国中国式摔跤冠军赛中,获得1金1银1个第五;在全国中国式摔跤青年锦标赛中,获得3银3铜5个第五;在全国中国式摔跤俱乐部锦标赛中,获得1金2铜1个第五;在中国式摔跤国际邀请赛中,1人获得第三名。 （马红艳）

渌口区育红小学

【概况】 2018年,渌口区育红小学有教学班37个,在校学生1971人。有教职工124人,其中包括中学高级教师10人、小学高级教师79人。学校占地面积6785平方米,校舍面积9048平方米。

学校被评为年度全国“中国好老师”公益行动计划基地校,“湖南省科普基地”“株洲市社会科普基地”“全国青少年集邮基地”考核为优秀;“阅读”“集邮”“道德与法治”三个省级课题中期评估顺利通过;获“株洲市教育协会先进集体”“株洲市第十二届青少年书信征文绘画大赛先进单位”等荣誉称号。

教学成绩稳步提升。师生参加省、市级以上的比赛,均取得较好成绩,教师获国家级奖项1人次、省级5人次、市级11人次。学生获国家级奖项3人次、市级11

人次。

开展多种活动,为学生全面发展与自我展示搭建平台。语文科组开展学科竞赛活动，如汉字听写大赛，规范汉字书写、课外阅读。体艺科组抓好大课间和课外体育活动,保证学生每天一小时体育锻炼时间,丰富课余生活。心理健康课作为特色校本课程,在三至六年级按每月一课展开。

教学常规检查(教案作业检查)落实到位。在语数英三大学科中,针对教师的教案和学生的作业,坚持每学期两次的常规检查。每位教师按照《新课程标准》的要求,备好课,写好教案。作业布置恰到好处,批改规范到位。

教研教学。五个科组的分布为语文、数学、英语、综合,各科组每周召开会议和集体学习,组织教师进行集中教研和分年级(备课组)讨论。各科组结合教学实际,组织校内展示课,开展校际交流,进行教学评估,举行教研活动。“教育就是培养习惯”“教学艺术的探究”专题讲座。参加教研竞赛活动,开展“小组合作”课题和“课外阅读”课题的展示课竞赛活动,参加“湖南省第二届小学语文古诗文教学评课比赛”“湖南省青少年创新作文大赛初赛”以及省、市、区论文评选大赛,取得好成绩。

教师队伍建设。为确保全体教师的继续培训课时达到72学时/学年,学校组织全体老师进行研修培训,在保证正常的教学秩序的同时，利用课余时间进行网络、面授培训,做到工作、学习两不误。学校积极派出老师参加全国、省、市、镇的各种研修活动,提高科组老师的业务水平。全校老师参加省级培训6人次，市级培训25人次,县级培训142人次。

(尹恒　田珏)

渌口区机关幼儿园

【概况】 2018年，渌口区机关幼儿园有大、中、小6个教学班,在园幼儿246人，在岗教职工27人，其中专任教师12人。有市级百优教师1名，市级学科带头人2人，市级教育能手2人，区级金牌教师1人，区级骨干教师1人，区级教育能手1人。获评湖南省“创平安校园”、株洲市“创文明校园”荣誉称号。

在区教育系统“六一”文艺会演活动中,参赛节目《爱娃小卫士》获综合评比一等奖;有2名教师在全区幼儿园优秀班级主题环境创设比赛中获特等奖;1人获“株洲市优秀教师”称号;5位教师撰写的论文获省、市、县级奖励。(肖喜林)

文化·传媒·档案

文化体育

【概况】 2018年,渌口区文化体育广电新闻出版旅游局全面完成各项工作任务。接待游客118.83万人次,同比增长21%,实现旅游收入9.08亿元,同比增长31%。2个原创节目登上第六届“湖南艺术节”舞台;参加“株洲清风”合唱比赛获得银奖和铜奖。参加湖南省少儿故事大王大奖赛获组织奖,选手获银奖1名,铜奖1名。参加首届“健康湖南”全民运动会成绩优异,14个比赛项目获第一名,4个项目获第二名。区文化志愿服务队获株洲市优秀文化志愿服务团队。

文体活动开展。文化“月月乐”、体育“月月赛”活动有序开展,成功举办“拥抱新时代·福满新渌湘”元宵喜乐会、“唱红歌·颂党恩”合唱比赛、广场舞大赛、非遗传承活动,丰富群众文化生活。坚持文化惠民工程,完成送戏下乡30场;举办广场舞、军鼓、腰鼓培训班,培训文艺骨干2400人次;承办龙舟赛、象围棋赛、“健康湖南”全民运动会等一系列重大赛事。

文体阵地建设。坚持推进公共服务体系示范创建工作,着力打造“两馆”达三级馆标准,实现8个综合文化站全覆盖,139个村(社区)文化家园基本建成达标,顺利迎接文化部检查。结合“党建+文化”,全力推进镇村示范点打造,集中力量在每个镇打造三个示范点,以点带面,全面铺开。重点打造优秀农家书屋,投入10万元购买书籍进行更新。申报乡镇农民健身工程项目3个、社区多功能健身项目1个、航空滑翔基地项目1个。

旅游发展。重新编排印刷《渌口区旅游宣传手册》;编撰《朱亭古镇旅游规划》和《松西子田园综合体旅游总体规划》项目计划书;做好《渌口区全域旅游规划》实施工作。春节期间,成功举办“春节七天乐”主题民俗活动,湖南经视台先后三次进行现场连线直播,通过充分挖掘展现民俗、非物质文化遗产形式,大力推进“+旅游”新模式,做热乡村旅游。举办区首届荷花旅游节、第二届葡萄文化旅游节,参加湖南省国际旅游节、株洲市紫薇花节和茶陵秋季旅游节,加强对外宣传推荐。加强杨得志故居AAA景区建设,完成标识标牌树立,对游客服务中心进行搬迁;新接收杨得志将军文物600余件(套),充实馆藏文物。完成小升规企业2家,固定资产投资完成目标任务。启动创建省五星级乡村旅游示范点2个,新开发景区创建项目

3个，完成湖湘风情文化旅游小镇朱亭镇的创建申报工作。

非物质文化遗产传承。对非遗传承项目《朱亭的传说》《传统酒药制作》进行市级申报,对贺进、龙佳、李智慧、邹子彦进行市级传承人申报并获通过。组织开展全国第二个“文化和自然遗产日”宣传活动;传承人贺进的药酒参加省文化厅举办的全省非遗展;开展非物质文化遗产传承人培训。

文物保护。对53处文物保护单位进行全面、系统的检查,严格每月1查,下达安全整改责任书12份，及时排除安全隐患。做好伏波将军雕像基座、燕子贤塔的维修工作。完成两处全国重点文物保护单位的申报资料编制。

农村电影放映。农村数字电影放映任务全面完成,共计“送电影下乡”3000场。

文化市场管理。集中力量开展全国“两会”特护期和春节、清明、端午、中秋、国庆期间文化市场、旅游行业安全生产及广播电视安全播出检查,共计出动检查人员1000余人次。做好重大节假日期间安全生产防范和值班值守工作。抓好“5·13”敏感期“安全播出”检查、“三考”护航工作、打非治违“百日行动”等专项行动。提升执法本领,5名文化市场执法人员参加全国文化市场综合执法大比武,获得三等奖。

【传统酒药制作技艺列入株洲市非物质文化遗产名录】 2015年，传统酒药制作技艺列入渌口区非物质文化遗产保护名录，传承人贺进被认定为县级代表性传承人。贺进出身中医世家，作为第四代传承人，她从18岁就开始学习中草药酒曲制作，有18年制曲经验。2018年8月,传统酒药制作技艺列入株洲市非物质文化遗产名录。11月21日,传承人贺进被认定为株洲市级非物质文化遗产代表性传承人。

(张　锫)

档案史志

【概况】 2018年,渌口区档案史志局加强对重点工程、领导公务、扶贫等领域档案收整工作的检查与业务指导。将“网格走亲·党群同心” 大走访活动档案作为重大活动档案收集创新项目,对活动资料收集整理进行指导。全面规范农村土地确权档案工作,全程指导开展农地确权登记档案工作，对129个村、3189个村民小组、74210户农户、20481.33公顷土地承包权进行确权。精准扶贫任务涉及129个村、3342户,已脱贫1707户;建立贫困户档案3342户;举办档案相关培训6场次,完成档案工作试点12个。

档案资源持续增长。下发《2018年株洲县档案史志工作要点》和《关于依法做好档案移交工作的通知》，对档案资料收集、整理、归档提出具体要求,对移交本单位2000年以前的档案、合并撤销机构档案等工作进行专门部署。投入3万余元，新购一批档案柜,接收杨得志将军的重要藏书、历史文献资料、日常生活用品等2000件(套)。

档案业务扎实开展。开展乡镇档案室示范创建活动,全程跟踪对接、协调、指导朱亭镇创建工作,12月7日，市档案局考核验收组完成朱亭镇的考核验收工作,得分98.5分。接待群众查阅1150人次、查阅利用档案2532卷次、复印5064页。对馆藏资料进行清理,对缺号、标签掉落等问题进行登记造册,将档案库房的防霉防虫药品进行更换,对馆内电线线路、消防设备等进行检查维护。3月27日,组织95个单位的档案业务人员参加业务培训,对文书档案的收集、整理等工作进行系统培训,增强档案员的业务素质。积极组织人员参加省、市档案局组织的业务沙龙和业务骨干培训班,不断提升档案指导人员的业务素质。开展“传承优秀家规家训·涵养良好家教家风”活动,征集家规家训186条、家书39封、文字作品27篇。

党史、地方志编研成效显著。《株洲县年鉴(2018)》共收集初撰稿件118篇,分为10个部类,共计18万字,采集、存档各单位报送的图片111张。为《湖南年鉴》《株洲年鉴》提供区域概况及条目内容共计1万字左右。加大党史编研力度,完成《浴血井冈宋乔生》的出版发行工作,以及《最是磨难砺初心——株洲革命先辈故事集》《株洲市党史人物大典》《湖湘红色基因》《株洲改革开放四十年》渌口区部分的材料撰写。充分利用党史资源为渌口区域经济社会发展大局服务,把保护利用革命文物和党史遗址与发展红色旅游结合起来,进一步深化苏区历史研究,积极配合革命老区开展扶贫开发工作。(陈　兴)

广播电视

【概况】 2018年,渌口区广播电视台设有渌口新闻综合电视频道、掌上渌口App、FM96.1广播电台、渌口发布微信公众号、渌口区新闻网、村村响广播六个平台。台属媒体自办节目,新闻综合频道开设《渌口新闻》《渌湘剧场》《欢乐时光》栏目,引进节目《生活大参考》《观点致胜》《知音人间》。掌上渌口App开设本地新闻、渌口视角、专题栏目、每刻每拍、单位动态、直播间栏目。FM96.1广播电台和村村响广播开设本地新闻栏目。

广播电视宣传。年内共播发《渌口新闻》232期,稿件1406条。重点对贯彻落实中共十九大精神、精准扶贫、网格走亲、产业项目建设、美丽乡村建设、污染防治等方面进行报道。策划开展县委全会报告、政府工作报告解读。围绕撤县设区,策划“新渌口·再出发”系列报道,从城市、交通、教育、医疗、农业、工业、项目等多方面,宣传改革开放40年的变化和成就。积极与上级广播电视部门联系对接,向省、市电视台投稿,先后在湖南卫视发稿16条,在株洲电视台发稿70多条。

提升广播电视节目质量。策划调整新闻综合频道,节目内容更加丰富,制作更有新意。在全市广播电视奖评选活动中,《株洲县在全市率先完成农村危旧土坯房整治任务》获株洲广播电视奖一等奖;“抗洪抢险系列报道”获株洲广播电视奖二等奖;《印象渌江·溯源之旅》《小康路上一个都不能少》获株洲广播电视奖三等奖。电视公益广告《为了绽放的笑脸》获湖南省广播电视协会电视广告信息专业委员会二等奖。

融媒体发展力度不断增强。“掌上渌口”App关注度不断增强,共发布资讯3035条。策划组织《晒“醉美大渌口”照片·

赢千元红包大奖》活动、“株洲县五中五十周年纪念会”直播活动、“唱红歌·颂党恩”合唱比赛直播活动、“巾帼心向党·建功新时代”渌口区庆“三八”国际劳动妇女节演讲比赛决赛,配合区民政局开展“南洲新区道路命名由你定”问卷调查,配合县政协开展“对县林业局、国土资源局、公路局进行民主测评”问卷调查,配合县政协开展“农村环境整治”电视问案等活动。村村响广播整体移交过来后,实现整体发声,每天播放三档节目,将党和政府的声音传递到最基层。将FM96.5音乐台调整到FM96.1频道,对制播人员和环节进行了清理规范,渌湘新闻在电台的播出时间和时长更加精准,影响力逐步提升。微信公众号平台经过进一步整合规范,提高稿件质量,关注人数逐步上升。开办的《夜读》栏目与掌上渌口形成互补宣传效应。新闻网平台运营规范,区域信息、部门动态及时更新传递,各项亮点工作传播更广泛。

(何 娟)

图书发行

【概况】 2018年,湖南省新华书店有限责任公司渌口区分公司销售中小学生教材及各类图书110.5万册。实现营业净收入 1774.49万元,利润5.5万元,上缴利税12.1万元。

教材供应。教材教辅发行严格遵循“一科一辅”政策,按照文件规定做足做齐相关的教材教辅的发行工作。综合教辅类实现码洋257.83万元。“市场教辅”通过多渠道的宣传、学校门口摆摊、“全民皆兵”的销售方式,在门店零售总计实现码洋7万多元。通过新业务“A佳教育”教育网络学习平台,组织中学生进行联合考试,通过全方位细致周到的服务,以及优质的试卷内容,换取了学校的满意及教育局的肯定,完成68.25万元。联合区委宣传部为各单位配发中共十九大精神挂图,销售430套,实现销售码洋为72240元。教材教辅总计销售码洋1009.83万元,其中包含教材销售码洋406.88万元、教辅销售码洋433.12万元、教育类产品销售码洋257.83万元。

完成图书销售326.04万元,其中一般图书163.15万元、大宗业务162.89万元。馆配图书在区教育局、龙门镇李家村和渌口镇中心学校等项目中完成码洋35.56万元;农家书屋采购配送完成码洋14.7万元。发行《习近平谈治国理政》《习近平新时代中国特色社会主义思想三十讲》和《读有所得》等政治理论读物共计2.28万册,码洋69.8万元。利用全民阅读和读书活动的契机,以信函和上门推销等形式销售图书码洋1.8万余元。中心门店共计纯零售码洋73.35万元。春秋两季开学积极筹划摆摊销售,在区内高中校区摆摊6次,销售图书码洋2.8万元。开学期间,销售工具书码洋11.5万元,其中校园书店7.5万元。区五中校园书店于春季开业,销售图书码洋2.2万元,在省作协主席王跃文受邀到区五中举办的《向上向美的文学》讲座中,销售其作品300多册,码洋1.2万元。株洲潇湘实验学校校园书店于秋季开业,销售9.2万元,在“《5年高考3年模拟》学霸巡讲进校园”活动中,“五三”系列教辅销售码洋共计4万余元。

(胡 蓉)

卫生·计生

综　述

【概况】 2018年,渌口区继续保持无甲类传染病报告、无突发公共卫生事件、无传染病暴发流行发生的良好局面(已连续保持10年)。截至12月底,累计为城乡居民建立电子健康档案263337份,建档率达88.61%;适龄儿童国家免疫规划疫苗合格接种率达90%以上;孕产妇、0—3岁儿童系统管理率均达90%以上;高血压健康管理20648人,糖尿病健康管理6217人,严重精神障碍患者在册管理1298人。并启动付费签约,共签约19056人,其中有偿签约15788人;签约基础服务包15751人,签约个性化服务包37人。实现建档立卡贫困人口、计生特扶家庭人群、高危孕产妇家庭医生签约服务全覆盖。结合2013年以来开展的乡村医生签约服务工作,常住人口签约率达32.26%,重点人群签约率为62.13%。

深化医改推进有序。3家公立医院医疗费用总量增幅均控制在10%以内,逐步建立以公益性为导向的绩效考核机制。医改工作取得较大突破,医共体建设更加紧密。建立区人民医院与淦田镇中心卫生院、区人民医院与古岳峰镇卫生院2个紧密型医共体,实现共享优质医疗资源、方便群众就医,区级医院与镇卫生院的对口帮扶、技术协作、医院管理等方面进入一个崭新的互助发展阶段。试行医养结合养老模式,针对7万余名老年人口和养老资源、医疗资源处于分割状态,失能、半失能老年人医疗、护理问题日益突出等问题,在朱亭卫生院筹资40余万元建立养老康复科,设床位25张,面积700平方米,试行医养结合。先后有96名老人入住,较好地缓解了朱亭镇老年人养老和就医问题。应急救援更加便民,采购并安装了医疗救援指挥系统,成立"120"应急救援指挥中心,设置5个急救分站,打造区域内30分钟医疗急救圈,为医疗救援提供有力保障。

医疗能力提高有效。财政投资4000万元为中医院新建一栋11000平方米的住院综合楼,主体已竣工,开始对原门诊住院楼进行改造。公开招聘专业技术人员52人,引进高层次卫生专业技术人才1人，逐步健全住院医师规范化培训、全科医师转岗培训及各专科人才进修机制，进修人次数、总时长较往年有明显增加。加强卫生技术人员“三基”技能培训，组织全员“三基”考试考核。区人民医院选派专家团队到淦田镇中心卫生院、古岳峰镇卫生院轮流坐诊，充实基层人才队伍，提升当地基础医疗技术水平。区人民医院成立胸痛中心，建立并逐步完善胸痛患者抢救、治疗的流程与机制，为胸痛患者提供及时有效的抢救。已收治住院病人5000余人次，开展各类心血管手术近2000台。“巡查、点评、约谈、处罚、通报”制度逐步常态化，组织由区级医疗专家组成的质量控制专家小组，对各医疗机构每季度开展一次医政巡查并给予专业技术指导，在提高医疗质量的同时提升了基层医疗技术水平。随着整体医疗技术水平的提升，各医疗机构管理逐步规范，医疗纠纷总量较往年明显减少，医闹行为得到有效控制，未发生一例影响较大的医患纠纷。

惠民工作服务有情。人口监测执行到位。共出生4052人，符合政策生育率为97.06%，出生人口性别比为105.48（女=100）。为6091户计生家庭投保计生家庭意外伤害保险；计生协工作全面推进，投入17余万元为两女结扎户、独生子女家庭等购买计生家庭意外伤害保险，为322个计生特扶家庭购买住院护理津贴保险。大力强化村级卫计站作用，进一步明确村级专干职责。健康扶贫帮扶到位，完成9617名建档人员立卡贫困人口疾病信息核实，患病对象3759人，占39.09%，其中大病集中救治330人、慢病签约服务管理3422人、重病兜底保障7人。贫困人员区内住院补偿7977人次，产生总费用2877.19万元，补偿金额2112.79万元，大病保险32.29万元、扶贫特惠保报销263.99万元、民政医疗救助156.47万元、医疗机构减免58.68万元，政府兜底116.28万元，综合补偿金额2740.5万元，综合补偿率达95.25%，实行贫困户就诊住院“一站式”结算，大幅减轻贫困人口的医疗负担，简化就医流程。惠民便民落实到位，农村育龄妇女“两癌”免费检查完成7598人，检查率108.54%。产前筛查目标人数1800人，完成检查1912人，筛查率106.22%，高危孕产妇妊娠结局随访率100%。获评株洲市“出生缺陷防治”“‘两癌’筛查”“预防艾滋病、梅毒、乙肝母婴传播阻断项目”工作先进单位。全面落实“最多跑一次”改革任务，实现集成化审批服务，网上办理卫生行政审批更便民，按时办结率、服务对象满意率均为100%。监督管理机制全面落实，医疗卫生、食品安全、学校卫生、公共场所等卫生计生执法监管覆盖率100%。开展整治“两非”专项行动，立案查处典型案例6例，获评省、市整治“两非”工作先进单位。（陈平平）

疾病预防控制

【概况】 2018年，渌口区疾病预防控制工作取得较好成绩。完成127份生活饮用水、92份农村饮用水、400份碘盐、300份尿碘、40份餐具和90份外环境检索、食品安全风险监测，以及公共场所检测9份报告的审核、盖章、归档。完成质检总局国家认监委关于开展2017年度检验检测服务业统计工作直报系统的填报和检验检测机构年度报告，均审核通过。开展年度资质认定监督检查自查。参加湖南省碘缺乏病盐碘和尿碘的质控考核；参加省疾控组织的梅毒检测、艾滋病抗体初筛等能力比对；参加职业卫生健康检查机构盲样考核（血常规和血铅2个样）；参加省质量技术监督局组织的检验检测机构能力验证（饮用水中镉的检测），结果均获优秀。其中职业卫生健康检查机构盲样考核（血常规和血铅2个样）获得全省第一，负责指导的医疗机构的艾滋病抗体初筛能力比对，均为优秀。完成重点职业病宣传与尘肺病人救治、医疗机构职业性放射性调查、农药中毒监测等职业卫生工作。开展食品风险安全监测、水质监测、公共场所和消毒餐饮具卫生监测、学校卫生监测，获评"湖南省饮用水监测先进单位"。

免疫规划工作。进一步加强疫苗及冷链管理，按要求完成常规免疫规划疫苗采购、储存、分发及冷链运转工作。制定二类疫苗遴选方案，规范二类疫苗的采购及遴选过程，确保二类疫苗采购、使用和管理，保障第二类疫苗接种质量和正常供应。对54所小学进行春季和秋季两次预防接种证的查验。加强免疫规划信息系统管理，提高系统运行及管理质量。按照《株洲市脊灰灭活疫苗补种工作实施方案的通知》的要求，对2016年5月1日后（2016年3月1日后出生的），仅有bOPV接种史（无任何tOPV或IPV接种史）的儿童开展了IPV补种工作。对所有接种单位IPV查漏补种活动的全程工作进行培训、指导和评估，乡级指导评估覆盖率100%。继续维持无脊灰状态，发生的1例麻疹疫情及时得到处理。对1例AFP病例开展调查处置，落实流脑、乙脑等疫苗针对传染病监测工作。每月开展适龄儿童EV71疫苗接种数据及接种信息报送工作。长春长生疫苗事件后，免疫规划科积极配合政府和相关部门，科学应对处置。加强狂犬病暴露预防处置门诊建设验收，对狂犬门诊的接种人员进行相关知识培训、考试，对基层狂犬病暴露预防处置门诊的建设进行现场指导和验收，严格把关。

传染病防控。坚持24小时疫情值班制度，健全疫情快速反应机制，开展传染病报告质量和管理现状调查，加强应急仓库物资储备，无突发公共卫生事件及重大传染病疫情发生。结核病防治工作稳序进行，共登记患者235例，其中发现涂片阳性肺结核病人90例，痰涂片阳性检出率38.30%；发现涂阴肺结核病人142例，结核性胸膜炎3例，登记治管结核病人233例，全部给予免费抗结核药物治疗和全程督导管理。为16520名入学新生进行结核病筛查，筛查率99.82%。对筛查中发展的可疑症状者及时进行治疗。重点传染病防控措施有效。按要求开展手足口病、霍乱、狂犬病、人感染H7N9禽流感及性病艾滋病等重点传染病的防治，做好艾滋病的治疗转交工作，加强艾滋病管理工作，主动对接医保、民政部门,为45名艾滋病人办好门诊医疗费用的补偿(2000元/人)和大病救助(1500元/人),对10名特困艾滋病人进行1000元/人救助,对所有性病病人进行了HIV筛查,发放安全套及性病服务包。

寄生虫、地方病工作防治。碘缺乏病监测工作:在淦田、龙门、古岳峰、渌口、朱亭镇设立监测点,在其他镇中选取200名8—10岁学生和100名孕妇,合计300名居民户采集盐样,送入中心实验室检测,结果显示全部为含碘盐,采集尿样结果显示尿碘结果全部合格。疟疾防治工作:区一医院、中医院、渌口镇、淦田镇、朱亭镇卫生院5个血检点,疟疾“三热病人”血检任务数150人次,实际血检175人次,完成年目标任务的116.7%,血检结果均为阴性,未发现疟疾疑似病例。按要求完成全省地方病、寄生虫病防治“十三五”规划中期评估工作。

健康教育。充分利用14个健康教育主题宣传日的契机,与媒体合作,利用微信公众号“渌口发布”“株洲县疾控”以及App软件“掌上渌口”发布健康宣教知识,设立咨询台,免费测量血压,制作健康宣传栏,发放健康教育印刷资料以及避孕套等健康支持性工具等,开展健康巡讲、全民健康生活方式等健康教育活动。制作宣传栏6期13块、横幅20条、咨询台20个,印制资料12种5万册,现场发放宣传折页近万册,发放控油壶、限盐勺3000余套,发放艾滋病宣传纸杯5000余个,发放艾滋病检测试剂300余份。

【农村改厕调查】 改厕调查覆盖8个乡镇,调查81952户的厕所情况。其中卫生厕所户数69748户,非卫生厕所户数11009户,无厕所1200户。卫生厕所覆盖率为85.11%。调查94座公厕,其中卫生公厕55座、非卫生公厕39座。卫生厕所蹲(坑)位136个,非卫生厕所蹲(坑)位130个。共调查医疗卫生机构163所,其中卫生院(含分院)12所、村卫生室151所,调查厕所212座,其中卫生厕所192座、非卫生厕所20座,卫生厕所覆盖率90.57%。调查学校54所,其中小学39所、初中8所、九年制学校7所,调查厕所152座,其中卫生厕所149座,非卫生厕所3座,卫生厕所覆盖率为98.03%。(符婷妮)

卫计执法监督

【概况】 2018年,渌口区卫生计生综合监督执法局负责监管公共场所115家,学校及托幼机构135家,集中式供水单位6家,各类各级医疗机构195家,消毒产品经营单位28家,消毒产品生产及服务单位3家,餐饮具集中消毒服务企业2家。

学校卫生监督。加强与教育行政部门和疾控监测机构的联动机制,开展联合检查。对各级各类学校开展拉网式监督检查,重点对饮用水进行监督,建立各级各类学校传染病防控和饮用水基本情况一览表,检查135所307户次,出具卫生监督意见书307份,责令限期整改24所,完成整改24所,学校饮用水监测110个样,合格93个样,合格率85%,监测率100%;

对14所学校进行卫生行政处罚。

医疗服务市场整治。重点打击非法行医、无证行医、“两非”和违规发布医疗广告等违法行为。对195家医疗机构进行监督检查,查处各类案件38件,对18家医疗机构罚款3.6万元,对28家医疗机构予以警告;抽查各类医疗机构医务人员115人,发现9人未取得相应资质独立上岗,对使用非卫生技术人员执业的9家医疗机构予以行政处罚。严格把好行政许可前置关,参与医疗机构设置、执业许可、变更、校验等行政许可前置审查。开展打击“两非”专项行动,建立健全“行政领导、部门协作、协会监督、群众参与”的长效机制。对区直医院及镇卫生院,开展“两非”线索地毯式摸排,在医院、药店、诊所张贴打击“两非”的宣传警示标语,印发宣传小册下发到群众。设置举报电话,建立举报奖励制度,加大宣传力度,拓宽“两非”线索信息来源,形成社会监督氛围。办理“两非”典型案件4例。开展医疗广告专项整治行动,对各医疗机构在新闻媒体、户外等处发布医疗广告行为进行清理、规范和整顿。

对12家区直管放射诊疗单位放射诊疗工作开展专项检查。完善放射诊疗安全防护和质量保证措施,加强放射工作人员执业健康管理,保证公众、受检者和放射工作人员的健康权益和工作安全。

生活饮用水卫生监督。定期对城区和农村集中式供水单位开展检查,监督覆盖率100%,共检查城区集中式供水单位1家、农村供水单位5家,城区供水单位管理机构、卫生制度健全,水源防护落实到位,水处理工艺合理,水质合格率高。农村饮用水卫生管理水平逐年提高。

传染病防控监督。加大对医疗机构传染病防控、消毒隔离的监督管理。对中小学校及托幼机构进行传染病防控知识培训。抽检开展内镜诊疗的二级以上医院2家和35家基层医疗机构(诊所、镇卫生院、村卫生室)的注射室。均做到“一人一用一消毒或灭菌”,对传染病人与特殊感染患者所使用后的器械专门处理,无过期消毒产品,内镜清洗消毒登记内容完整,使用的消毒剂浓度每日定时监测并做好记录。

医疗废水、废物处置专项整治。6月和10月对195家医疗卫生机构的医疗废水和医疗废物收集、贮存、处置情况开展专项整治。共出动监督执法人员430余人次,下达195份监督意见书,对26户限期责令整改,立案查处4家单位。针对各单位存在的问题,提出具体的整改措施,采取“回头看”的方式督促整改到位。

消毒产品专项整治。重点检查5家大型连锁药店旗下经营单位20家,检查抗抑菌制剂等消毒产品35种。开展消毒餐具专项检查。加强对餐饮具集中消毒单位的监督管理,督促企业改善生产条件、完善卫生设施。对2家餐饮具集中消毒单位进行卫生审查,对2家进行抽检,共抽检76个样品,委托区疾病预防控制中心进行检测,合格率100%。对于存在卫生安全隐患的单位,下达监督意见书,督促落实整改。

公共场所集中式空调通风系统专项检查。对公共场所集中式空调通风系统开展一次专项卫生监督突击检查,重点是拥有集中式空调通风系统的宾馆、超市、影院和儿童游乐场等公共场所,主要核查集中式空调通风系统的清洗、消毒、通风系统空气质量、微小气候等的检测情况。共检查 10 家宾馆、5 家超市、1 家影院和 4 家儿童游乐场,针对检查中各单位所存在的具体问题,当场下发《卫生监督意见书》,责令限期整改。（盛娟艳）

医　院

渌口区第一人民医院

【概况】 2018 年,渌口区第一人民医院有在职职工 515 人,其中在编 294 人、临聘 221 人。有正高 2 人,副高 32 人,中级职称 122 人。有编制床位 503 张,设有 18 个临床科室,5 个医技科室,14 个职能科室。渌口区公共卫生救援指挥中心、胸痛中心、高危孕产妇急救中心、渌口区新生儿救治中心均落户医院。总诊疗 139602 人次,服务住院病人 18276 人次,完成手术 3853 台次。

学科建设。胸痛中心团队在 8 个镇卫生院开展胸痛教学和急救培训 48 次,提高基层医护人员急救意识和胸痛鉴别诊断能力,胸痛患者救治时间平均为 58 分钟(国家规定的时限为 90分钟),为患者赢得了更多的生机。承接区结核病、艾滋病等传染病防治,以及血液储备中心的转移。

新技术新项目。成功开展首例髋关节镜手术,标志着骨科技术达省、市级水平。对 95%以上的疾病具有救治能力,外科系统能进行全部的三级手术,大部分四级手术也可进行,90%手术应用微创技术。C、D 型病历共 9239 份,较上年同期增长 21.89%。转诊至市三级医院 364 人,比搬迁前减少 232%。

人才建设。引进重症医学科副主任医师 1 名,聘任为 ICU 学科带头人。引进主治医师 3 名,大学本科生 39 名,护理人员 37 名。采取送出去、请进来方式加强人才培养,派出 120 名医疗护理骨干人员前往省、市级医院进修培训,株洲市中心医院对口支援的第十四批专家到院进行为期半年的指导。卫技人员占比为 89.13%,医护比为 1 : 1.4,护床比为 0.525。

医共体建设。10 月,先后与淦田镇卫生院、古岳峰镇卫生院建立紧密型医共体,成立渌口区第一人民医院医共体淦田院区、古岳峰院区,委派 7 名执行院长、业务副院长、科主任、总护士长常驻医共体。

文化建设。建立医院官方网站,通过微信公众号,发布新闻 90 篇;举办首届“医师节”表彰暨第二届“大爱人医,情满渌湘”慈善救助大会,由职工自发捐款,发动社会爱心人士捐款,共募捐善款 38.3 万元,用于救助患病贫困户;帮助 23 名患病贫困户获赠大病救助款 13.5 万元。

（曾　容）

渌口区中医院

【概况】 2018年,渌口区中医院有医院在职职工254人，其中正式在编156人、聘用98人。有硕士2人，大专及本科学历219人;高级职称17人,中级职称72人。设有内科、外科、骨伤科、针灸理疗科、妇产科、血透科、重症监护室、急诊科、五官科、肛肠科、检验科、影像科、药剂科等临床医技科室。其中骨伤科为市级重点专科,针灸理疗科、外科为省级重点特色专科建设科室。编制床位200张，实际开放床位235张。诊疗人数72220人,收入院病人8569人，出院病人8522人,住院手术病人数1116台。业务总收入6076余万元。

深化医改。一是落实家庭医生签约服务政策。安排专职人员负责接诊、转诊等工作,为家庭医生签约服务患者开通绿色转诊通道。家庭医生签约户按政策实行门诊大型设备检查优惠20%。二是完善医联体管理。先后与湘雅医院,省中医附一、中医附二,市伤科医院,市三三一医院建立专科联盟,与省直中医医院、朱亭卫生院签订医联体协议。通过多举措探索新的运行模式,破解医改难题,促进优质医疗资源下沉,建立健全分级诊疗机制。

传承和创新中医特色服务。外科结合科室优势,积极开展省级中医特色专科建设;骨伤科全面开展骨质疏松性胸腰椎骨折微创椎体成形硬化术;针灸理疗科继续发挥中医药特色,做强中风康复及疼痛科建设,新开设骨针刀、平衡罐、火龙灸、铜砭刮痧等新疗法，开展椎间孔镜技术,大大减轻了颈、腰椎疼痛患者的负担;内科系统新开展胃肠镜技术,完善心、脑血管血栓溶栓技术。成功举办全区卫计系统基层卫生技术人员中医药适宜技术推广培训班。选送一年以上的专科医师定向培养5人，半年以上专科进修8人,1—3个月进修学习4人,短期培训100余人次。

【首届“中国医师节”庆祝活动】 8月19日是首届“中国医师节”。为展示医务人员积极、健康、向上的精神面貌,倡导信中医、爱中医、绿色出行,共享健康理念,医院组织开展“信中医、爱中医,我健康、我快乐”暨庆祝首届“中国医师节”徒步毅行活动,120余名医务人员参加活动。

（肖华芳）

渌口区妇幼保健计划生育服务中心

【概况】 2018年,渌口区妇幼保健计划生育服务中心有在职职工95人，卫生技术人员80人,中级及以上职称26人(其中高级职称5人),其他技术人员3人。内设妇产保健部、妇女保健部、儿童保健部、“大保健”办公室、计划生育部、检验科、B超室、行政保障科、党建办9个科室。完成总诊疗40742人次,同比增长15%,其中门诊接诊39526人次、住院诊疗1216人次,业务收入1790万元。成功创建“二级妇幼保健院”,获评省“农村妇女免费两癌检查先进单位”“出生缺陷防控先进单位”

“艾梅乙母婴防控先进单位”。

妇幼公共卫生服务顺利完成。一是切实抓牢高危孕产妇管理。充分利用妇幼保健网络,强化辖区高危孕产妇管理,健全危重孕产妇抢救绿色通道、夯实产科管理和从业人员培训。辖内共有孕妇4751人,其中高危孕产妇2309人,组织下乡高危筛查55次,实现高危管理率100%。二是高度重视“两癌”筛查工作。中心承担农村妇女免费“两癌”检查工作,中心成立领导小组和技术指导小组,抽调技术骨干组建专业筛查队伍,配备先进仪器设备,多次组织区镇两级妇幼专干培训业务知识,圆满完成工作任务,年任务数7000人,实际完成7598人,完成108.54%。三是有力保障儿童健康。辖内共有7岁以下儿童27007人,中心组织各级妇幼力量对0—6岁儿童进行保健服务,共完成25059人,儿童健康管理率94.49%,新生儿访视3636人,访视率97.67%,发放儿童营养包23918盒。四是出生缺陷防控成效明显。共完成婚检2586对,优检2578对,产筛1912人,共筛查出高危对象400人,有效干预349人。

妇幼体系建设“大保健”模式改革全面铺开。成立“大保健”综合办公室、孕产保健部、妇女保健部、儿童保健部,完成妇幼体系部制建设,紧密保健与临床的融合,让保健人员回归临床一线,将临床业务骨干充实到保健工作中,为妇女儿童健康事业提供能力保障。

队伍建设见成效。成功引进三甲医院中高级人才2人,借调妇产科主治医师2人,完成职称晋升5人。举办各种医疗业务讲座24次,进行医务人员理论考试8次,合格率100%,外派进修4人,参加各类省市学术活动学习70余人,及时跟进医疗行业学术发展。

综合服务能力得到提升。一是倡导开展创新性服务活动,积极开展服务群体网络交流、特殊群体集体活动,共开设孕妇课堂50次,开展大型儿童保健活动2次,大型孕妇沙龙活动1次,活动中加入医患互动环节,推广保健知识。二是提升妇科、产科、儿科保健临床能力,实施腹腔镜、宫腔镜微创手术、儿科康复、新生儿诊疗、全麻等新技术,突破技术瓶颈,学科建设得到快速提高,全年无医疗责任事故发生。

(林　安)

区辖镇（场）

龙 潭 镇

党委书记	谢 娜
党委副书记、镇长	李 战
党委副书记	钱聪平
党委委员、人大主席	王苗均
党委委员兼政协联络工作负责人	(空缺)
党委委员、武装部长、副镇长	孙 毅
党委委员、纪委书记	段 可
党委委员	刘义锋
副镇长	王桂生
	谢志良

【概况】 2018年，龙潭镇辖9个行政村，261个村民小组，5204户，21160人。面积131.12平方千米，其中山地64.31平方千米，占总面积49.05%，耕地16.61平方千米，占总面积12.66%。镇党委下设29个党支部，党员809名。有中学2所，小学2所，幼儿园2所，卫生院2所，村卫生室16个，敬老院2所。完成财政总收入4926万元，固定资产投资1.52亿元，财税收入1617万元，折算财力762万元，为计划任务数的190%，实现保运转、保基本民生支出、保重点项目建设的"三保"工作目标。获评株洲市脱贫攻坚先进乡镇、综治工作先进乡镇、安全生产工作良好单位等，农村环境卫生整治工作三、四季度连续排名全区第一，民调工作排名全区第二。

党的建设不断加强。新建村级组织活动场所2个，改扩建7个，截至12月31日，有7个村级组织活动场所全面达标并投入使用。新发展预备党员8名，培养入党积极分子20名。先后组织村干部赴浙江建德、区内其他镇及镇内党建示范点观摩学习3次。深入打造花田村"六心"党组织、太田村"三色党建"，党建工作在区一级作典型经验交流发言。积极开展"网格走亲、党群同心"大走访活动，打通服务群众"最后一千米"，参与走访的党员干部人数达820余名。

产业结构更加优化。立足本地资源特点，积极培育和发展生态农林特色产业、养殖业。改良优化有机生态米、黄牛、走地鸡养殖和油茶种植等。种植结构调整完成166.67余公顷，有33.33公顷连片和66.67公顷连片的示范片各1个，90%以上的面积翻耕播种，替代作物以"双油"和大豆、芝麻、红薯等为主。新造林113.33公顷，其中油茶33.33公顷，森林抚育1333.33公顷。稳步推进农村集体产权制度改革，全面完成清产核资工作。项目建设顺利推进，潜江至韶关天然气输气管道、污水处理厂等项目进展顺利;城乡建设用地增减挂钩项目三个标段，141个图斑，完工18.87公顷，完成年度目标任务;耕地占补平衡项目两个标段基本完工。

民生保障稳步提高。精准扶贫完成减贫29户93人，对"四类人员"、识别不准进行清理，动态调整纳入11户36人(低保纳入8户27人)，清退1户2人。扎实开展"脱贫立志、星级创建"活动，不断激发贫困群众脱贫致富的内生动力。积极开展政策保障再落实行动，签订省级重点产业帮扶协议68人，区级重点产业帮扶协议90人。整治农村人居环境。“脏乱差”问题得到有效治理，人居环境进一步改善。加强污染防治，组织人员对67户养殖户进行督查走访,重点就生猪养殖污染进行排查和整改，督促养殖户完善治污设施，实现养殖污染整治长效化。在危旧土坯房集中整治中。拆除1139处,修缮204处，整治面积21万多平方米，整治率达80%以上,农民住房安全得到有效保障。严格落实《株洲市农村村庄规划建设管理条例》,着力督促引导村民依法依规有序建房。

社会事业全面发展。城乡居民养老保险参保率达114%，率先超额完成参保任务。完成计生系列保险12万余元,完成优检180对,均超额完成目标任务。投入100余万元改善教学条件,36名学生录入区五中,排名位居全区前列。对228位重度残疾人进行生活补贴和护理补贴申报,发放补贴金额30余万元。对患病人员进行大病救助申请核查,合计救助100人,救助资金20余万元。共有重点优抚军人983人,发放抚恤金70余万元,完成退役军人及其他优抚对象信息采集365人。“智慧渌口”平台项目建设在镇内顺利推进,已全面投入使用。扎实开展移风易俗各项创建活动,以“最美家庭”“最美婆媳”等“最美”系列评选为契机,通过宣传发动,让村民自荐、互推一批先进典型,活动网络评选访问量近100万次,投票达30万人次。

（杨文汇）

龙潭镇村级情况简介表

表 1

项目 数量 村或居委会	村(居)民小组(个)	户数(户)	人口(人)	耕地面积(公顷)	粮食产量(吨)	党(总)支部书记	村(居)委会主任
龙潭村	43	763	3062	225.4	1406	刘必武	丁文华
新华村	24	496	2239	83.67	877	彭中波	陈新洋
新燕村	20	376	1503	185.4	1285	陈梅庄	刘铁华
紫云村	28	614	2236	201.3	1221	尹铁山	唐运旭
太田村	27	672	2685	263.13	2391	齐少海	
砖桥村	37	885	3735	338.53	3026	肖小龙	吴湘洪
西冲村	27	511	2092	150.67	1387	刘泽圣	郭利强
文家村	19	235	1160	71.07	709	齐清华	
花田村	36	652	2448	142	1314	黄国友	齐　科
合　计	261	5204	21160	1661.17	13616	—	—

朱亭镇

党委书记	张　兴
党委副书记、镇长	张建华
党委副书记、组织委员	李　娜
党委委员、人大主席	田　富
党委委员	颜松林
党委委员、纪委书记	刘洋搏
副镇长	文　强
	唐志勇
	曹志宏
	易　鸿

【概况】 2018年，朱亭镇辖17个村，1个社区，面积165平方千米，人口4.2万人。耕地面积2670.1公顷，林地面积8449.3公顷。设党(总)支部64个，党员1463人。实现财力1310万元，完成年计划的327.5%，财政税收创历史最好成绩。固定资产投资新增项目入库上报数11个，其中5000万元以上项目3个，5000万元以下8个，总投资5.75亿元。农民人均纯收入18680元，同比增长8.5%。坚持分类施策、精准帮扶，完成减贫123户376人。

增进民生福祉。健全基层医疗卫生服务体系，签约家庭医生2398人，免费为2165名老人进行体检。投入40余万元改善办学条件，教学质量明显提高，龙凤中学被评为株洲市素质教育达标先进单位。修缮朱亭、龙凤敬老院，增加床位30张。发放低保、五保、临时救助等资金40余万元。深入推进国家公共文化服务体系示范区创建，各村(社区)文体活动蓬勃开展，打造九都湖村、龙凤村等文化家园示范。开展安全生产大排查大管控大整治百日行动，强化食品药品安全、道路安全和消防安全，安全形势平稳可控。深入开展扫黑除恶行动，落实氛围营造、摸底排查工作，保持对黑恶势力高压态势。高度重视信访维稳工作，畅通信访渠道，积极化解矛盾纠纷，社会大局平稳可控。

完善基础建设。完成畅通工程12.3千米，窄路加宽8千米，完成2座危桥改造。投资150万元完成长岭驿道建设，实现了防洪应急、方便群众、森林防火、休闲观光等多重效益。加强水利建设，整修骨干山塘85口，村级干渠、支渠560处、移动土石方10万余立方米、混凝土被覆5万余平方。严格落实《村庄规划建设管理条例》，受理50户村民建房审批，下发43本乡村建设规划许可证，实地勘察确定58处宅基地，拆除违规建房9处，为15户建房无证的村民补办手续。完成原株洲市特种金属冶化公司周边重金属污染风险管控项目，完成入河排污口和清“四乱”的排查和整改，湘春农业公司、银丹皮蛋公司排污口整改到位。人民群众呼吁多年的环保问题得以解决。关停环保不达标养殖户3家，加工企业8家。推进人居环境整治，坚持一月一考核一通报，村级保洁工作实现常态化、专业化。严格落实镇级河长一月三次、村级河长一月四次的日常巡查制度，对巡河中发现的问题及时处置、及时上报。

坚持改革创新。完成384.67公顷农业

种植结构调整,引进温州商会企业,投资1.2亿元,流转土地200公顷,建设柑橘、蓝莓、桃子三个鲜果园,种植结构调整稳步推进。稳妥实施集体产权制度改革,完成18个村成员身份确认工作。加强便民服务中心管理,社保、民政、国土、计生等部门实行窗口服务,便利群众办事。

【成功申报湖南省一、二、三产业融合发展示范镇】 获省财政奖补资金200万元,为明扬农牧、湘春实业、银丹皮蛋等企业主体提供支持,明扬农业成功在省股权交易所挂牌。成功申报湖南省一、二、三产业融合发展示范镇。 (谭　蓉)

朱亭镇村级情况简介表

表2

项目 数量 村或居委会	村(居)民小组(个)	户数(户)	人口(人)	耕地面积(公顷)	粮食产量(吨)	党(总)支部书记	村(居)委会主任
长远村	14	356	1468	73.19	717	何玉国	朱义球
生田村	10	321	1228	53.31	530	邹　军	
天台寺村	18	397	1516	98.13	683	刘一伟	肖仁庚
龙凤村	28	865	3183	225.5	2543	何伏桂	
九都湖村	20	512	2096	141.18	1464	何光华	何湘国
四房村	20	445	1729	137.34	1362	颜永安	刘铁光
金福村	27	788	2916	214.81	2097	许永立	何凯雄
政花村	21	522	2162	116.53	1043	何金林	
黄龙村	30	794	3164	223.58	1890	刘　芬	莫贻成
黄洲村	27	903	3744	189.97	2232	肖国庆	齐启斌
杉桥村	24	854	3326	257.81	1635	何晓华	谢迪清
朱亭村	12	538	2137	135.67	1181	向小武	
马桥村	16	487	2113	161.05	1539	尹玉安	马建军
双江村	18	518	2201	163.37	1667	齐建端	齐赛寒
浦湾村	38	837	3217	211.73	2339	陈和平	姜伏林
红旗村	12	408	1678	96.12	867	刘年山	刘细和
高福村	15	526	2460	149.5	1428	刘铁根	刘新桥
古镇社区	15	1009	1806	—	—	胡笔文	文　娱
合　计	365	11080	42144	2671.46	25217	—	—

龙　门　镇

党委书记	刘天职
党委副书记、镇长	邹剑勇
党委副书记	尹　明
党委委员、人大主席	郭炼强
党委委员兼政协联络工作负责人	张智敏
党委委员、纪委书记	何　波
党委委员	文永忠
党委委员、组织委员	易子安
副镇长	夏震林
	禹丽芳
	吴　乐

【概况】 2018年，龙门镇辖12个村、229个组,人口21986万人。面积126.5平方千米，耕地面积1916公顷，林地面积8666.67公顷(其中楠竹1000公顷)。设有中小学校4所,幼儿园2所,卫生院1所,村卫生室12个。实现财政税收收入1389万元,完成年度任务的347%。

项目建设。投入287万元新建一栋政府周转房,用于改善机关干部办公住宿条件。争取财政“一事一议”项目6个,包括村级交通道路、水利设施建设,村部建设实现全覆盖。加强党在基层的阵地建设。

招商引资。现有企业10家,其中规模企业5家(国辉建材、天润生物科技有限公司、太湖压件厂、天宇米业、康泰农副产品生产有限公司)。天宇米业新增投资2000万元扩大生产规模，已完成厂房、仓库扩建工程。

基础设施。完成道路通畅7.7千米、道路拓宽6千米,完成建设山塘清淤整修工程12口,疏通改造灌溉渠道3.1万千米,完成2个农村饮水集中供应点建设,帮助解决103户贫困户饮水难问题。境内有水库7座,其中小I型水库1座,小II型水库6座,投资700余万元,新修山塘11口,疏通渠道8条16000余米,硬化水渠28条34000余米，除险加固小II型水库1座。

精准扶贫。通过精准识别,先后校准错误信息人员28人，整户清退13户57人，整户新增7户26人。贫困户核准为273户、833人，已脱贫142户、467人,未脱贫131户、366人。围绕“七个一批”“六大工程”持续发力,因地制宜制定符合实际的脱贫计划;依托特色扶贫产业,帮助贫困户脱贫增收。通过“星级创建”“公司+农户”运营等创新举措,激发广大党员干部及社会各界参与扶贫工作的积极性。

安全生产形势平稳可控,实现“三无”目标(无一次安全生产事故、无一次食品安全事故、无一次重大森林火灾)。健全信访维稳工作机制,司法调解42起,调解成功率100%。实行镇村干部维稳责任包干制,严格按照信访维稳“百日攻坚”活动要求,制定“五包一”的信访工作模式,形成党政班子成员包片、镇干部包村、村干部包组的信访维稳工作机制。工作日安排党政领导以及机关干部接访,及时化解矛盾纠纷和隐患问题。

民生保障坚强有力。发放临时救助款8.8万余元,大病救助款14.2万元,低保救助款40.6万元，五保救助款66.97万元，边缘户救助款8万元，冬春借助款12万元,解决困难群众的燃眉之急。兑现退耕还林资金65万余元，生态公益林补偿资金70万余元。

（江　凤）

龙门镇村级情况简介表

表3

项目 数量 村或居委会	村(居)民小组(个)	户数(户)	人口(人)	耕地面积(公顷)	粮食产量(吨)	人平纯收入(元)	党(总)支部书记	村(居)委会主任
龙门村	20	447	1700	176	1750	14600	谢桂兵	谢益民
李家村	24	478	1831	166	1500	12000	贺志勇	陈胜将
永福村	17	447	1676	192	2434	14600	肖松甫	谭运华
狮凤村	23	570	2400	246	2386	14800	易建平	曾宪明
洪塘村	10	310	1261	140	1410	14600	匡梦良	肖　洪
果田村	11	348	1800	101	1200	13000	刘泽玄	赵政权
长冲村	28	482	2097	125	420	15800	王超辉	邓海山
清塘村	22	609	2384	228	43200	17400	王国荣	易新国
龙形村	14	324	1431	113	1200	17450	徐石山	谭建国
太湖村	19	440	1786	156	756	4160	唐启龙	唐正根
花冲村	23	505	1952	144	215.5	17400	齐建平	黄金山
桐梓村	18	439	1668	129	1579	14800	唐智勇	朱水初
合　计	229	5399	21986	1916	58050.5	—	—	—

淦 田 镇

党委书记	龚麒麟
党委副书记、镇长	谭 震
党委副书记	吴 毅
党委委员、人大主席	晏 亮
党委委员兼政协联络工作负责人	罗 斌
党委委员	唐 军
	曹志辉
党委委员、组织委员	朱宗泉
党委委员、纪委书记	肖利国
副镇长	罗艳兰
	马德意
	周 星

【概况】 2018年,淦田镇辖14个行政村、2个居委会、350个村民小组，人口35402人,其中城镇人口4382人。面积140.8平方千米,耕地面积3016.1公顷。有中学3所,小学4所。镇党委下设15个党总支,40个党支部,共有党员1519名。财税收入841万元。

聚力转型升级，富民增收取得新突破。党委、政府始终坚持把加快转变经济发展方式作为主线,大力改造提升传统产业,加快培育壮大特色产业,形成多元发展、多极支撑的产业格局。完成财力收入1156万元,完成固定资产投资1.56亿元。农村居民人均可支配收入18825元,增长8.4%。坚持把调整农业产业结构作为农业经济发展的重点来抓,完成种植结构调整866.67公顷,创建示范片3个,初步实现农业增效,农民增收。积极推进八斗生态旅游风景区建设，整合原八斗片南塘、毛坪、清溪、八斗村资源,打造清凉之旅、探险之旅、休闲之旅。引进新五丰生猪养殖项目，打造省内一流的生猪养殖基地,现已完成前期土地流转和道路建设工作。积极协调电厂南迁工程,协助做好规划勘探等前期工作。

聚力精准脱贫，扶贫工作取得新成效。一是抓基础工作。实行因类施策,精准施策,推动扶贫项目落地,促进贫困户增收脱贫,实现减贫105户330人,贫困发生率降到0.73%。积极开展“脱贫立志,星级创建”活动,发放奖补资金70多万元。安排产业扶贫资金130多万元,对7个村级扶贫产业进行扶持。“七个一批”“六大工程”进一步深化,脱贫基础进一步夯实,脱贫质量进一步提升。二是抓基础设施。重点完善2个省级贫困村的基础设施和公共服务；大力实施农村道路通畅工程,落实区级下达的村级道路通畅工程计划,共完成通畅工程15.7千米、窄路拓宽10.7千米。做好农村安全饮水工程,水利设施建设投资270万元，解决1296名贫困人口饮水安全。加快改善人居环境,大力推进危旧土坯房整治，完成整治任务1416栋,面积26万平方米。为16个村(社)免费安装“村村响”,为441户贫困户免费安装“户户通”。三是抓帮扶解困。深入开展网格走亲大走访,开展“五个一”活动,针对每个贫困户制定脱贫方案,实现“一户一策”、因户施策,积极开展“脱贫立志、星级创建”活动,增强内生动力,绝大多数贫困户通过自身努力,实现脱贫目标。积极落实扶贫政策,22户贫困户享受雨露计划,没有一起贫困学生辍学现象;所有贫困户进行了免费体检,并提供免费医疗,免费就医2000余人次;就业创业培训,贫困户劳力全覆盖,劳务输出75人;狠抓住房保障工作,建档立卡贫困户的危改户、易地搬迁户基本实现“清零”。

聚力乡村振兴,镇村面貌新改观。实施乡村基础设施振兴工程,推动基础设施建设向农村倾斜,补齐农村道路、通信、供水供电等基础设施短板。打造官塘、铜锣等一批“环境美、风尚美、人文美”的美丽乡村示范村。开展农村精神文明创建活动,深入挖掘、继承、创新优秀传统乡土文化,积极开展“好家风、好家训”等主题活动,树立文明的村风民风。以弘扬法治文化、孝德文化、乡贤文化为重点,开展平安家庭、最美娘家人等选树评比活动,颂扬正能量,焕发农村昂扬向上的精神风貌,为实现乡村振兴提供精神文化支撑。坚持推进农村人居环境整治。以建设“生态淦田”“秀美淦田”为抓手,建立“镇、村、组、户”四级联动清扫保洁工作机制,全面推广“户分类、村收集、镇转运、区处理”的垃圾收运模式,各村配备2名以上保洁员,对村、组公共区域进行清扫保洁。严格落实河长制。坚持落实河长巡河制度,基本实现巡河保洁常态化、两岸绿化。严格防控环境污染。摸底排查污染源情况,排查工业企业、养殖场污染源,特别湘江沿岸的污染源开展排查,不放过任何一个死角。严格跟踪监测美神种猪养殖基地和华旺陶粒厂的排污问题,坚决完成中央环保督察组交办件,迎接省环保督查。联合区环保局、畜牧局对青竹造纸厂、朝阳竹木加工厂等个体户、小作坊及养殖户进行环保执法,做到防微杜渐。

聚力综合治理,社会和谐稳定迈出新步伐。高度重视信访维稳工作,健全矛盾纠纷排查调处机制,积极推进社区矫正和人民调解工作,信访积案有效化解。镇、村共调处矛盾59起,排查预防纠纷74起。定期对重点人员开展镇、村两级走访活动,确保矛盾纠纷及时化解,就地解决。妥善处理各类信访事宜,积极做好“12345”区长热线和网上政务平台群众咨询、投诉处理工作,共处理136件,办结率100%。深入推进扫黑除恶工作,制作“扫黑除恶”固定标语34条,悬挂横幅32条,大型宣传牌2幅,发放“扫黑除恶”11种类型图册8000余份。扎实做好综治民调工作,通过悬挂横幅、张贴标语、新闻报道等方式,大力营造人人参与平安创建的氛围,定期开展入户巡逻活动,发动党员、组长、群众参与巡逻,切实维护镇区和谐稳定,上半年民调工作在全区排名第一。切实抓好安全生产工作。构建“一级抓一级、层层抓落实、责任到人”的大安全工作格局,没有发生较大以上安全事故。（张润民）

淦田镇村级情况简介表

表 4

项目 / 数量 / 村或居委会	村(居)民小组(个)	户数(户)	人口(人)	耕地面积(公顷)	粮食产量(吨)	党(总)支部书记	村(居)委会主任
白鱼村	30	818	3003	339	3295	谢志光	姜峥嵘
平山村	29	765	2516	285.6	2103	谭远和	吴志雄
官塘村	27	580	2011	273.8	3023	谢友根	刘拥军
华石村	35	735	2909	298.8	3041	马能飞	罗继朋
清溪村	18	310	1137	71.5	501	龚　广	魏铁桥
八斗村	21	521	2106	114.5	822	唐纪明	陈飞跃
南塘村	16	395	1570	93.1	1110	曾武军	张伟军
毛坪村	13	273	1050	67	795	唐明灯	江　日
宏图村	32	931	3251	291.9	3405	刘华福	陈金明
横岭村	18	585	2138	209.1	2336	曾晓春	侯　荣
铜锣村	22	512	1946	209.3	2344	周青山	
淦田村	32	831	3137	282.8	2426	吴　敏	陈红岩
建宁村	27	568	2088	230	2603	王成彪	王军良
山峡村	30	621	2350	249.7	2760	丁建尧	侯跃进
淦田居委会	—	1169	2088	—	—	丁金彪	
平山居委会	—	1134	2073	—	—	谢春娥	
合　计	350	10748	35402	3016.1	30564	—	—

南 洲 镇

党委书记	谭桂平
党委副书记、镇长	邓海涛
党委副书记	马文雯
	张 杰
党委委员、人大主席	成 力
党委委员兼政协联络工作负责人	张 雄
党委委员、纪委书记	梁海燕
党委委员、副镇长、武装部长	唐晓晖
党委委员、组织委员	李嘉周
党委委员	宋辉军
	何邦正
副镇长	袁 雄

【概况】 2018年,南洲镇辖19个村、1个居委会、455个村民小组,13269户,48902人。面积137平方千米。实现财政总收入6066万元,同比增长45.6%,完成税收可用财力1374万元,同比增长30%,为区下达任务的3.4倍。获评全国人民调解工作先进集体、全国先进司法所、湖南省优秀人民调解委员会、株洲市先进基层武装部、株洲市人口和计划生育优秀单位。

项目建设稳步推进。为31个重点项目做好服务工作,完成征地任务60公顷,签订房屋征收协议60户,拆除房屋29栋。工塑耐膜项目、南洲新区水质净化中心等14个项目顺利开工;亿杰科技、西海岸鞋业等16个项目顺利推进。园区产业初见规模,发展势头强劲。共引进个体工商企业37家,实现税收900万元,同比增长8%。成功签约市城发集团,引进计划投资101.6亿元,占地8.4平方千米的南洲生态新城项目;帮助和培育福岭木业项目,引进投资4600余万元,增加就业岗位300余个。

种植结构更加优化。农业发展呈现新气象,着手打造"一村一品"亮点工程,从南到北依次形成以水稻、油茶、果蔬为特色的种植产业结构。完成土地结构调整220公顷,休耕治理340公顷,双季稻种植733.33公顷,土地利用结构更加优化。发放公益林补贴资金98万余元,耕地地力补贴387万元。完成农村集体产权制度改革第一阶段清产核资任务,改革工作稳步推进。

脱贫攻坚成效显著。抓住产业扶贫这个关键,把扶贫与扶志、扶智结合起来,引导贫困群众自力更生,不断增强脱贫内生动力,实现年度内脱贫147户478人。开展"脱贫立志,星级创建"活动,发放星级创建支持鼓励资金62.74万元,提升贫困群众"造血"功能。完成雨露计划补助53人次,特困生救助15人,教育资助171人次。完成贫困户异地搬迁15户,危房改造45户,土坯房整治13户;完成重点产业扶贫对接320人;举办首届书画义卖助扶贫活动,凝聚社会扶贫力量。

民生保障不断提升。组织劳动力参加各类招聘会5场,推荐有效就业岗位200多个,为46名建档立卡贫困劳动力成功申报公益性岗位,人均年收入达1.28万元。完成新增城镇就业100人、失业人员再就业50人、就业困难人员再就业10

人、新增劳动力转移就业240人。完成城乡居民养老保险2.9万人、239万元的缴费工作,扎实推进城乡居民医疗保险缴费工作。做好低保、五保等特殊群体动态管理,发放临时救助金21.3万元。开展退伍军人信息采集工作,完成一期库区移民培训工作。组织残疾人参加就业培训与就业招聘会,对残疾人实施精准康复,发放残疾补贴62.6万元。

社会治理稳步推进。完成10个村级综治(网格)中心规范化建设,积极引导网格员履行政策宣传员、信息采集员、便民服务员等工作职责。大力开展法律宣传活动,接待法律咨询1000余人次。矛盾排查调处深入细致,全年调处纠纷290件,群众满意率100%。扫黑除恶专项行动保持高温高压态势,在各村(居)开展涉黑涉恶大排查,排查社区矫正、涉毒、涉邪、涉访等重点对象1300余人,对治安混乱地区的基层组织进行整顿,对黑恶势力苗头性现象及早干预制止,维护社会和谐稳定。

城乡面貌不断改善。开展环境整治工作,安排专项工作经费130万元。投入400万元完成横江村省级美丽乡村示范村建设项目和区级村庄规划管理风貌改造项目;横江村、泗马村成功通过区农村人居环境示范村创建申报。狠抓环保问题,关闭8家污染问题突出的养殖场,停产整治4家超标排放企业,关停1家污染企业;受理各类环境投诉23件,处理率和群众满意率均达100%。积极开展植树造林活动,承办了全区“3·12”植树节活动。健全河长制工作制度,落实巡河管理,整治摸排湘渌两江排污口,推进水环境污染治理。基础建设取得新进展。投资150余万元完成昭陵村移民库区整村推进项目的水渠、机台、绿化、亮化工程;投入30余万元用于“五小”水利设施建设;投入220万元进行电网升级改造,新架、改造线路共计14.5千米,新增、改造变压器4台;投资新修道路12.1千米,道路拓宽10千米。

政务公开更加标准。作为渌口区全国基层政务公开标准化规范化试点工作的两个迎检点之一,圆满通过国检验收,为该项工作下阶段的推广提供了经验。村部建设更加完善。按照“统一标识、统一外观、统一机构门牌、统一服务窗口、统一宣传栏目”的要求,规范化新建4个村级综合服务中心,改扩建13个,使各便民服务中心的运行模式、服务方式实现标准化。

【获评全国“无邪教创建示范镇”】 2月1日,南洲镇获得由国务院防范和处理邪教问题办公室颁发的“百县千乡万村无邪教创建示范工程”活动示范镇称号,被授予荣誉奖牌。

2015年国务院防范和处理邪教办在全国部署开展“百县千乡万村无邪教创建示范工程”活动以来,镇党委、政府牢牢把握工作主动权,在防范控制、感化教育、机制建设等方面狠下功夫,不断深化创建内容,通过发放手册、悬挂横幅、宣传展板、入户宣传等方式开展宣传,组织全民参与“崇尚科学、反对邪教、关爱家庭、珍惜生命”为主题的警示教育活动和反对邪教的签名活动,增强了广大群众识别和抵御邪教侵蚀毒害的能力。反邪教工作取得良好效果,辖内无一例邪教信奉者。中小学生对开展防邪反邪的认知度、知晓率达98%以上,邪教人员摸排登记在册率、教育转化率、改好率、感化巩固率均为100%。

【镇人民调解委员会获评“全国人民调解工作先进集体”】 5月，南洲镇人民调解委员会获评“全国人民调解工作先进集体”,受司法部通报表扬。近年来,南洲镇人民调解委员会深入学习贯彻习近平中国特色社会主义思想,认真贯彻落实人民调解法,着力加强队伍建设,切实提升业务水准,大力排查化解社会矛盾,成功调处了600余起矛盾纠纷,其中较大矛盾纠纷156起,调解成功率和群众满意率均为100%,形成了新时期独具特色的基层人民调解工作经验。

【村(居)新时代农民讲习所全面启动】 7月15日,南洲镇村(居)新时代农民讲习所开讲。为深入学习贯彻习近平新时代中国特色社会主义思想,镇党委统一部署在各村(居)成立“新时代农民讲习所”,集中学习党的知识和政治理论。党建联点干部及20个村(居)的代表出席启动仪式,镇办片领导为各村(居)讲习所上了党课。

（吴　雁）

南洲镇村级情况简介表

表 5

项目 / 数量 / 村或居委会	村(居)民小组(个)	户数(户)	人口(人)	耕地面积(公顷)	粮食产量(吨)	党(总)支部书记	村(居)委会主任
早竹村	26	701	2838	199.67	1760	鄢选战	孙海连
红星村	24	821	2987	186.07	1229	廖相广	朱隆彪
横江村	19	606	2406	176.93	1317	张孝仓	胡新华
南岸村	19	908	3023	190.6	1831	张建孝	朱爱明
湘东村	30	823	3321	193.2	1936	曹发明	刘永良
湘渌村	28	1036	3300	219.07	2315	许银飞	陈　帅
马家湾村	27	778	2927	205.73	1375	林雪飞	邓正安
南山村	17	616	2232	152.67	1498	刘柏良	陈聪明
南洲村	13	461	1722	111.6	1095	陈树生	邓白泉
泗马村	24	651	2527	205.87	2175	宋西刚	宋增建
洪桥村	22	566	2247	227.53	2243	田新双	田金科
石板桥村	35	732	2816	296.6	2574	刘国平	宋跃飞
昭陵村	25	576	2114	178.53	1493	田良波	田志雄
大观村	35	636	2448	214.13	2167	刘辉明	
田家湾村	22	560	2133	163.47	1044	田运不	孙建如
将军村	23	631	2308	184.4	1735	田国才	
北洲村	25	610	2095	143.4	1340	王必怀	田雪光
荷塘村	17	496	1882	133.47	1167	陈光高	欧春连
江边村	21	618	2318	176.87	1497	张　雄	周放军
昭陵居委会	3	443	1258	—	—	甘　彬	王迎亚
合　计	455	13269	48902	3559.81	31788	—	—

渌　口　镇

党委书记	刘占良
党委副书记、镇长	张　勇
党委副书记	李大海
党委委员、人大主席	徐　文
党委委员、组织委员	文　娟
党委委员	冯　怒
	罗　娟
党委委员、纪委书记	罗纪昂
党委委员、副镇长	张　军
副镇长	唐　辉
	夏竞茜

【概况】 2018年,渌口镇辖22个行政村、4个社区、550个村民小组,118个居民小组,总户数33742户,总人口97861人。面积138.56平方千米。完成社会固定资产投资约62亿元,增长14.1%;城镇居民人均可支配收入增长7.9%,农民人均纯收入增长8.4%。获评湖南省“创新创业带动就业示范乡镇”、株洲市“迎接十九大,忠诚保平安”反邪教安保防控“五个不发生”创建活动先进单位,渌口司法所获评湖南省模范司法所。

项目建设稳步推进。扎实开展“产业项目建设年”活动,镇村干部和项目责任单位通力合作,大力推进东城大道、渌枫大道、航空大道、青龙湾、紫涵湖等30个重点项目的征拆工作,攻克宏远阀门、湾塘直坡储备地、美的地产、渌水二桥、星古线500千伏项目中的征拆难点,完成征地面积102.1公顷,签订协议262户,拆除房屋317栋。进一步优化项目环境,积极开展开展阳光拆迁,组织大型拆违行动14次,拆除违法建筑14栋3580平方米。

招商引资卓有成效。进一步优化投资环境,提升服务项目水平,引进株洲三淼有色金属有限责任公司、湖南宏大精密锻造有限公司、株洲中星钢结构工程有限公司、湖南双兴钢纤维有限责任公司、株洲县双兴钢纤维厂、湖南丰汇机电设备有限公司6家企业,引进资金1.24亿元。

镇村面貌不断改善。完成种植结构调整任务300公顷,重点建设1个千亩大豆油菜示范片、1个千亩葡萄示范片。推进重金属污染修复治理千亩示范片,开展实施VIP+N实验小区,配合VIP+N标准化示范片早稻集中育秧工作。全面落实《株洲市农村村庄规划建设管理条例》,发放农村村庄规划建设许可证132本,建成可入住的农村住房15栋。指导家庭农场生产,5个家庭农场获得区规范化农场称号。全面推进河长制工作,建立健全镇(办)、村(社区)两级覆盖的“河长制”管理网络。加大农村人居环境整治,按照“户集、村收、统一压缩转运、企业集中处理”运行模式,建立“五有”农村生活垃圾收运处理系统,持续推进农村生活污水治理和黑臭水体治理。

民生民利持续保障。城乡居民养老保险缴费金额294.3万元,完成缴费任务达115.9%;城乡居民医疗保险参保率达85.8%。实行脱贫攻坚“第一责任人”制度,落实各项脱贫政策,帮扶211户627人实现脱贫。关注困难群体的生产生活和灾后房屋重建、修缮,民政发放救灾资金和物资150余万元。

社会治理持续深化。村(社区)巡防常态化,排查各类矛盾纠纷431起,调解成功414起,调解成功率达96.5%,民调工作扭转落后局面,乡镇排名上升至第三。认真处理群众来信来访,办结市长热线、区信访交办件485件,办理网上舆情回复35件,答复和处理率100%。做好社区矫正和社区戒毒工作,接收社区矫正人员51人,无脱管、漏管和严重再犯罪状况的发生。严格落实信访维稳重点人员“五包一”责任制,建立班子成员接访值班制度,实行网格化管理,做好全国“两会”、“中非合作论坛”峰会、“防邪反邪”等特护期稳控工作。认真处置环保信访问题,协助环保局关停电站一级水源保护区内6家企业,整治非法洗水、洗涤厂10家,整治非法洗砂场2处。认真落实安全生产、食品药品安全工作责任制,定期开展隐患大排查,对镇内63家企业进行安全检查,联合多部门组织参加“护苗”“白板肉整治”“非洲猪瘟防控”等工作,未发生一起安全事故。

社会事业繁荣发展。提高教育教学质量,加大教育投入,完成渌口镇中学高压电塔迁移,启动油圳、水口小学周转房设备采购、湖塘特教班环境改造、松西子小学风雨棚建设,学校办学条件进一步改善。继续强化松西子社区、晓岭村2个市级公共文化示范点作用,完善村(社区)文化服务中心建设,丰富群众文化生活。推进计划生育协会“村民自治”工作机制,对特殊家庭进行重大节日慰问、生日慰问及特定计生协节日慰问。开展“把健康带回家,关怀关爱流动人口”活动,接受群众咨询2600多人次,现场发放计生药具500多盒,发放流动人口健康箱;加大对生育秩序的整顿,征收社会抚养费98724元。

党的建设成果丰硕。吸收党员30名,转正21名,基层党组织中坚力量得到有效加强。开展“七一”党建主题文艺活动,投入68万元打造党建“一廊一带”宣传品牌。投入2000万元“新改扩”22个村(社区)办公用房。创建晓岭村党员“五事”争先工作法、张公岭村“念好五字经、谋求新发展”等10个示范点,省政协、西藏扎囊县等10余个团前来考察。打造“党建+群团共建”模式,“红娘子绣手工”订单式就业培训女工200余名;打造“党建+产业项目”模式,帮助解决293名贫困户内生动力问题,党建促发展成效进一步显现。

(张玉涵)

渌口镇村级情况简介表

表 6

项目 数量 村或居委会	村(居)民小组(个)	户数(户)	人口(人)	耕地面积(公顷)	粮食产量(吨)	党(总)支部书记	村(居)委会主任
松西子社区	34	2140	5998	324.5	957	唐　辉	彭龙彪
均坝村	14	988	2708	166.3	2207	张伏强	张觉飞
花园村	23	1004	2612	194.5	2340	张永恒	
大乡村	25	1122	3065	222.9	2515	何业罗	袁育林
蛇头村	28	905	2893	241.3	2902	颜卫明	
青龙湾村	35	1388	3351	164.3	1285	陈航行	陈长云
漂沙井村	21	875	3126	215.1	2185	张佑青	张开胜
晓岭村	12	1275	3894	325.0	3407	朱继牛	易最高
黄霞村	6	765	2860	207.6	2237	李升灿	姚明辉
油圳村	17	963	3280	203.7	1958	杨洪亮	喻再钦
关王村	17	752	2511	170.6	1785	唐胖堤	何　方
张公岭村	15	1010	3723	277.0	3263	晏海生	晏桂山
福生村	32	953	3031	219.1	2234	李启甜	朱继雄
新城村	29	530	1891	190.2	1561	付建军	易　军
宏厦桥村	23	782	2358	167.4	1838	姚新和	袁国民
檀园村	27	893	2749	192.8	2128	袁立志	李　平
杨梅村	28	687	2407	125.0	880	刘　军	张　青
湾塘村	38	1057	3014	109.1	1141	齐爱萍	陈小平
渌口村	28	1148	2661	41.4	267	唐建平	
双月村	19	577	1667	40.1	1143	晏际民	胡志雄
王家洲村	28	736	1893	55.8	354	丁建萍	陈飞炎
高泉村	34	740	2343	144.7	1370	何跃飞	—
凳头村	17	530	1868	110.9	1262	李永久	袁春林
伏波岭社区	48	3930	10737	—	—	刘艳芝	张　盼
接龙桥社区	31	3515	9554	—	—	胡彩琴	张凯华
向阳社区	39	4477	11667	—	—	刘旭花	何春华
合　计	668	33742	97861	4109.3	41219	—	—

古岳峰镇

党委书记	何兴旺
党委副书记、镇长	何彩凤
党委副书记	罗新华
党委委员、人大主席	唐添军
党委委员兼政协联络工作负责人	楚大争
党委委员、副镇长、武装部长	文胜存
党委委员、纪委书记	贺　彦
党委委员、组织委员	熊　军
副镇长	宋　祺
	文光祥
人大副主席	马新奇

【概况】 2018年，古岳峰镇辖10个行政村、1个居委会、305个村(居)民小组，有6591户，24463人。面积80.7平方千米，耕地面积2574.82公顷(其中水田2145.9公顷)，有林地面积4573.07公顷。小Ⅰ型水库1座，小Ⅱ型水库11座，山塘1505口。有中学1所，小学3所，卫生院1所。镇党委辖21个党支部，有党员826人。获得湖南省平安农机示范乡(镇)等荣誉称号。

基础设施不断完善。完成道路硬化20千米，窄路加宽3千米，改造危桥1座。新建维修山塘38处，整修渠道30多千米，铺设“饮水工程”管道5.5千米，完成2个加压泵房，1个高位蓄水池建设。拆除293栋、修缮13栋土坯房，改造危房6栋；新增三个地坑斗，购置环卫车1辆、大小垃圾箱（桶)1000余个及固定式垃圾收集池300余个。

特色产业形势向好。创建“三旺香猪”，白壁“莲+鱼”特色品牌产业，打造三旺瑞璞鑫方圆生态农业有限公司“龙头企业”，黑斑蛙、特种鱼类、优质水果、高产油茶、油用牡丹、鱼莲共养等特色种养殖产业产销形势向好。

结构调整初见成效。建设“一园一中心三基地”，打造“有机农业、循环农业、农业科学技术创新”合五为一示范区产业发展模式。完成种植结构调整640.13公顷，打造千亩“莲+鱼”结合示范区和千亩黄豆示范区。

脱贫攻坚稳步推进。通过与职业技术学校合作，实现职业技能培训百余人次，转移就业195人，新增公益性环卫岗位30人。通过产业帮扶，发放小额贷款实现产业和创业脱贫26户，脱贫201户、577人。

社会大局安定和谐。投入劳动力8000人次，抗旱设备460台，确保平稳度旱。开展安全生产打非治违“百日行动”，整改重点企业2家、烟花爆竹经营场所11家。围绕扫黑除恶工作重点，营造黑恶势力人人喊打的氛围，提升群众安全指数。

文化建设亮点纷呈。投入3万元建设镇文化站，补充图书，新增电脑，构建基层文化交流平台。参与“孝慈”系列、文明村镇、最美农家等评选创建活动，申报湖南好人1名、孝慈之星2名，获评文明村镇。签订移风易俗承诺书，腰塘村、翟家桥村分别获评市级、县级文明村。开展送春联下乡、庆“三八”文艺会演、庆“五四”拔河比赛、广场舞比赛、诗词比赛、书法展览等文娱活动。

百姓幸福指数提高。完成已婚育龄妇女“两癌”筛查1612人，产前筛查206人。为65岁以上老年人建立专业档案，签订《家庭医师协议》，定期下村进行体检。发放200万元资金扶持弱势群体，救助大病家庭，关爱残障人员、孤儿幼儿及老年人。通过“网格走亲，党群同心”大走访活动实现7511户走访全覆盖。

教育事业落到实处。落实“雨露计划”，加快推进中学教师周转房等基础设施建设。注重产学研结合，协助瑞璞鑫方圆生态农业有限公司与湖南工业大学签订建立产学研基地等多项合作协议；与湖南海尚生物有限公司建立合作，加大科学教育对产业发展的支持力度。（陈　英）

古岳峰镇村级情况简介表

表7

项目 数量 村或居委会	村(居)民小组(个)	户数(户)	人口(人)	水田面积(公顷)	粮食产量(吨)	党(总)支部书记	村(居)委会主任
三旺村	32	684	2687	221.19	3702	曹志军	
向阳村	20	563	2398	167.34	2402	刘芝丛	李必丰
红旗村	28	599	2389	250.29	1571	唐海桃	唐建辉
腰塘村	19	346	1310	134.41	764	李拓夫	唐志雄
岳峰村	24	569	2066	192.68	3679	（空缺）	唐建清
白壁村	52	1034	3827	330.27	2113	马祝其	蒋立新
赵山村	17	336	1128	104.05	1720	刘艳南	马伯军
虎啸村	32	681	2475	227.69	2931	唐铁球	李智惠
家和村	39	763	2920	247.69	4269	唐建春	（空缺）
翟家桥村	38	700	2797	270.29	2929	李建军	陈小年
汤圆坳居委会	4	316	466	—	—	易海清	
合　计	305	6591	24463	2145.9	26080	—	—

龙 船 镇

党委书记	刘文军
党委副书记、镇长	周　文
党委副书记	姜　鑫
党委委员、人大主席	石开云
党委委员兼政协联络工作负责人	肖文龙
党委委员、纪委书记	汤锐杰
党委委员、组织委员	汤望林
党委委员	罗碧峤
副镇长	潘治邦
	陈　勇

【概况】 2018年,龙船镇辖25个行政村、1个居委会、595个村民小组,16864户,人口5.57万人。面积160.85平方千米。实现财政税收3700万元,折合财力1270万元,较上年同期增长35%;完成固定资产投资2.4亿元,占年计划的120%;规模工业总产值同比增长39.7%。

产业发展初见成效。投资13亿元的华新两型产业园建设项目顺利进入征地程序。完成种植结构调整926.67公顷,神山村红薯种植基地和红薯粉加工厂初具规模,特色产品黄辣椒申报国家地理标志进入实质性阶段。有合作社112家,从业人口达2800余人,资产总额近30000万元。获得株洲市文明建设先进集体、计划生育先进单位、综治先进单位等多项荣誉。

民生工程切实推进。发放农村低保资金27万元、农村五保资金188.73万元、临时救助7.04万元、大病医疗补助27余万元、高龄生活补贴98万元。533名残疾人享受重度残疾护理补贴,争取危房改造项目143栋。投入80余万元清理和新开引水渠道,组织沿河11个村的村民开展生产自救,最大程度降低干旱造成的损失。

基础设施不断夯实。一是不断加强水利建设。投资1600万元完成堂市河堤保护圈、猴子洞水库副坝除险工程。投资800万元完成8个村的“小农水”治理;投资24万元完成6口骨干山塘的维修,夯实了水利基础。二是完善基础设施建设。投资300万元完成Y157道路5千米提质改造工程;摸底调查自然村道路未硬化的村组,争取通畅工程40.08千米指标,路基已基本完成。堂市、枫仙、楼厦、石龙、河包、金华、板塘7个村的“一事一议”项目基本完工;投入20余万元对枫仙、新和敬老院的设施进行改造。三是着力改善村容村貌。切实加大废旧地膜、饮料瓶、废纸、腐烂物等生产生活垃圾回收和清理力度,大力开展主要通道两侧和农户房前屋后环境卫生整治活动。解决柴草乱垛、垃圾乱倒、臭气乱扬、乱搭乱建等脏、乱、差现象。

社会安全稳定和谐。综治实现零非访,民调工作在下半年居全市第一。排查矛盾纠纷31起,化解28起,化解群体性事件3起,稳控居民用水用电工人失业上访群体。接到举报违法采砂行为10次,对5名采砂船船主进行批评教育并处罚金;对原堂市煤矿周边群众的用水用电、工人失业等问题深入做工作,确保煤矿有序关闭退出。连续三年被县委、县政府评为“平安乡镇”。

脱贫攻坚精准发力。深入开展“对象识别不准和脱贫把关不严”集中整改行动，细致调查摸排贫困户基本情况，确定建档立卡贫困户 496 户 1385 人，落实 84 户贫困户安全饮水工程建设；落实危房改造政策，提升产业扶贫水平，重点通过百益嘉珍稀苗木基地、赤石槟榔加工厂等对贫困户进行就业帮扶，产业带动和委托帮扶。（何　雄）

龙船镇村级情况简介表

表 8

项目/数量/村或居委会	村(居)民小组(个)	户数(户)	人口(人)	耕地面积(公顷)	粮食产量(吨)	党(总)支部书记	村(居)委会主任
腊术村	29	684	2376	249	2430	肖光文	龙健水
颜家村	13	457	1598	201	1654	郭举鹏	马志班
王十万村	35	821	2788	340	2289	刘建良	陈定昆
赤石村	15	370	1321	139	1400	文清云	文红武
神山村	23	436	1689	134	1421	文虎平	文伏平
挽洲村	7	320	1144	54	473	李志平	周锡彬
长源村	15	471	1875	203	1512	文　勇	文家安
榜头村	13	506	1724	152	1474	刘宗良	周国平
河包村	20	650	2272	173	1798	文志祥	文新端
梅山村	35	875	2750	222	2091	谢建红	文铁光
花石村	19	756	2353	181	1958	付子其	李遵胜
枫仙村	11	495	1700	131	1316	唐桂华	唐劲军
石龙村	31	955	2982	238	2332	刘作平	刘小龙
板塘村	33	882	2707	283	1806	文志泉	宋喜云
金华村	31	620	2428	250	2208	李卫平	文启亮
楼下村	34	839	2687	244	2113	李柳石	李解民
龙泉村	27	773	2419	221	2188	余　江	文玉淮
堂市村	25	780	2461	246	2118	文争强	
土城村	33	830	2635	261	2186	吴建美	杨德胜
庙前村	26	545	2078	186	1557	吴政权	阳仲威
黄竹村	18	446	1689	122	1439	文加新	易利球
湖塘村	21	569	2068	132	1573	肖　敏	吴新辉
迎春村	36	877	2756	290	2533	吴再满	吴安新
太水田村	20	518	1800	146	1372	李起建	宋正钢
新和村	20	553	2085	215	1704	曹铁根	李友旦
居委会	5	836	1346	—	—	肖立旺	
合　计	595	16864	55731	10026	44945	—	—

凤凰山林场

【概况】 2018年,凤凰山国有林场辖3个工区、1个联营分场、1个林木加工厂、6个护林点,代管1个农业行政村,4个村民小组,有115户,人口449人,其中干部职工20人(退休人员33人),农业人口396人。总经营面积4127.93公顷,其中国有林面积672.67公顷,租山造林666.8公顷,联营股份制经营面积2788.47公顷。耕地面积40.6公顷,其中水田21.33公顷,旱土19.27公顷。林场生态公益林占林地面积的80.3%,森林覆盖率94.5%。一、二、三产业值643万元,较上年增长5.1%。完成财政收入298万元。林场有固定资产115万元,林木资产1158万元。粮食总产量128吨,林业产值20万元,牧业12.3万元,渔业2万元。

营林生产。对前哨工区23.33公顷竹林进行恳复,中幼林抚育100公顷,幼林补植20公顷,生长态势良好。

基础设施建设。维修新田联营分场林业公路12千米,水泥硬化东风组至水库尾公路0.4千米,争取国土项目场部前固土护坡、防山地滑坡工程,已完工验收。

森林防火。维修防火隔离带12千米,密切联系周边乡镇、村、组做到群防群治,加强防火宣传,防期安排职工进行防火巡视和宣传,消除火灾隐患,内外兼顾,连续五年内未发生火警。

民生保障。五保老人、低保户实现应保尽保,贫困户"一对一"帮扶,各项扶贫政策得到有效落实,新型农村社会养老保险参保率100%,新农合参合率97%。筹资1.2万余元,对贫困户、低保户、困难村民进行春节慰问。(龙学成)

凤凰山国有林场村级情况简介表

表9

项目 / 数量 / 村或居委会	村(居)民小组(个)	户数(户)	人口(人)	耕地面积(公顷)	粮食产量(吨)	人平纯收入(元)	党(总)支部书记	村(居)委会主任
福冲村	4	115	396	40.6	138	13600	龙水生	曾雨林

光荣榜

2018年度

●省级表彰

文明村镇

朱亭镇浦湾村

文明单位

科技和工业信息化局
区委老干部局
国家税务总局渌口区税务局

文明家庭

彭伟文家庭　朱亭镇九都湖村

●市级表彰

文明村镇

南洲镇
龙船镇
渌口镇晓岭村
淦田镇官塘村
龙潭镇新燕村
龙门镇花冲村
古岳峰镇三旺村

文明标兵单位

财政局

文明单位

审计局
人力资源和社会保障局
株洲兆能机电科技有限公司
人民检察院
市场监督管理局
扶贫开发办公室

文明标兵校园

渌口镇松西子小学

文明校园

渌口镇中学
机关幼儿园
明德小学

●县级表彰

·作风先进单位和个人·

先进单位

检察院　发改局　扶贫办　交警大队
疾控中心　龙船镇　南洲镇
食药工商质监局
古岳峰镇中心学校
株洲珠江农商银行

先进个人

刘志伟(政法委)　邹海波(淦田镇)
文光祥(古岳峰镇)　穰根云(朱亭镇)
何宇文(南洲镇)　郭炼强(龙门镇)
胡冬生(龙潭镇)　刘　娟(渌口镇)
易鋆将(龙船镇)　皮国良(公路局)
唐志军(环保局)　吴　茵(审计局)
张壮志(林业局)　彭太平(公安局)
王　帅(信访局)　朱富强(统计局)
李　炬(城投中心)　唐学文(机关幼儿园)

颜建新(凤凰山国有林场)
周大志(南洲镇洲坪卫生院)

·“十佳村干部”·

付建军(渌口镇新城村)
文　勇(龙船镇长源村)
陈和平(朱亭镇浦湾村)
颜永安(朱亭镇四房村)
刘国平(南洲镇石板桥村)
廖相广(南洲镇红星村)
黄国友(龙潭镇花田村)
唐智勇(龙门镇桐梓村)
马能飞(淦田镇华石村)
李建军(古岳峰镇翟家桥村)

·综治工作·

先进单位及先进村

朱亭镇　龙门镇　淦田镇　渌口镇
古岳峰镇　总工会　教育局　经科局
司法局　公安局　民政局　财政局
住建局　农业局　卫计局
食药工商质监局　统计局　电视台
城投中心　税务局
龙潭镇花田村　朱亭镇四房村
龙门镇李家村　淦田镇清溪村
南洲镇红星村　渌口镇均坝村
渌口镇黄霞村　龙船镇赤石村
龙船镇迎春村　古岳峰镇翟家桥村

先进个人

颜松林(朱亭镇)　田智文(朱亭镇)
钱聪平(龙潭镇)　齐　建(龙潭镇)
张智敏(龙门镇)　唐智中(龙门镇)
吴　毅(淦田镇)　龚　广(淦田镇)
张　雄(南洲镇)　朱小兵(南洲镇)
张　军(渌口镇)　彭国安(渌口镇)
阳　柳(龙船镇)　石开云(龙船镇)
文胜存(古岳峰镇)　宾燕红(古岳峰镇)
游启明(区委办)　陈怡希(政府办)
刘晓欢(纪　委)　马　威(组织部)
陈　俊(宣传部)　吴安棉(统战部)
王洪兵(人大办)　何湘桂(政协办)
郭耀湘(发改局)　晏　治(城管局)
姜春华(国土局)　金　勇(交通局)
蒋朓辉(妇　联)　谭志刚(卫计局)
彭中辉(教育局)　李　杏(团区委)
陈新华(环保局)　朱富强(统计局)
罗　华(信访局)　文化成(房产局)
陈　伟(政法委)　唐明星(政法委)
咏　洲(公安局)　刘　恺(公安局)
袁正力(公安局)　李婉鋆(公安局)
肖洪清(检察院)　刘承宗(检察院)
黄建军(法　院)　张天亮(法　院)
陈增文(交警大队)　陈战强(司法局)
尹　梁(伏波社区网格员)　林明亮(文体广新和旅游局)

·计划生育工作·

模范单位及模范村

组织部　宣传部　统战部　渌口镇
南洲镇　淦田镇　古岳峰镇　公安局
卫计局　教育局　人社局　民政局
财政局　住建局
渌口镇向阳社区　渌口镇新城村
南洲镇昭陵居委会　南洲镇早竹村
淦田镇淦田村　朱亭镇古镇社区
龙潭镇新华村　龙船镇土城村

龙门镇洪塘村　古岳峰镇汤圆坳居委会

先进单位及先进村

朱亭镇　龙潭镇　龙门镇　龙船镇
党　校　工商联　农业局　经科局
食药工商质监局　移民局　电视台
房产局
渌口镇渌口村　渌口镇花园村
渌口镇王家洲村　南洲镇红星村
南洲镇横江村　南洲镇南山村
淦田镇宏图村　淦田镇建宁村
淦田镇华石村　朱亭镇长远村
朱亭镇浦湾村　朱亭镇福冲村
朱亭镇龙凤村　龙潭镇龙潭村
古岳峰镇向阳村　龙船镇石龙村
龙船镇榜头村　龙船镇太水田村
龙船镇湖塘村　龙门镇龙形村

·安全生产工作·

红旗单位

朱亭镇　教育局
华新水泥(株洲)有限公司

先进单位

渌口镇　南洲镇　龙船镇　安监局
住建局　公安局　公路局　交警大队
食药工商质监局　交通局

先进个人

谢开煌(淦田镇)　刘义峰(龙潭镇)
宋　祺(古岳峰镇)　唐启龙(龙门镇)
凌　敏(消防大队)　朱佳昊(卫计局)
肖　艳(财政局)　付　亮(安监局)
陈　博(城管局)
刘建清(湖南洁宇日化新技术股份有限公司)

·教育强区工作·

先进单位

渌口镇　南洲镇　财政局
食药工商质监局　交警大队

先进个人

颜志雄(教育局)　陈　军(发改局)
刘力军(住建局)　龙东明(人社局)
张　兴(朱亭镇)　张　旭(政法委)
王苗均(龙潭镇)　谢运长(安监局)
陈易新(财政局)　凌　敏(消防大队)

·征地拆迁工作·

先进单位

纪　委　组织部　政法委　拆违大队
国土局　征管办　南洲镇　渌口镇
财政局　法　院

先进个人

刘　彬(区委办)　黄　铖(优化办)
姚　伟(交通局)　宋辉军(南洲镇)
罗纪昂(渌口镇)　朱　牧(国土局)
刘　巍(征管办)　姜锦宏(征管办)
蔡　伟(法　院)　周乐凯(渌湘集团)

·脱贫攻坚工作·

特殊贡献奖

市派驻淦田镇宏图村工作队
市派驻淦田镇八斗村工作队
市派驻淦田镇白鱼村工作队

市派驻朱亭镇金福村工作队
市派驻朱亭镇浦湾村工作队
市派驻朱亭镇杉桥村工作队
市派驻古岳峰镇白壁村工作队
市派驻龙潭镇紫云村工作队
市派驻龙船镇王十万村工作队
市派驻龙门镇太湖村工作队

2018年度脱贫攻坚先进单位

南洲镇　朱亭镇　古岳峰镇　渌口镇
发改局　教育局　住建局　农业局
人社局　财政局　国土局　民政局
扶贫办　信访局　人防办　国资中心
公路局　纪委监委(专治办)
文体广新和旅游局　食药工商质监局

2018年度脱贫攻坚先进个人

1. 各　镇

渌口镇:张　勇　张志成　刘程文
晏佩玲　朱永华
淦田镇:齐　斌　苏　波　马桂云
王运华　陈新春
朱亭镇:文　强　易　鸿　许　明
邹　军　尹玉安
龙船镇:陈思思　文　浪　吴安新
李　丹　文玉芬
龙潭镇:谢　娜　谢志良　彭　正
郭利强　黄国友
古岳峰镇:何彩凤　彭　立　唐　磊
曹香莲　陈秋连
龙门镇:邹剑勇　尹　明　沈小东
贺志勇　曾雪辉
南洲镇:许银飞　马欢喜　程喜芳
罗　生　刘玉红

2. 行业扶贫部门

张威巍(财政局)　邓红卫(发改局)
王瀚辉(国家电网)　肖功武(交通局)
谭凯文(金融办)　郭　鑫(林业局)
尹赛会(商粮局)　欧阳毅文(水利局)
张　纯(卫计局)　赵双红(畜牧局)
柳　洋(农商行)　罗　智(残　联)

3. 结对帮扶

陈卫国(区委办)　钟诚华(统战部)
陈慧娟(人武部)　陈弈栋(政法委)
彭　琦(供销社)　尹　昊(统计局)
刘双斌(人大办)　彭　罡(运管所)
唐艳霞(总工会)　吴　婕(征地办)
伍洪峰(政府办)　郭　鑫(林业局)
周　彪(妇　联)　马　强(宣传部)
汤娟平(交通局)　黄艳伟(电视台)
李　佳(经科局)　游胜军(政　协)
吴安群(水利局)　黄远波(税务局)
黄汉林(审计局)　杨水斌(渌湘集团)
胡　沛(交警大队)　张凤贤(拆违大队)
陶赞恩(商粮局)　张苗红(安监局)
朱志勇(党　校)　孙慧希(城管局)
李望建(房产局)　周继荣(司法局)
黄　蓉(两型办)　李　云(公积金)
田　艳(机关事务办)　何　允(公安局)
张红樱(农机局)　伍新林(组织部)
赖飞龙(古岳峰镇卫生院)　唐漫红(朱亭镇中心学校)

4. 驻村帮扶(括号内为派驻单位)

张　颖(国税局)　何邦正(南洲镇)
倪　燕(一医院)　龙新民(五　中)
常七星(供电公司)　唐　斐(人防办)
罗振华(民政局)　张　勇(公安局)

文京晖(交通局)　　肖　霜(农业局)
李金明(文体广新和旅游局)

5. 区扶贫办
殷　绘　刘爱平　何海虹
李茜茜　熊　伟　陶　璐
万　林　肖俊华　符定文

·农村人居环境(农村环境)整治工作·

先进单位及先进村

龙潭镇　龙门镇　农环办　城管局
朱亭镇九都湖村　龙船镇王十万村
龙门镇龙形村　龙潭镇新燕村
古岳峰镇腰塘村　淦田镇八斗村
南洲镇北洲村　渌口镇高泉村

先进个人

冯　怒(人环办)　谭震宇(农环办)
文　杏(人社局)　李　盛(住建局)
吴　波(农环办)　黄龙美(城管局)
朱晓明(公路局)　吴玉田(淦田镇)
于大义(渌口镇)　余丙煌(龙船镇)
陈赛利(南洲镇)　宋　祺(古岳峰镇)
颜金根(朱亭镇)　江星辉(龙门镇)
何建明(龙潭镇)　喻　锦(林业局)
易国华(环保局)　文建明(水利局)
宋　鸥(教育局)　张四平(卫计局)
汤娟平(交通局)　张拔文(畜牧局)
刘　斌(农业局)　刘辉良(国土局)
赵　建(财政局)

·招商引资工作·

先进单位

1. 乡镇:
渌口镇　龙船镇　南洲镇

2. 区直单位:
一等奖:渌口经开区　统战部(工商联)
二等奖:商粮局(投资促进中心)
经科局　国土局
三等奖:农业局　发改局　财政局

先进个人

刘吉成(区委办)　文再宜(人大办)
黄　文(政府办)　姜满珍(政协办)
廖　培(纪　委)　江　烨(组织部)
肖　晔(宣传部)　刘中山(政法委)
曹永祥(经开区)　楚玉辉(住建局)
谢新云(环保局)　马林奇(政务中心)
周栩泉(朱亭镇)　谭　震(淦田镇)
颜申跃(龙潭镇)　宋　祺(古岳峰镇)
邹剑勇(龙门镇)　贺海文(渌湘集团)
罗　伟(食药工商质监局)
曹　沃(投资促进中心)

·固定资产投资工作·

先进单位

朱亭镇　渌湘集团　统计局

先进个人

李文丽(统计局)　易小莉(发改局)
唐　伟(交通局)　李纪奎(经科局)
田海艳(经开区)　邓　红(农业局)
李望建(房产局)　罗烨帅(南洲镇)

王苗均(龙潭镇)　文　志(龙船镇)

·“产业项目建设年”工作·

先进单位

发改局　经科局　国土局　住建局
商粮局　渌口经开区　渌湘集团
产业公司　南洲镇　渌口镇

先进个人

陈　炽(区委办)　文　鹤(宣传部)
谢　亮(维稳办)　何方平(住建局)
齐永丹(两型办)　田晓春(文体广新和旅游局)
石　云(渌湘集团)　林　辉(经开区)
江　勇(产业公司)　魏　球(经科局)
刘　静(环保局)　吴　金(政府办)
吴　斌(公路局)　游　双(法制办)
钟　山(重点办)　张　辉(商粮局)
苏　俊(教育局)　唐　勇(人才办)
陶建湘(财政局)　李　烈(公安局)
张小丹(征管办)　田红军(交通局)
周湘波(农业局)　冯吉子(人社局)
刘志高(林业局)　吴光强(水利局)
郭朝阳(拆违大队)　马德意(淦田镇)
田　富(朱亭镇)　周　文(龙船镇)

·促进经济社会发展工作·

财税贡献奖

现代投资股份有限公司潭耒分公司
华新水泥(株洲)有限公司
湖南联合城市建设集团有限公司
(株洲市铁建劳务有限公司)
湖南发展集团股份有限公司株洲航电分公司
湖南惠天然投资发展有限公司
湖南省烟草公司株洲市公司株洲县分公司
湖南株洲珠江农村商业银行股份有限公司
株洲金盛置业有限公司
湖南株洲跃达建筑工程有限责任公司
国网湖南省电力有限公司株洲县供电分公司
株洲国辉建材有限责任公司
株洲鼎渌房地产开发有限公司
株洲时代电气绝缘有限责任公司
湖南株洲嘉宇建设工程有限责任公司
湖南森宝建设有限公司
株洲大京建筑工程有限公司
株洲县融兴村镇银行有限责任公司
株洲兆能机电科技有限公司
株洲鸿泰建筑有限责任公司
株洲鼎力实业有限公司
株洲上景房地产开发有限公司
株洲中车奇宏散热技术有限公司
株洲创林合金有限责任公司
湖南兴世建筑有限公司
株洲星天建筑有限公司
湖南红蜻蜓贸易有限公司
华融湘江银行股份有限公司株洲县支行
株洲广嘉房地产开发有限公司

信贷服务奖

株洲珠江农商银行　中国银行
农业发展银行　邮政储蓄银行
农业银行　融兴村镇银行
华融湘江银行　交通银行

新型工业化奖

1. 红旗单位：
   经开区　经科局　统计局

2. 先进单位：

渌口镇　南洲镇　国土局

3. 先进个人：

何　文(发改局)　何　敏(经科局)

柳亚莉(财政局)　孙　乾(商粮局)

顾　宁(税务局)　张劲峰(统计局)

谭　震(淦田镇)　王龙辉(龙船镇)

吴　乐(龙门镇)　邓小果(供电公司)

渌湘创新奖

1. 获奖单位：

株洲恒一新材料有限公司

株洲睿泽光电科技有限责任公司

株洲创林合金有限责任公司

株洲时代华先材料科技有限公司

湖南晨湘环保科技有限公司

湖南振兴建材科技有限公司

湖南鸿远高压阀门有限公司

株洲时代电气绝缘有限责任公司

株洲金韦硬质合金有限公司

株洲中车奇宏散热技术有限公司

育红小学

2. 获奖个人：

肖　龙　樊觉新

农业产业化奖

株洲银丹农产品有限公司

株洲市福岭木业有限公司

株洲县渌湘农林发展有限公司

株洲瑞璞鑫方圆生态农业有限公司

株洲佳家生态农业有限公司

株洲腊湘王农副产品有限公司

·两型社会建设改革工作·

先进单位

发改局　国土局　南洲镇

先进个人

罗　娟(渌口镇)　陈安娜(政府办)

刘月平(住建局)　易耀湘(经开区)

唐添军(环保局)　殷媛妮(水利局)

吴　甜(经科局)　沈伟利(文体广新和旅游局)

刘义锋(龙潭镇)　袁兴台(两型公益宣讲员)

渌口区各级各部门主要负责人名册

渌口区各级各部门主要负责人名册

2018 年 12 月 31 日

●中共渌口区委及工作部门

中共渌口区委

书　记　罗绍昀
副书记　刘克胤　朱　江
常　委　刘美和　谭伟生
刘奇伟　张德云
易运华　武挪强
刘　辉　谭成华

中共渌口区纪委(监委)

纪委书记、监委主任　谭伟生
常务副书记、监委副主任　曹　虎
纪委副书记、监委副主任　马　莉　谭合明
纪委常委、监委委员　文卫国　方　军
刘晓欢
纪委常委　唐　礼　刘　莎
监委委员　廖友亮
办公室主任　陈　静
组织部长　魏一鸣
党风政风监督室主任　阳强兴
信访室主任　肖　伟
案件监督管理室主任　叶淑芳
第一纪检监察室主任　罗　毅
第二纪检监察室主任　周义军
第三纪检监察室主任　宾明辉
案件审理室主任　涂文君

区纪委派驻各单位纪检组长:

派驻区人力资源和社会保障局纪检组长
李兴平(区人社局党组成员)
派驻区人民检察院纪检组长
饶卫民(区检察院党组成员)
派驻区卫生和计划生育局纪检组长
唐　婷(区卫计局党委委员)
派驻区教育局纪检组长
罗晖平(区教育局党委委员)
派驻区食品药品工商质量监督管理局纪检组长
张　剑(区食药工商质监局党委委员)
派驻区财政局纪检组长
刘晓芳(区财政局党组成员)
派驻区城市管理和行政执法局纪检组长
严　浩(区城管局党委委员)
派驻区住房和城乡规划建设局纪检组长
易　茜(区住建局党委委员)

区委办公室

主　任　刘　辉
常务副主任　周铁刚(扶贫办主任)
副主任、机要局局长(国家密码管理局局长)(兼)
王　娴
副主任、政研室主任　张　华
副主任　谭天飞　朱君毅

区接待中心主任　李建国

区委区政府接待办公室

主　任　周艳红

副主任　胡　婵　唐名华

区委组织部

部　长　谭成华

常务副部长　易国林

副部长、非公有制经济组织和社会组织党工委书记(兼)　陈继红

副部长(兼)　周平娇　龙东明

党员教育中心主任　周　健

党代表联络办主任　龙理森

非公有制经济组织和社会组织党工委副书记　赵小山

区委党建办主任　袁　斌

区委宣传部

部　长　刘美和

常务副部长　颜伏招

副部长、文明办主任　唐红宇

副部长　王　婷

区委统战部

部　长　刘奇伟

常务副部长　钟诚华

副部长、台办主任　吴安棉

区委政法委员会

书　记　张德云

常务副书记　刘中山

副书记、综治办主任　张　旭

副书记　刘志伟

防范和处理邪教问题领导小组办公室主任、副书记(兼)　陈向阳

维稳办主任　吴万里

防范和处理邪教问题领导小组办公室副主任　言永平

维稳办副主任　谢　亮

区机构编制委员会办公室

主　任　文爱娱

事业单位登记管理局局长、副主任　张润能

副主任　马　婷

事业单位登记管理局副局长　张爱军

区委老干部局

局　长　周平娇

副局长　文志敏　夏　兰

区信访局

局　长　王　帅

副局长　王　珏

区委党校

党总支书记、校长　欧阳开科

党总支副书记、副校长　曾朝晖

副校长　刘芳林　朱志勇

校务委员　朱　刚(扶贫办副主任)　邹　琪

区委巡察办公室

主　任　肖红国

副主任　言　健

第一巡察组组长　周志文

第一巡察组副组长　刘大鹏

第二巡察组组长　刘　鹏

第二巡察组副组长　文红霞

●渌口区人民代表大会常务委员会及工作机构

区人大常委会

党组书记、主任　罗禧瑰

党组副书记、副主任　郭兴龙

副主任　何　沙

党组成员、副主任 李桂香 张国雄 唐定文

党组成员、委员 文再宜

委 员(按姓氏笔画为序) 王洪兵 文伟明 邓炼红 邓艳群 叫秋平 杨 平 何 莹 何伏桂 何翌滔 张志光 张步峰 易国林 侯 骞 唐铁安 章 程 彭亦武 谢莉香 颜伏招

专门委员会机构:

法制委员会(内务司法工作委员会)

主任委员 王洪兵

副主任委员 李俏枝

委员(兼) 李 奕

财政经济委员会(预算工作委员会)

主任委员 叫秋平

副主任委员 向泽军(扶贫办副主任)

委员(兼) 程辉艳

城乡建设环境资源保护委员会

主任委员 (空缺)

副主任委员 张雄焰

委员(兼) 陈 慧

工作机构:

办公室

主 任 文再宜

副主任 邓日红

农业和农村工作委员会

主 任 谢莉香

副主任 刘双斌

教育科学文化卫生工作委员会

主 任 彭亦武

副主任 彭 悦

选举任免联络工作委员会

主 任 邓炼红

副主任 马 玲

●渌口区人民政府及其工作部门

区人民政府

党组书记、区长 刘克胤

党组副书记、常务副区长 武挪强

党组成员、副区长 晏永辉 于大平 郭海滨 漆帅花 刘行国 罗 浪

副区长 吴宏亮

党组成员 刘 伟 谭伟军 黄汉林

区人民政府办公室

党组书记、主任 谭伟军

党组副书记、副主任 刘 俊

党组成员、副主任 李浩治

副主任(兼) 王 帅

城乡创建工作办公室主任 孙志恒

金融办副主任 伍洪峰

政府督查室主任 田 涛

区政务服务中心

主 任 罗胜利

副主任 马林奇 彭 丹

区机关事务服务中心

党组书记、主任 李光荣

党组成员、副主任 唐冰峰

副主任 谢 丹

区发展和改革局

党组书记、局长　陈　军
党组副书记、副局长　郭耀湘
党组成员、副局长　谭　准　邓红卫　陈　恒
工会主席　刘　丹
重点建设项目办公室主任　钟　山

区经济科技信息化局

党组书记、局长　梁　静
党组副书记、副局长　唐建新
党组成员、副局长　张永跟　李纪奎　周　敏　李建华　魏　球
电力行政执法大队队长　周　盛

区教育局

党委书记、局长　颜志雄
党委副书记、副局长　朱志明
党委委员、主任督学　王　婵
副局长　宋　鸥
党委委员、副局长　彭中辉

渌口公安分局

党委书记、局长　罗　浪
党委副书记、政委　董　智
党委副书记、副局长　咏　洲
党委委员、副局长　罗　伟　赵伟平　张　雄　周孟安
党委委员　刘　宇
党委委员、政工室主任　罗　永
党委委员、副局长(挂职)　宋伟明
纪检监察室主任、警务督察大队大队长　彭太平
指挥中心主任　刘　恺
法制工作室主任　万　韧
警务保障室主任　王朝阳
警务保障室教导员　曾　征
刑事侦查大队大队长　唐　智
经济侦查大队大队长　曾新宇
经济侦查大队教导员　田　伟
网络安全保卫大队大队长　刘　力
网络安全保卫大队教导员　何　允
国内安全保卫大队大队长　文　胜
治安管理大队大队长　袁正华
治安管理大队教导员　罗鹏举
禁毒大队大队长　刘名田
人口与出入境管理大队大队长　曾剑凌
人口与出入境管理大队教导员　项新元
巡特警大队教导员　向　慧
看守所所长　谭　建
看守所教导员　张　义
拘留所所长　杨　宸
拘留所教导员　陈　强
水上派出所教导员　刘江文
渌口派出所所长　汤　晟
南洲派出所教导员　刘益财
淦田派出所所长　袁正力
朱亭派出所所长　冯亮军
河西派出所所长　宾韦伟

渌口区公安分局交通警察大队

党总支书记、大队长　罗　伟
副大队长　刘石坚　宋麦庄
车辆管理所所长　朱渌江
事故处理室主任　吴国清

区民政局

党组书记、局长、非公有制经济组织和社会组织党工委副书记(兼)　冯卫平
党组成员、副局长　唐震祁　张庆元　张小平
社会福利中心主任　晏　希
慈善办主任　凌国强

区移民开发局

党组书记、局长 刘世新

党组成员、副局长 易湘军 张 娟

区司法局

党组书记、局长 （空缺）

党组成员、副局长 龙水成 唐 密

区财政局

党组书记、局长 李光泉

党组成员、副局长 刘正红 张 峰 陶建湘 柳亚莉

党组成员、总会计师 吴光泉

非税收入征收管理局局长 易志安

乡财服务中心主任 倪桂华

国库集中支付核算中心主任 张 剑

财政投资评审中心主任 陈易新

区人力资源和社会保障局

党组书记、局长 龙东明

党组成员、副局长 吴立志 张艳飞 苏志刚

城乡居民社会养老保险局局长 张 斌

劳动就业管理局局长 文 杏

社会劳动保险局局长 王 晟

劳动保障监察大队大队长 张欣荣

人力资源服务中心主任 冯吉子

城乡居民医保管理服务中心主任 张志光

区国土资源局

党组书记、局长 蔡凤美

党组成员、副局长 刘辉良 王 平 肖松山 李卫伟

区住房和城乡规划建设局

党委书记、局长 刘力军

党委委员、副局长 郭兰馨 袁梅仙 李 盛 唐新蔚

总工程师 刘月平

工会主席 易艳华

市政园林绿化管理处主任 张 平

区交通运输局

党委书记、局长 张高峰

党委委员、副局长 田红军 马红旗

副局长 唐 伟

党委委员、总工程师 肖功武

党组成员、公路站站长 何志新

运管所所长 张亮程

区农业局

党委书记 谭庆余

局 长 段琳芳

党委委员、副局长 李正开 马永红

党委委员、总农艺师 田卫红

党委委员、能源办主任 钟敬武

农办副主任 殷 绘（扶贫办副主任）

工会主席 吴 婷

农技推广中心主任 杨 彦

区水利局

党委书记、局长 李 颖

党委委员、副局长 尹 健 齐安平

党委委员 罗 智

防汛抗旱指挥部办公室主任 陶新永

区林业局

党委书记、局长 彭志中

党委委员、副局长 雷利辉

党委委员、总工程师 刘 军

党组成员、林业综合执法大队队长 张 谦

森林公安局局长 刘运良

森林公安局政委 易进求

山林纠纷调处办公室主任 刘昕星

凤凰山国有林场党总支书记、场长 葛　江

区商务和粮食局

局　长 (空缺)
党组书记 李铁安
党组副书记、副局长 刘学林
党组副书记 罗纯程
党组成员、副局长 包喜林 刘晓明
投资促进事务服务中心主任 孙　乾

区文体广电新闻出版和旅游局

党组书记、局长 唐欣荣
党组副书记、副局长 齐玲利
党组成员、副局长 田晓春 林明亮 许建勇
文物局局长 吴利人

区卫生和计划生育局

党委书记、局长 王宇平
党委副书记、副局长 陈　勇
党委委员、副局长 王松良 张　纯 李　敏
卫生计生综合监督执法局局长 何　亮
乡镇卫生院会计核算中心主任 黄小丹
疾病预防控制中心主任 朱雪全
妇幼保健计划生育服务中心主任 姜　岚

区审计局

党组书记、局长 黄汉林
副局长 谭　星
党组成员、副局长 田丰收
党组成员、总审计师 吴　茵
经济责任审计工作领导小组办公室专职副主任 蒋　鸿

区食品药品工商质量监督管理局

党委书记、局长、非公有制经济组织和社会组织党工委副书记(兼) 罗铁纯
党委委员、副局长 叶舜尧 冯旭光 傅　辉 罗　伟 侯　赛

区环境保护局

党组书记、局长 唐志军
党组成员、副局长 谢新云 陈新华 易国华(挂职)
党组成员、总工程师 王　曦
环境监察大队大队长 林梓樟

区统计局

党组书记、局长 姜芳玲
党组成员、副局长 朱富强
副局长 胡兆云
党组成员、总统计师 张劲峰
调查队队长 刘益梅
普查中心主任 瞿　武

区城市管理和行政执法局

党委书记、局长 刘继伟
党委委员、副局长(兼)、环卫处主任 李剑源
党委委员、副局长 包罗赞 孙慧希
党委委员、副局长、拆除违法建设执法大队队长(兼) 郭朝阳
党委委员、城市管理执法大队队长 晏　治

区安全生产监督管理局

党组书记、局长 郭立新
党组成员、副局长 张苗红 谢运长
党组成员、总工程师 郑永新

区人民防空办公室

党组书记、主任 田要耕
党组成员、副主任 张艳红

区“两型”社会建设综合配套改革领导小组办公室

主　任 兰海平

副主任　齐永丹　赵　勇

区档案史志局

党组书记、局长　白繁星
党组成员、副局长　张恺鹏　周　蕾

区畜牧兽医水产局

党组书记、局长　（空缺）
党组副书记、副局长　文向德
党组成员、副局长　凌万根　刘　瑛
工会主席　赵双红

区房产管理局

局　长　张冬林
副局长　邓江介　肖　湘　文化成
工会主席　刘亚军

区供销合作社联合社

党组书记、主任　李　昕
党组成员、副主任　邓永红　张　黎
党组成员、监事会主任　刘　云

区农业机械管理局

局　长　何立新
党组成员、副局长　唐铁安　文红斌　尹立新

区公路局

党总支书记、局长　许　颖
副局长　何兰军　谭　毅　皮定安

区广播电视台

台　长　黄艳伟
副台长　凌卫红　贺　琼

区征地工作协调管理办公室

党组书记、主任　罗国平
党组成员、副主任　殷建明　肖海波

区国有资产投资管理中心

党委书记、主任　周　毅
党委委员、副主任　孙炜杰　刘　甜　文　薇
党委委员、产权代表　刘益光

区城市建设投资管理中心

党委书记　唐　兴
主　　任　何　朋
党委委员、副主任　黄柳燕　罗　霁

●政协渌口区委员会及工作部门

中国人民政治协商会议渌口区委员会

党组书记、主席　王亚男
党组副书记　刘奇伟
副主席　李文亮　瞿梅（兼）
党组成员、副主席　邓霞云　齐满珍
党组成员、秘书长　朱永胜
党组成员、常务委员　何湘桂　钟诚华
常务委员　黄　娟　彭卫红　姜满珍　游胜军　谭　星　宋　鸥　郭立华　刘佐清　谭建军　何　朋　周文斌　张　文　张壮志　万方明　周继荣　赵　琼　唐　伟　罗艳兰　王　忠

办公室

主　任　何湘桂

提案工作委员会
主　任　游胜军

经济科技和人口资源环境工作委员会
主　任　彭卫红

文教卫体和学习文史外事侨务工作委员会
主　任　姜满珍

社会法治和民族宗教群团工作委员会
主　任　黄　娟

●渌口区人民法院、人民检察院

区人民法院
党组书记、院长　邓国平
党组副书记、副院长　文环宇
党组成员、副院长　龙卫国
党组成员、政工室主任　刘　丽
副院长　黄建军
审委会专职委员　李如鹰
执行局局长　周晓玲
执行局政委　刘　静
非诉执行局局长　汤晓洪
非诉执行局政委　蔡　伟
法警队政委　张　毅
立案信访局局长　唐以红
朱亭法庭庭长　刘文权
淦田法庭庭长　易战国

区人民检察院
党组书记、检察长　凌　辉
党组成员、副检察长　谭　乾　汤青山　李红勇
副检察长　丁思琦
党组成员、政工室主任　戴　亮
检委会专职委员　孟志伟　申　湘
法警大队队长　马海妍

●群团组织

区总工会
党组书记、主席　文伟明
党组成员、副主席　唐艳霞

共青团渌口区委员会
党组书记、书记　章　程
党组成员、副书记　李　杏　刘家骏

区妇女联合会
党组书记、主席　侯　骞
党组成员、副主席　彭　茹
副主席　罗　眷

区科学技术协会
党组书记、主席　黄建辉
党组成员、副主席　吴建国　张荣华

区文学艺术界联合会
党组书记、主席　晏建怀
党组成员、副主席　吴　雪

区残疾人联合会
党组书记、理事长　(空缺)
党组成员、副理事长　孙青怡　肖迎春

区工商业联合会
主席(会长)　(空缺)
党组成员、副主席(副会长)　黄卫国　涂　艳

区红十字会
常务副会长　谭建军

●渌口区驻军、部队

区人民武装部
部　长　易运华
政　委　刘长锋
副部长　徐　珂
政治工作科科长　张　沙
保障科科长　李　栋

区公安消防大队
教导员　喻波动
大队长　凌　敏

●中央、省、市在区机构

区税务局
党组书记、局长　韩友林
党组副书记、副局长　刘伟文
党委委员、副局长　尹国秋　贺众欢　周书华　黄　春　顾　宁　易建彬　黄远波
党委委员、纪检组长　唐持朝
工会主席　周辉广

区地方海事处
处　长　杨献忠
副处长　周汉雄

国网湖南省电力有限公司渌口区供电分公司
总经理　刘云从
党委书记　朱翔宇
纪检书记兼工会主席　常七星
生产副经理　肖新建
营销副总经理　邓小果

区烟草专卖局
党组书记、局长、经理　罗民军
党组成员、副局长　周　源
党组成员、纪检组长　陈俊利

中国邮政集团公司株洲市渌口区分公司
党总支书记、总经理　张建辉
副总经理　廖卫华
寄递事业部常务副总经理　许果凡
营销主管　付　兴

中国电信股份有限公司渌口分公司
总经理　叶晓波
副总经理　唐文波　孙　杨

中国移动通信集团湖南有限公司株洲市渌口区分公司
经　理　周勇波
副经理　朱荟璇　陈忠良

中国石化渌口区石油分公司
经　理　刘　秦
党支部书记　唐月尔
副经理　孙　华

湖南省新华书店有限责任公司渌口区分公司
经　理　周　谓
副经理　王洁平　唐石山

区交通建设质量安全监督局
负责人　陈朝晖
副局长　邓绍明

株洲市住房公积金管理中心渌口管理部
主　任　李　云
副主任　郭谌苹

区自来水有限公司

支部书记、总经理 陈剑宇
常务副经理 杨峥嵘
副经理 马文才 曾 亮 李志华
工会主席 李 曙
经理助理 朱金亮

●园区、资产经营企业

渌口经济开发区管理委员会

党工委书记 彭铁锋
党工委副书记、管委会主任 刘 伟
党工委副书记、纪工委书记 刘热欢
党工委委员、管委会副主任 曹永祥 林 辉
产业招商科科长 唐炳强
规划建设科科长 易耀湘
办公室主任 彭 莱

株洲渌湘投资发展集团有限公司

党委书记、董事长 周 群
党委委员、总经理 王 波
党委委员、纪委书记、监事会主席 肖 凌
党委副书记 朱桂芳
党委委员、副总经理 雷 军 周乐凯 凌 云 吴 参
副总经理 贺海文

渌口经济开发区产业发展集团有限公司

党委书记、董事长 何 皓
党委委员、总经理 江 勇
党委委员、监事会主席、纪委书记 王豪亮
党委副书记 李旻慧
党委委员、副总经理 胡 毅 朱飞宇 盛俊明

●金融、保险机构

中国农业发展银行渌口区支行

支部书记、行长 童 慧
支委委员、副行长 罗湘闽 颜 斌

中国农业银行股份有限公司渌口支行

党委书记、行长 张 宇
党委书记、纪委书记 姜 龙
党委委员、副行长 吴 琪 谭文娟

湖南株洲珠江农村商业银行股份有限公司

党委书记、董事长 白成凯
副董事长、行长 凌 游
党委副书记、纪委书记、监事长 蔡本文
党委委员、副行长 蔡湘华
党委委员、行长助理 余 平
董事会秘书、行长助理 邓传斌
风险总监 刘俊辉
金融市场业务总监 傅 健

中国人民财产保险股份有限公司株洲支公司

经 理 龙艳群
副经理 张 翔 陈小利

中国人寿保险股份有限公司株洲支公司

经 理 马 伟
副经理 唐 颖 李伟平

中国平安财产保险股份有限公司渌口区支公司

总经理 谢艳红
副总经理 龙小红

●学校、医疗卫生机构

区第五中学

校 长 吕国祎

党总支书记　罗壮道
副校长　王　忠　周　建

区职业中等专业学校

校　长　彭伟文
党总支书记　郑国文
副校长　张汉鑫　周伟男

区第一中学

校　长　罗荣璐
副校长　吴望宜　钟建辉　刘永红

区第三中学

校　长　彭春芳
副校长　马红艳　胡勇奇　姜淑平

区第一人民医院

院　长　瞿　梅
党总支书记　蒋智勇
副院长　王国胜　谢照林　李　忠

区中医院

院长、书记　喻华球
副院长　谢彦博　凌　峰　蔡建君　易大利

区育红小学

书记、校长　晏春华
副校长　尹　恒　吴　平　胡　敏

区机关幼儿园

书记、园长　唐学文
党支部组织委员、副园长　陈圆欢
党支部宣传委员、工会主席　肖喜林
副园长　黄　伟

索　引

说明：

一、本索引把年鉴的专稿、条目(特载，专辑，区情综述，大事记，光荣榜，区各级各部门主要负责人名册，表格，彩页除外)用主题分析的方法，按汉语拼音字母顺序排列。

二、索引名称后的阿拉伯数字标示内容所在的页码，英文字母(a、b)表示栏别(从左至右分1、2栏)。

三、类目、专稿标题和地名用黑体字标明。

A

B

C

D

F

G

H

J

K

L

M

N

P

Q

Z